명상 　 지혜를 논하다

명상 ②

지혜를 논하다

콧구멍 없는
소를 찾아서

지운 지음

콧구멍 없는
소를 찾기를
바라며

　이 세상의 일 가운데 제일 소중한 일 하나만을 이야기하라고 한다면 그것은 아마도 사람의 마음을 밝히는 일이 아닐까 싶다.
　인류 역사상 태양보다 밝은 마음 가진 이가 있어 인류 역사는 지탱해 왔다고 하여도 과언이 아니다. 지금도 몇 천 년 전에 있었던 그 밝고 밝은 마음 가졌던 이들을 그리워하고 흠모하는 이들이 많지 않은가.

　세상은 날로 어두워지고 있다.
　밝고 밝은 세상 살아야 하는데 날로 어두워지는 세상을 어떻게 감당하여야 할까.
　문득문득 아득해지는 질문을 혼자 해본다.

　그런데 다행하게도 지운스님이 세상의 어둠에 빛을 밝히듯 마음 밝히는 수행을 올바르게 할 수 있도록 그 지남을 마련하였으니 얼마나 다행스러운가.

―――――――――――――― 추천사 ――――――――

  그것도 한편으로 경전을, 한편으로는 율장을, 한편으로는 수행을 그것도 남방과 북방으로 가서 수행한 저자가 경전을 이용하여 수행방법을 밝혔으니 얼마나 다행스러운가.

  오늘날 갖가지 수행이 난무하는 때에 수행의 길에서 길 잃은 이들이 얼마나 많은가. 그네들에게 바른 수행의 지침을 줄 수 있는 것은 바로 보살행이라고 생각한다.

  수행하는 이가 지운스님의 노작 『명상, 깨달음을 논하다 - 흐르는 물 위의 발자국』, 『명상, 지혜를 논하다 - 콧구멍 없는 소를 찾아서』를 만난다는 것은 큰 행운이라 여겨 몇 자 적었다.

파계사 무봉실에서
대한불교조계종 전계대화상

성 우

대자유를
향하여

　대자비를 갖추시고 깨달음을 이루신 모든 각자覺者의 발 아래에 지극한 마음으로 절을 올립니다.

　말과 생각에 해당되는 모든 사물의 궁극적인 실체는 존재하지 않습니다. 찰나생멸하기 때문입니다. 하지만 일상생활 속에서는 말과 언어로 표현되는 관습적인 것을 따르지 않을 수 없습니다. 말과 생각에 의해 모든 것이 세워졌기 때문입니다. 진리도 말을 의지해야 비로소 표현이 가능합니다. 그래서 깨달음을 향한 바른 수행법에 대하여 보다 쉽게 그리고 깊고 넓은 이해와 체험을 할 수 있도록 이렇게 증보판과 더불어 신간을 준비하게 되었습니다.

　제1권인『명상, 깨달음을 논하다』는『깨달음으로 가는 길』의 증보판이며 제2권인『명상, 지혜를 논하다』는 신간입니다.
　이번 두 책에서는 다음과 같이 7가지 점에 중점을 두었습니다.
　첫째, 내용의 뜻이 어려운 곳은 설명을 첨가하여 이해하기 쉽고

머리말

처음과 끝이 잘 통하도록 하였습니다.

둘째, 현대 뇌 과학의 정보를 추가하였습니다.

셋째, 공성의 가르침을 새롭게 넣었습니다.

넷째, 수행현상 관련 부분을 더욱 자세히 보충하였습니다.

다섯째, 자비를 바탕으로 한 사법인과 사무량심이 서로 상응하는 자비수관 慈悲手觀 명상법을 새롭게 제시하였습니다.

여섯째, 제2권인 『명상, 지혜를 논하다』에서는 대승 위빠사나와 사마타에 근거한 자비공관 慈悲空觀을 제시하였습니다. 자비공관 수행은 중생을 구제하는 자비의 실현을 도와주는 지혜 계발을 통해 공성을 깨쳐서 무한한 가능성[空性]이 있는 중생을 부처로 전환시키는 보리심 수행을 제시합니다.

일곱째, 몸과 마음의 치유가 필요한 일반인, 잘못된 수행으로 몸과 마음을 다친 수행자, 작은 현상을 깨달음으로 착각하거나 정正과 사邪를 구분하지 못하는 수행자를 위하여 치유와 더불어 정견을 가질 수 있도록 내용을 담았습니다.

자비선은 보리심을 근간으로 하는 명상수행입니다. 보리심은 사무량심의 확장이며 그 뿌리는 자비심입니다. 자비심은 지각 있는 존재의 고통에 대한 자각에서 일어납니다. 그래서 자비선을 일러 자비심을 통하여 보리심을 일으키고[願] 생활속에서 실천[行]하는 수행이라 하는 것입니다.

성심으로 준비했지만 부족함은 애정어린 질정을 받겠습니다.

부디 수행하시는 모든 분들이 바른 깨달음에 이르러 대자유를 만끽하기를 기원합니다.

2017년 11월 변조당遍照堂에서
지운 합장

─────────── 🌸 들어가며 ───────────

자비선慈悲禪의 길

1. 보리심 하나로 통하는 자비선

자비선은 남방불교의 전승, 북방불교의 전승, 선가禪家의 전승이라는 세 가지 수행법의 단계를 보리심 하나의 체계로 통합하고 회통한 수행입니다.

자비희사慈悲喜捨를 일으키는 자비손의 자비수관慈悲手觀, 공성을 아는 마음을 관찰대상으로 하는 자비공관慈悲空觀, 걷기선禪 명상인 자비경선慈悲鏡禪, 일미다선一味茶禪의 차명상인 자비다선 등의 수행법을 통칭하는 것입니다.

자비선 명상수행의 목적은 대비심을 가지고 이타심을 일으켜 지각 있는 존재를 돕는 것입니다. 고통받는 중생을 효과적으로 돕기 위해 깨달음을 추구하게 되며 이러한 마음을 보리심이라고 합니다. 보리심을 일으키고 실천하는 것이 명상수행입니다. 자비는 중생의 고통에 대한 인식에서 생기며, 보리심의 뿌리입니다.

수행을 통해 바른 깨달음을 얻으려면 지혜가 필요합니다. 지혜는 자비심을 도와 중생을 구제합니다. 자비는 중생을 구제하는 명상수행의 바탕이며 수단이며 깨달음입니다. 왜냐하면 자비는 관계를 소통시키고 중생을 괴로움에서 벗어나게 하며 연기, 공성의 다른 표현이기 때문입니다.

붓다의 가르침은 깨달음으로 향하는 것입니다. 깨달음이란 아공我空, 법공法空의 정견正見을 확립하는 것입니다. 아공[人無我]은 자비수관을 통해 체득하고, 법공[法無我]은 자비공관에 의해 체득됩니다. 이 깨달음의 길에는 집중명상(사마타)과 분석명상(위빠사나)이 있습니다.

자비선의 하나인 자비수관은 자비손이라는 방편을 통해 몸(5대-흙·물·불·바람·허공)을 대상으로 집중(사마타)과 통찰(위빠사나)을 이루는 수행입니다. 자비손을 매개로 몸을 관찰하면 사무량심이 계발되는 동시에 사법인의 현상이 나타납니다. 사무량심과 사법인이 상응하여 서로 계발되고 서로간의 힘에 의지하여 사무량심과 사법인이 체득됩니다. 사무량심은 사법인을 일으키는 원인이며 사법인을 일으키지 못하게 하는 것을 제거하는 해독제입니다. 사법인은 사무량심을 일으키는 원인이 되며, 사무량심을 증장시키기도 하며 사무량심을 일으키지 못하게 하는 것을 제거하는 해독제 역할을 합니다.

자비수관은 몸깨침의 길입니다. 몸깨침이란 자비손을 몸에 접촉하여 몸(5대)이 일어나고 사라지고 변화하는 현상을 통해 아공我空을 깨달아 가는 길입니다. 몸에는 주재하는 자아가 없음을 아는 지혜로써 아공의 깨달음과 열반에 이르게 합니다.

  자비손을 통해 자비심을 몸과 마음에 전달하여 자비긍정의 감정을 일깨워 탐욕과 분노를 줄이고 없애면서 자심慈心을 증장시키고, 슬픔과 해치고자 하는 마음을 제거하여 연민[悲]을 키우고, 무아의 기쁨[喜]과 평정[捨]을 얻어서 열반으로 이르게 합니다.

  자심(사랑)을 통해 무상의 지혜를 얻습니다.

  비심(연민)을 통해 무상에 의해 일어나는 고를 제거하고 고의 지혜를 얻게 됩니다.

  희심(기쁨)을 통해 무아의 지혜를 얻게 됩니다. 무상하기 때문에 소유할 수 없고 소유할 수 없기 때문에 불만족스럽고(괴로움) 자기 뜻대로 할 수 없다는 것을 알게 됨으로써 그 대상으로부터 자유롭게 됩니다. 이것이 희심을 통해 얻은 무아의 지혜입니다.

  사심捨心(평정)을 통해 선정을 얻어 무아의 지혜로 열반으로 들어갑니다. 그래서 자·비·희·사와 무상·고·무아·열반에 상응하는 경계를 얻는 것이 자비수관의 길입니다.

  자비선의 또다른 수행인 자비공관은 지각 있는 존재[有情]들을 위한 명상법으로 자비희사의 보리심을 확장합니다. 그리고 사법인의 인무아人無我는 공성의 법무아法無我로 이어지면서 무분별지로 들어가는 것입니다. 이렇게 자비수관이 자비공관으로 이어지는 것입니다. 자비공관은 공성을 관찰하는 마음을 대상으로 사마타명상을 하며, 성취된 사마타의 선정을 의지하여 위빠사나명상을 합니다. 그래서 오온五蘊을 분석 통찰하여 공성의 지혜를 얻고 깨닫습니다.

자비공관은 마음깨침의 길입니다. 자비공관은 공성을 아는 마음을 대상으로 수행합니다. 그래서 마음깨침이라고 합니다. 또한 보리심을 이루게 하는 수행이기도 합니다. 보리심은 중생을 돕고자 하는 열망과 중생을 효과적으로 돕기 위해 수행자가 위없는 깨달음을 구하고자 하는 염원입니다. 그래서 궁극적인 보리심을 공성이라고 합니다. 이 길이 자비공관의 길입니다.

자비공관은 자비수관의 몸 소멸의 지혜를 얻은 이후에 할 수 있습니다. 이제는 자비손이라는 방편을 버리고 마음의 영역으로 들어갑니다. 자비수관의 명상과정에서 자비희사의 힘에 의지해서 관찰된 감각을 통해 얻어진 삼법인의 지혜로 마음 자체에 자성 없는 공성[法空]의 이해가 생깁니다. 이때 공성은 중생을 부처로 바꾸게 하는 근본이 됩니다.

자비선 수행은 자비수관과 자비공관이 순차적으로 이어져 있으며, 이 책에서는 특히 자비공관의 사마타와 지관쌍수의 과정을 선가禪家의 십우도 과정과 경계를 일치시켜서 서로간의 수행 경계의 이해를 도모했습니다.

2. 자비선 회통 수행의 체계

자비수관과 자비공관의 수행에는 서로 공유할 수 있는 부분이 있습니다.

첫째, 수행경계 가운데 평정은 자비공관의 사마타의 구주심九住

心과 정사마타正奢摩他까지는 자비수관의 수행 과정과 공유할 수 있습니다. 자비수관의 '사捨-열반'의 수행 바탕은 평정[捨]입니다. 이것은 자비공관의 구주심 가운데 최극적정심最極寂靜心부터 정사마타正奢摩他까지 나타나는 평정과 동일합니다. 그러나 정사마타를 의지하여 지관쌍수하는 것은 보리심이 없으면 진여삼매에 들어갈 수 없습니다.

둘째, 마음의 본성 측면에서 공유할 수 있습니다. 자비수관이 마음의 영역에서 삼법인의 지혜를 얻고 공성의 이해를 가지면 자비공관으로 나아갑니다. 마음의 공성은 자성이 없다는 뜻으로 중생을 부처로 바꾸게 하는 근본임을 알고 보리심을 일으킬 수 있습니다. 이것은 선가에서 '마음이 곧 부처'라고 하는 것과 연결됩니다. 수행자의 마음은 자비수관의 '사捨-열반'에서 열반에 들었다가 연민심에만 머물지 않고 궁극적 보리심인 공성을 깨치는 자비공관으로 이어집니다.

자비선에는 자비수관과 자비공관 외에 자비다선과 자비경선이 있습니다. 이 책에서는 자비다선 중 기본 네 가지 차茶 명상과 자비경선 중 기본 걷기선禪 명상에 대해 다루었습니다.

기본명상은 자비수관과 자비공관을 도와주는 명상입니다. 다선을 통해 일상생활에서 차나 커피를 마시면서도 알아차림하여 의식을 깨우고, '감로차 마시기 명상'을 통해 내면을 보면서 심안心眼을 쉽게 열며, '다선실 꾸미기 명상'을 통해 수행의 길을 분명하게 보게 됩니다.

자비경선은 걷기선禪 명상으로 자비수관과 자비공관 모두에 도움을 주는 명상입니다. 일상생활 중 걸으면서 명상한 체험들이 좌선수행을 도와주고 이어주는 역할을 하며 24시간 늘 수행하는 분위기를 가질 수 있습니다.

셋째, 자비수관의 '사-열반'에서 열반으로 들어가는 수행을 하지 않고 자비공관의 구주심 수행으로 바로 넘어가서 수행할 수 있습니다. 보리심을 일으켜 수행한다면 정사마타를 의지하여 지관쌍수하여 진여삼매 속에서 법계가 하나임을 깨닫는 견도見道에 이를 수 있습니다.

경선鏡禪은 걸으면서 거울로 자신을 비춰보듯이 몸과 마음, 사물을 바르게 보는 것입니다. 거울은 사물을 비출 때 분별 없이 있는 그대로 비춥니다. 명상에서 반응하는 몸과 마음은 까르마 현상이므로 이를 가감 없이 봐야 합니다. 일상에서도 이러한 훈련이 되어 있다면 자비수관과 공관에도 도움이 됩니다. 걸으면서 겪는 여러 가지 경계에 대하여 늘 깨어있는 상태를 유지하면 눈을 감으나 뜰 때에도 바뀌지 않는 의식의 깨어있음을 체득합니다. 자비경선은 이른바 '숨 쉬지 않고 땀 흘리지 않는 참마음'을 깨치고 체득하는 데에 목적이 있습니다. 참마음은 곧 마음의 공성, 불성의 다른 이름입니다.

결론적으로 자비심을 중심에 두고 몸을 주된 관찰대상으로 하여 나타나는 감각, 의식, 법을 관찰하고 사무량심과 사법인의 상응하는 수행체계를 갖춥니다. 이 수행체계에서 정념으로 삼법인을 관찰하고 삼해탈문에 들어가 열반을 체득하는 것을 목적으로 하며,

자비공관은 사무량심을 보리심으로 확장하여 무분별지無分別智를 얻어 궁극의 보리심을 일으키는 것을 목적으로 합니다. 자비선 수행의 두 축인 자비수관과 자비공관은 오로지 붓다의 가르침에 바탕을 둔 정통 수행법으로서 잘못된 수행법이나 극단적인 수련법으로 인해 상처받은 몸과 마음을 치유하고 깨달음에 이르는 행복한 길이 될 것입니다.

자비선수慈悲禪修

자신의 내면을 들여다보는 것
자기가 자기를 알아가는 것
자기가 자신을 사랑하는 것

자기의 고통을 자기가 없애는 것
자기의 잘못을 자신이 용서하는 것

내가 나를 깨우는 것
자기가 자기를 구원하는 것

이것은 안에서 일어나는 혁명으로
바깥 경계에 전혀 동요되지 않으니
세간의 고통을 구제하는 지혜와 평안의 길

추천사	콧구멍 없는 소를 찾기를 바라며 | 성우스님 대한불교조계종 전계대화상 • 4	
머리말	대자유를 향하여 • 6	
들어가며	자비선의 길 • 9	

제3편

자비공관慈悲空觀
자비공관은 마음깨침으로 가는 길

제1장 위빠사나관

1. 무분별지로 가는 길 ——— 29
2. 위빠사나 지혜 ——— 31
3. 추론을 통한 공의 이해 ——— 32
4. 수행 주체는 의식 ——— 35
5. 허공과 공의 가상대론 ——— 35
   1) 추론을 통한 공성에 대한 지혜 발현 ——— 35
   2) 유상무색有想無色의 외도에 대한 비판 ——— 37
   3) 올바른 수행의 틀 - 교敎 · 리理 · 행行 · 과果 ——— 41
   4) 수행의 대상 ——— 42
   5) 수행방법 ——— 47
      (1) 인위적 파괴와 자연적 관찰
      (2) 허공도 실체가 없는 공
   6) 수행 결과 ——— 57
      (1) 깨침의 같고 다름
      (2) 인과의 있고 없음의 다름

(3) 진리의 같고 다름
　　　(4) 지혜의 같고 다름
　　　(5) 천국의 같고 다름
　　　(6) 창조주의 같고 다름

제2장 사마타관

1. 사마타관의 대상 —————————————— 109
2. 사마타관의 특성 —————————————— 113
3. 『대승기신론』의 사마타관 ————————— 115
4. 수행 체계의 회통 —————————————— 120

제3장 지止와 관觀의 수행체계와 회통會通

1. 집중하여 들어가는 상태[勵力運轉作意] ——————— 129
　　1) 내주內住 - 청문의 힘[聞慧] - ①소를 찾음[尋牛] ———— 129
　　2) 등주等住 - 사유의 힘[思慧] - ②소 발자국 발견[見跡] —— 140

2. 끊어짐 있는 집중을 이어가는 상태[有間缺運轉作意] —— 151
　　1) 안주安住 - 정념正念의 힘1 - ③소를 발견함 1[見牛] ——— 151
　　2) 근주近住 - 정념[憶念]의 힘2 - ③소를 발견함 2[見牛] —— 160
　　3) 조순調順 - 정지正知의 힘1 - ④소를 얻음 1[得牛] ———— 175
　　4) 적정寂靜 - 정지正知의 힘2 - ④소를 얻음 2[得牛] ———— 187
　　5) 최극적정最極寂靜 - 정진精進의 힘1 - ⑤소를 길들임 1[牧牛] — 199

3. 끊어짐이 없는 집중을 이어가는 상태[無間缺運轉作意] — 215
　　전주일취專住一趣 - 정진精進의 힘2 - ⑤소를 길들임 2[牧牛]

4. 노력하지 않아도 집중이 이어지는 상태[無功運轉作意] — 220
　　등지等持 - 관습의 힘 - ⑥소를 타고 집으로 돌아감[騎牛歸家]

제4장 몸과 마음의 경안과 사마타의 성취 – 자량도資糧道

1. 선정에 들어가기 위해 계속 수행 – 경안과 지止의 성취 —————— 227
    1) 진여삼매에 들어갈 때의 조건 ————————————— 227
    2) 경안의 정의와 기능 —————————————————— 229
    3) 경안의 발생 과정과 감능堪能의 뜻과 공성 ——————— 230

2. 사마타의 성취 – 정사마타 ————————————————— 234
    1) 사마타 성취[正奢摩他]의 조건 ————————————— 234
    2) 작의를 얻음과 경안의 증장 —————————————— 235
    3) 정사마타와 자량도資糧道 ——————————————— 237
    4) 정사마타의 무분별성 ————————————————— 237
    5) 정사마타와 위빠사나 – 모든 수행의 바탕 ——————— 239
    6) 초선 근본정 – 지관쌍수의 7작의 ——————————— 241

제5장 지관쌍수 – 가행도加行道

1. 지관쌍수 ——————————————————————————— 245
    1) 위빠사나가 필요한 이유 ———————————————— 245
    2) 지관쌍수와 가행도 —————————————————— 246
    3) 지관쌍수 ——————————————————————— 247
    4) 왜 분석이 필요한가 —————————————————— 249
    5) 법무아 ———————————————————————— 251
    6) 무분별지의 조건 ——————————————————— 253
    7) 위빠사나의 장애에 대한 대치 ————————————— 256

2. 일행삼매 · 진여삼매 ———————————————————— 261
    – ⑦ 소는 없고 사람만 있음[忘牛存人]
    1) 방편을 버림 ————————————————————— 263

2) 사람만 남음 ——————————————————— 264

3) 무분별지無分別智 - 도道와 과果의 원인 ——————— 266

제6장 깨달음 - 견도見道

1. 깨달음 ——————————————————————— 271
  - ⑧ 아와 법이 공함을 깨달음·사람과 소 모두 잊다[人牛俱忘]
  1) 깨달음의 뜻과 내용 ——————————————— 271
  2) 곽암선사廓庵禪師 - 인우구망人牛俱忘 ————————— 273

2. 깨달음과 견도見道[통달위通達位] ————————————— 275
  1) 법신과 해탈신解脫身 ——————————————— 277
  2) 아집의 두 종류와 번뇌 - 견도 이후 ————————— 278

제7장 산은 산, 물은 물 - 수도修道

1. 있는 그대로의 세계, 지혜의 몸 ——————————————— 283
  - ⑨ 근원으로 돌아옴[返本還源]
  1) 곽암선사廓庵禪師 - 반본환원返本還源 ————————— 283
  2) 산은 산이요 물은 물이다 ———————————— 285
  3) 성정본각性淨本覺의 법출리경法出離鏡 ————————— 287
  4) 진여삼매 속에서 수도修道 ————————————— 288

2. 큰 연민의 실천 - ⑩ 세상에 들어가 유정들을 구제[入鄽垂手] — 289
  1) 곽암선사廓庵禪師 - 입전수수入鄽垂手 ————————— 290
  2) 수행 진전이 없을 때 —————————————— 292

제4편

자비다선慈悲茶禪
기본 네 가지 차茶명상과 통합명상

제1장 행다 알아차리기 명상

1. 들음으로 얻는 지혜와 사유하여 얻는 지혜 —————————— 299
2. 행다 알아차리기 명상 ————————————————————— 300
   1) 좌종소리 따라 주시하기 - 긴장완화 ——————————— 300
   2) 찻잔 잡기의 행다 알아차리기 ——————————————— 300
   3) 차의 색·향·미를 보고 맡고 음미하기 —————————— 301
   4) 찻잔 내려놓기 ——————————————————————— 302
3. 행다 알아차림의 효과 살펴보기 ———————————————— 303

제2장 색·향·미 감로차 마시기 명상

1. 들음으로 얻는 지혜[聞慧]와 사유하여 얻는 지혜[思慧] ————— 307
2. 색·향·미 감로차 마시기 명상 - 수혜修慧 —————————— 308
3. 몸속 다섯 가지 기운의 흐름 —————————————————— 310
4. 감로차 마시기 효과 살펴보기 ————————————————— 312

제3장 깨침의 다실 꾸미기의 뜻 새기기 명상

1. 들음으로 얻는 지혜와 사유하여 얻는 지혜 —————————— 315
   1) 전체 이미지 ———————————————————————— 318

2) 명상 정원에서 오솔길을 지나 정자다실 가는 이미지 ─── 319
3) 정자 다실로 들어가는 이미지 ─── 321
4) 다실에서 되돌아보는 지혜 ─── 322
5) 다실 안의 이미지 ─── 322

2. 다실꾸미기 뜻 새기기 명상의 효과 살펴보기 ─── 323
3. 다실꾸미기 뜻 새기기 명상의 실제 ─── 324

제4장 연꽃찻잔 일곱 가지 뜻에 들어가기 명상

1. 들음으로 얻는 지혜와 사유하여 얻는 지혜 ─── 329
2. 일곱 가지 뜻을 가진 연꽃 명상찻잔 명상하기 ─── 332
3. 연꽃찻잔 일곱가지 뜻 명상의 효과 살펴보기 ─── 336

제5장 네 가지 명상의 통합명상

제5편

자비경선 慈悲鏡禪
기본 걷기선禪 명상

제1장 자비경선은 걷기선이며 거울명상

1. 자비 경선 개요 ─── 345
2. 경鏡 단계의 '무분별 거울' 개요 ─── 347

제2장 경선의 네 가지 기본명상

1. 걸으면서 발바닥 감각 알아차리기 —————————— 351
   1) 경선하기 전 다리풀기 예비운동 ————————————— 351
   2) 감각을 있는 그대로 알아차리기 ————————————— 353
   3) 걸으면서 알아차림의 영역을 온몸으로 확대하여 알아차리기 —— 355
   4) 걸으면서 오감의 문으로 들어오는 감각 알아차리기 ————— 355
   5) 효과 생각하기 ———————————————————— 356
   6) 걸으면서 무상 관찰하여 지금 이 순간 깨어있기 —————— 356

2. 소리 무상 관찰하기 ———————————————— 357
   1) 소나무에 기대어 소리를 따라 청각의식을 확장하기 ————— 357
   2) 현재 이 순간 깨어있기 ————————————————— 358
   3) 효과 생각하기 ———————————————————— 358
   4) 무상 관찰하여 무주無住에 머물기 ————————————— 359
      (1) 머묾 없음에 머물기
      (2) 지혜를 일으키는 원인인 찰나삼매 체험하기
      (3) 지금 깨어있는 이 순간 무주無住에 머물기
      (4) 무주에 머물러 마음의 텅 빔 체험하기
      (5) 머묾 없음에 머무는 마음이 불변임을 알아차리고 깨닫기

3. 몸과 마음 휴식하기 ———————————————— 362
   1) 의도를 내려놓는 호흡하기 ———————————————— 362
      (1) 감정과 생각에 대한 대처 방법
      (2) 마음을 내려놓는 호흡하기 방법
      (3) 체험 현상과 효과 생각하기
   2) 감정과 생각을 '지금 있는 그대로 그냥' 두고 차분한 마음 가지기 — 364
   3) 마음 쉴 때 저절로 드러나는 진실 ————————————— 365

4. 소나무에 기대어 의식 확장하기와 관계성 통찰 사유하기 ——— 366

1) 소나무에 기대어 관계성 사유하며 지혜를 얻는 방법 ──────── 366
　　2) 지혜의 뜻 ──────────────────────────── 368
　　3) 체험 현상과 효과 생각하기 ─────────────────── 369

5. 안과 밖의 경계선이 없는 의식의 한 공간 이루기 ──────── 370

후기　자비선을 통해 대자유에 이르기를 • 372
찾아보기 • 376

자비공관
慈悲空觀

저 배는 어디로 가는지.
무엇으로 가지 않을까.
오고감이 어디에 미치는.

제3편

위빠사나관
사마타관

지止와 관觀의 수행체계와 회통
몸과 마음의 경안과 사마타의 성취 - 자량도資糧道
지관쌍수 - 가행도加行道
깨달음 - 견도見道
산은 산, 물은 물 - 수도修道

자비공관은 마음깨침으로 가는 길

마음깨침은 궁극적으로 공성의 보리심을 깨치는 것입니다. 마음의 본성은 공성이고 보리심입니다. 마음깨침은 처음부터 마음을 대상으로 수행합니다. 공성을 아는 깨어 있는 마음을 관찰하는 것입니다. 이 깨어 있는 마음을 통하여 궁극적 보리심인 공성을 깨달을 수 있습니다. 이러한 마음의 본성을 깨달아 초지에 이르게 되면 법신을 얻습니다. 법신은 세간과 열반에 머물지 않고 색신을 낳아서 중생 구제하는 것을 목적으로 합니다.

수행자는 연민심으로 유정有情을 돕기 위해 열반에 머물지 않습니다. 세간은 마음이 만든 환영과 같기 때문에 반야지혜로 세간에 머물지 않는 수행자의 길이 보리심의 길이자 마음깨침의 길입니다. 마음깨침의 길인 자비공관은 곧 보리선菩提禪, 지혜선智慧禪입니다.

사무량심의 확장이 보리심이고 그 궁극적 보리심은 공성입니다.

공성을 깨닫는 것이 보리심의 실천행이므로 자비공관을 보리선菩提禪이라고도 부를 수 있습니다. 또한 사마타 속에서 공성의 지혜를 발현시키므로 지혜선이라고 해도 무방할 것입니다. 그럼에도 불구하고 자비공관을 자비선으로 이름붙인 이유는 보리심이 자비를 뿌리에 두고 있기 때문입니다. 그래서, 자비수관, 자비공관, 자비경선, 자비다선을 모두 자비선이라고 한 것입니다.

제1장

위빠사나관

1. 무분별지로 가는 길
― 지관쌍수

공을 아는 의식의 깨어 있음이 자비수관의 네 번째 공단계입니다. 자비공관에 의해 공을 아는 의식의 깨어 있음에 머물러 사마타를 성취[正奢摩他]하고 성취된 사마타의 삼매에 의지하여 몸과 환경과 마음의 결합인 오온五蘊 등을 분석하여 지혜를 발현시킵니다. 그 지혜에 의해 사마타 삼매와 위빠사나 삼매가 하나 되는 무분별삼매(공삼매)에 들어갑니다. 이 무분별 삼매가 진여삼매이며 진여삼매 속에서 공과 지혜는 물에 물을 타면 경계가 사라지듯이 하나가 되어 주관과 객관이 없는 평등함을 이룹니다. 이를 무분별지라고 합니다. 이것이 다섯 번째 지智단계입니다.

지智단계는 공과 지혜가 대면하는 단계로 지智를 얻기 위한 길입니다. 또한 자비와 삼법인의 지혜로 이룬 몸깨침에 이어 보리심의 공을 깨치는 마음깨침의 영역입니다. 이 단계는 대승의 지관수행입니다. 즉, 몸과 마음의 현상을 알아차림하여 삼법인의 지혜로 삼법인을 체득합니다. 삼법인을 체득하면 비로소 공성에 대한 이해가 생깁니다.

수행의 집중대상으로서 마음은 형태가 없기 때문에 단순한 개념으로 수행하게 되거나 아무 생각 없이 '무無'에 대하여 수행하게 되는 쪽으로 빠질 수 있습니다. 이 두 경우 모두 수행 대상을 잃어버린 수행입니다. 개념적인 공성에 집중하게 되거나 공성에 대한 명확한 이해가 없으면 '없음'에 대해서 명상하는 결과를 초래하게 됩니다. 특히 마음의 본성(빛·앎·공성)을 수행 대상으로 하는 사마타 [止] 수행을 하기 위해선 먼저 공성을 추론하여 공성에 대한 명확하고 바른 견해가 확립되어야 합니다.

그래서 자비공관 수행에서는 공성에 대한 올바른 이해를 돕기 위하여 공과 허공의 가상대론을 준비했습니다. '공과 허공의 대론'을 통하여 눈으로 볼 수 없고 손으로 만질 수 없는 공성을 파악하고 공성에 초점 맞추어 억념할 수 있도록 하였습니다. '허공'은 인식 대상이 없는 무無입니다. 허공을 대상으로 수행하여 허공 자체가 되면 어둠만 있고 빛이 없으며, 앎이 없어 무지하게 되며, 허공을 실체화하여 창조주니 대영혼(진아와 비슷한 견해)이니 하는 잘못된 견해를 가지게 됩니다. 이것이 공과 허공에 대한 추론과 분석이 필요한 이유입니다.

사마타관은 『대승기신론』의 지止수행법을 근간으로 위빠사나의 공성에 대한 지혜를 의지하여 육력六力과 구주심九住心을 덧붙여서 선정의 길을 분명히 하였습니다. 공은 선정의 힘에 의해 공이라 하기 때문입니다. 이렇게 지와 관을 쌍수하면 수행의 진전이 빨라져서 수행 기간을 단축하게 됩니다.

2. 위빠사나 지혜

왜 공의 지혜가 필요할까요? 현재 우리들이 직면하고 있는 전쟁·테러·환경 파괴·취업난 등 여러 가지 문제들을 사유 분석해 보면 이 모든 고통스러운 상황을 유발하는 것이 결국 갖가지 심리의 투영이라는 것을 알 수 있습니다. 마치 로봇과 함께 지내다 보면 기계인 로봇에게도 사랑을 느끼거나 애착을 갖는 것과 같습니다. 이러한 현상은 로봇에게 자신의 생각과 감정을 투사하고 투사된 로봇에 애착을 갖기 때문입니다. 그래서 투영된 마음은 모두 우리 인간의 분노·시기·애착 등 각종 번뇌와 관련된 것입니다.

각종 번뇌의 뿌리는 무명無明입니다. 대상들이 마치 그 자체의 고유한 본질(실재)을 가지고 존재하는 것인 양 착각하는 무지無知입니다. 이 무명의 힘은 불안·탐욕·분노·자만·교만·의심·적대감·시기·질투 등과 같은 다른 여러 유형의 번뇌를 생겨나게 합니다. 바로 이런 것들이 실질적인 괴로움을 일으키는 제조기들인 것입니다. 그래서 갖가지 번뇌와 무명을 없애는 지혜를 일으키는 위빠사나관이 필요합니다.

수행은 위빠사나 지혜라는 도구로 무명과 각종 번뇌라는 적을 없애는 싸움입니다. 우리에게 피해를 주는 대상을 우리는 적으로 간주합니다. 만일 적대시하는 감정이 그 사람의 진정한 본성이라면 적대적 상황은 어떤 식으로도 바뀔 수 없습니다. 그러나 증오가 그 사람의 본성은 결코 아니기 때문에 적대적 상황도 바뀔 수 있습니다. 그런 나쁜 행동을 보인 것은 번뇌의 뿌리인 무명 때문입니다.

결과적으로 실질적인 괴로움을 만드는 것은 인간의 본성이 아니고 심적 요소인 무명번뇌가 진정한 적입니다. 따라서 공격 대상은 밖이 아니라 온전히 우리 자신 안에 있으며 그 곳이 싸움터입니다. 마음의 평화를 파괴하는 핵심적인 원흉은 분노와 증오입니다. 이러한 번뇌를 극복하기 위하여 실재의식을 갖게 하는 무명의 뿌리를 없애는 것이 필수적입니다.

3. 추론을 통한 공의 이해

모든 존재들이 실재한다고 인식하는 것을 실재의식이라 합니다. 이 실재의식을 깨트리기 위해서는 물로 불을 끄듯이 무지無知를 없애기 위해 대상을 바르게 인식하는 추론의식이 생겨나게 해야 합니다. 그러한 추론 의식만이 번뇌에 대한 해독제 역할을 할 수 있습니다.

무명의식은 형상들이 눈에 보이는 대로 실재하는 것으로 봅니다. 그 자체의 고유한 본질을 가지고 존재하고 있는 것처럼 인식합니다. 그러나 추론을 통해 분석해 보면 모두 무명이 꾸며낸 것일 뿐입니다. 대상들은 그 자체의 고유한 실체에 의해 존재하는 것이 아니고, 그 자체로서 저절로 존재하는 것도 아니라는 것을 알게 됩니다. 무지無知 의식이 의미 부여한 대상들이 고정되고 독립되어 있으며, 다른 것과 분리되어 실체를 가지고 스스로 존재한다고 믿거나 생각하는 것을 추론을 통하여 그 대상이 처음부터 존재하지 않는다는 것을 앎으로써 실재의식을 깨트려야 합니다.

이와 같이 모든 것에 자체 성품이 있다는 실재의식을 논파하기 위해 추론을 사용합니다. 적절한 추론의식이 공空을 깨닫게 하고 추론의식을 통하여 알게 된 공성은 '공성을 아는 마음'에 집중하는 사마타관을 통하여 공을 관합니다. 공은 일체 모든 것이 '실체 없음의 무아'이기에 곧 법무아, 즉 법공입니다.

모든 것은 무상즉공無常卽空입니다. 무상하게 지나가는 것은 흔적을 남기지 않아 상相을 멸하였기에 항상 고요합니다. 그래서 법(원인과 조건에 의해 일어나는 모든 것)은 인식의 대상이 없어서 탐착할 것이 없고, 언어가 끊어져 문자가 없고, 일체의 사유를 멀리 여의었기에 비유로 말할 수 없고, 허공과 같아 일체에 두루 하고, 내 것을 여의었기에 내 것이 없고, 심식心識을 떠났기에 알아보는 분별이 없고, 비교할 수 있는 상대를 떠났기에 서로 상대하는 것이 없고, 인식대상에 의지하지 않기 때문에 마음의 동요가 없고, 머무는 것이 없기에 가고 옴도 없습니다. 이것이 법공입니다.

삼법인의 지혜가 생기면 비로소 공성에 대한 이해가 생깁니다. 인무아, 즉 인공人空은 알아차림을 통해서 삼법인의 지혜에 의하여 성취되지만 법무아, 즉 법공은 네 가지 위빠사나로 드러냅니다. 특히 '공과 허공의 가상대론'을 통해 분석 사유합니다. 말하자면 능정사택能正思擇과 최극사택最極思擇, 주편심사周偏尋思, 주편사찰周偏伺察하여 법공의 지혜를 얻습니다.

첫째, 능정사택은 맑은 행으로 반연하는 경계에서나 좋은 방편으로 반연하는 경계에서나 번뇌를 맑게 하는 경계에서나 전체적으로 포괄하는 현상계의 모든 차별상을 바르고 깊이 분별하여 모든 것이 연기법임을 선택하는 것을 말합니다.[1]

둘째, 최극사택이란 모든 것을 대상으로 하여 모든 것의 궁극적인 본질인 진여를 최극으로 사유 분별하여 공성을 선택하는 것을 말합니다.[2]

셋째, 주편심사는 거친 사유를 뜻합니다. 관찰 대상인 공성의 경계에 대하여 지혜가 행을 갖춤으로 말미암아 분별 있는 작의로써 그 상相(공성)을 취하여 두루 살피고 잘 생각하는 것을 말합니다.[3]

넷째, 주편사찰이란 세밀하게 분별하고 살피는 정신 작용을 말합니다. 공성 경계에 대하여 진실한 뜻(공성)을 잘 살피고 추구하여 두루 두루 세밀하게 사유하는 것을 말합니다.[4] 『유가사지론』「성문지」에서 이 내용들을 자세히 설명하고 있습니다.

---

1 『대승기신론 해동소』. 云何名爲 能正思擇 謂於淨行所緣境界 或於善巧所緣境界 或於淨惑所緣境界 能正思擇 盡所有性
2 위의 책. 云何名爲 最極思擇 謂卽於彼所緣境界 最極思擇 如所有性
3 위의 책. 云何名爲 周偏尋思 謂卽於彼所緣境界 由慧俱行 有分別作意 取彼相狀 周偏尋思.
4 위의 책. 云何名爲 周偏伺察 謂卽於彼所緣境界 審諦推求 周偏伺察 乃至廣說

이렇게 네 가지 위빠사나를 통하여 법공이 드러날 때는 구주심의 사마타 수행을 합니다. 즉, 법공을 아는 의식의 깨어 있음에 초점을 맞추고 머물면서 사마타를 성취하여 진여삼매를 얻고 진여삼매 속에서 공성이 드러납니다. 그때 공성과 공성을 아는 지혜 사이에 물에 물을 타면 경계가 사라지듯이 공성과 공성을 아는 지혜 사이의 경계가 없어지게 되면 법신法身을 깨닫게 됩니다.

4. 수행 주체는 의식

수행은 의식이 주체입니다. 그래서 의식의 내용에 의해 수행의 과정과 깨달음이 결정됩니다. 수행할 때 실재를 전제로 하는 수행은 아무리 익숙하게 정진을 해도 무명에 대한 각종 번뇌가 일어나고 삿된 견해가 주인 노릇을 하게 되는 무명의 노예, 즉 무지한 의식이 되고 맙니다. 텅 비어 있는 공을 추론하는 의식은 처음부터 어떤 실재를 전제로 하여 깨달음(진리)을 구하는 실재의식을 부숴 버립니다.

5. 허공과 공의 가상대론

1) 추론을 통한 공성에 대한 지혜 발현

허공과 공성의 가상대론에서는 공성을 아는 지혜가 추론을 통해 발현되는 과정에 대하여 살펴봅니다. 허공을 자아로, 실체로, 진리로 잘못 생각하는 실재의식을 없애기 위해 허공과 공을 비교하고 추론하여 공의 지혜가 어떻게 생기는지를 살펴보도록 하겠습니다.

　허공은 인식 대상이 없어서 감각기관을 통해서는 알 수가 없습니다. 또한 스스로 아는 성질도 가지고 있지 않습니다. 그러나 허공은 공성空性을 체득하는 것과 여러 면에서 닮은 점이 있기도 합니다. 그래서 허공과 공의 문답을 통하여 공의 진실이 무엇인가를 알고자 합니다(지혜).

　공성에 집중하여 한 차원 높은 마음깨침으로 넘어가는 공의 수순隨順은 산을 오를 때 넘어야 할 높은 고개와 같습니다. 즉, 공대空大에서 몸사라짐을 보고 있는 마음이 허공의 마음이 되어 부분에서 전체로 바뀝니다. 이때 마음이 허공 자체가 되고 허공을 아는 의식이 무한으로 확장되는 현상이 일어납니다[識大].[5]

　이때는 안과 밖의 경계가 없어져서 우주와 하나가 되기도 하고, 허공 자체가 되는 체험도 오고, 경전이나 조사어록, 논서 등의 뜻이 거침없이 이해되기도 합니다. 그래서 마치 깨달은 것 같은 착각을 하기도 합니다. 그리고 이러한 착각으로 허공체험을 공체험으로 잘못 해석하여 경론과 조사어록의 가르침을 깨달음의 증거로 삼고는 경솔하게 깨달았다고 주장하기도 합니다. 그러나 이것은 진정한 깨달음이 아닙니다.

5　5대에 식대識大를 보태어 6대六大라고 합니다. 견대見大를 더하면 7대가 됩니다.

크고 넓은 공간

눈에 다 들어오듯

관觀하는 마음에

'나'와 '내 것'이 없으니

온 우주가 다 들어오네

몸의 형상이 사라지니

안과 밖이 없어져

허공 우주와 하나 된 체험

허공 자체가 되어

본인이 진리 되어 진리라고

이를 깨침이라 착각한다네

의식이 무한히 확장된 것일 뿐

평등심平等心 잃어버리면

자아 살아나 춤추고

고달픈 타향살이

다시 시작된다네

깨쳤다고 하는 이놈은 뭐꼬?

2) 유상무색有想無色의 외도에 대한 비판

허공과 공이 비슷하여 착각할 수 있습니다. 그러나 허공을 궁극이라고 생각하게 되면 엉뚱한 길로 들어가게 됩니다.『능엄경』에서는 허공 수련자를 유상무색有想無色의 외도外道라고 합니다. 가상대론은 이러한 외도의 설과 공성의 가르침을 대비하여 공성을 드러내고 수행의 바른 길을 제시하고자 합니다.

『능엄경』에서 이르길 "이 세계에는 유有를 싫어하고 허공에 흩어져 사라지는 것에 집착하여 윤회[消散輪廻]하는 존재(생명체)들이 있다. 이들은 허공에 집착하는 미혹에 빠져(미혹전도迷惑顚倒) 어두움[暗]의 허공과 화합하여 팔만 사천 가지 그늘지고 숨어드는 생각[想]을 이룬다. 이들을 무색無色의 갈람羯南(생명체)이라 하며 이들은 국토에 유전流轉하여 허공에 흩어져 '무無'에 돌아가므로 공산소침空散消沈의 무리들로 가득하다."[6]라고 하였습니다.

이를 다시 설명하면 색色을 멸하고 허공에 집착하여 몸을 소멸시키고 무無에 돌아가는 것을 소산銷散이라 하며, 무無에 돌아가려는 생각이 습과 업이 되어 태어남을 반복하는 것을 윤회라고 합니다. 미혹 전도는 미혹에 엮여서 색신色身을 장애로 여겨 싫어하고 이것을 소멸시키려는 것입니다.

색신을 소멸하고자 허공에 들어가는 것은 색이 곧 공空인 진리에 위배되므로 전도된 미혹입니다.[7] 미혹의 성격은 어둠입니다. 생

---

6 『능엄경』 권7의 「證果分」, 由因世界에 消散輪廻惑顚倒故로 和合暗成八萬四千의 陰隱亂想하나니 如是故有無色羯南이 流轉國土하야 空散消沈其類充寒이니라.

7 '迷漏無聞 名惑顚倒'의 혹전도惑顚倒는 진실에 미혹하여 들음 없음을 뜻합니다. 즉, 들음 없음은 지혜 없음이며 곧 공성에 대한 무지입니다. 또한 허공은 인식 대상이 없어 대상을 인식하는 마음이 깜깜하므로 허공이 될 때 스승과 부모 형제의 소리를 들을 수 없다는 뜻일 것입니다.

각이 색을 멸하여 허공에 들어가는 것은 음은난상陰隱亂想을 일으킵니다. 이것은 '생각은 있고 물질은 없다[有想無色]'고 보는 무색계無色界 외도外道의 일종입니다.

생각[想]이 있다는 것은 업의 조작활동[惑業]인 체가 없는 것이 아니므로 생명체(갈남羯南)가 있다는 것입니다. 또 미혹의 조작활동[惑業]은 어둡고 무거우며 형색을 소멸시켜 흩어지게 만들고 그 바탕은 허공의 어둠과 합해지니 그것을 인식하는 그 마음 또한 어둡고 흐릿한 것[陰隱]에 붙어 있어 이 또한 공산소침空散銷沈의 무리라 하는 것입니다.[8]

허공에 들어가는 것은 색즉시공色卽是空에 위배되므로 어둠입니다. 그래서 허공을 어두운 허공[晦昧虛空]이라고 하는 것입니다. 어둠은 미혹이며 무명입니다. 어둠은 신령스러운 마음을 어둡게 하여 숨고 잠기게 합니다. 이 어둠과 화합하여 이루는 것이 업이며 이 미혹에 의지하여 업을 일으킵니다.

업을 의지하여 감응하여 나타나는 과보를 무색갈남無色羯南이라 합니다. '갈남'이란 눈·귀·코·혀·몸·의 등 여섯 가지 감각기관은 아직 구비되지 않고 다만 몸뚱이[9]만 있는 생명체입니다.[10] 하지만 그 몸뚱이는 물질이 없는 무색으로 생각으로만 이루어진 몸입니다

---

8   『능엄경』권7의 「戒環解」, 厭有着空하야 滅身歸無을 名銷散輪廻요 迷漏無聞을 名惑顚倒니라 壓有歸無하면 則依晦昧空일새 故和合暗成하야 而名陰隱亂想이니 卽無色界의 外道類也니라 此有想無色이로대 而不無業體故로 亦稱羯南이니라 又有惑業昏重하고 形色消磨하야 體合空昧하고 識附陰隱이니 亦空散消沈類也니라.
9   肉團=身根
10   智冠 編著『伽山 佛敎大辭林』1, 가산불교문화연구원.(1998) p.15, p.483

이 무색갈남이 국토에 유전流轉하는데 이러한 종류에는 허공신虛空神과 발귀魃鬼[11] 등이 있습니다. 모두 무색이며 이러한 종류가 국토에 충만하다는 것입니다.

이것을 근거로 해서 보면 허공 수련자들은 '생각[想]은 있고 물질 없음[有想無色]'의 외도입니다. 허공을 사랑한다는 것은 결국 유有를 싫어하고 허공虛空에 집착하여 몸을 소멸하고 '무(없음)'로 돌아가 허공 자체가 되어서는 '진리가 되었다'고 하는 것입니다. 이는 몸이 사라져 안과 밖이 없고 의식의 무한함과 허공밖에 없어서 스스로 진리를 깨달았다고 착각하는 것입니다. 심지어 허공 우주를 대영혼이라 하고 수행자 자신이 곧 창조주라고 주장합니다. 그리고 허공에 걸린 이 수행을 참수행이라 생각하거나 이제 수행이 끝났다고 생각할 수도 있습니다. 그러나 이 경계는 무지무명과 인과를 부정하는 결과로 나타납니다. 따라서 허공에 머무는 수행은 우리가 해야 하는 공수행이 아닙니다. 공수행과 전혀 다릅니다.

용수보살은 '보리심의 해석'이라는 51게송에서 이릅니다.

마음에 인식의 대상이 없는
머무름은 허공의 성품이네
이러한 공의 수행은

---

[11] 바람에 의탁하는 귀신입니다. 전생에 음욕을 많이 쌓아서 바람이 만물을 흔들 듯이 색色으로 몸과 마음을 어지럽게 요동시킨 결과로 받는 과보입니다. (『伽山 佛敎大辭林』15, 가산불교문화연구원. 2014) p.430

허공을 수행한 것뿐이라네[12]

허공은 인식 대상이 없어 아는 성질이 없습니다. 그래서 무지무명과 인과因果 없음을 일으키는 것입니다. 앎이 없어 무지이며 지혜가 없어 캄캄하고 밝음이 없어 무명입니다.

3) 올바른 수행의 틀 – 교敎·리理·행行·과果

원측 스님은 『해심밀경소解深密經疏』에서 '수행은 경행과境行果가 맞아야 한다'고 설합니다. 경境은 관찰 대상입니다. 행行은 수행과 수행의 방법을 말합니다. 과果는 수행의 결과입니다.

공단계의 수행은 관찰 대상-수행-결과를 교敎-리理-행行-과果로 볼 수 있습니다. 즉, 관찰 대상은 공空이며 공에 대하여 교敎와 리理를 통하여 수행하고 그 결과로 깨달음을 이룹니다.

교敎는 공의 가르침을 들어서 지혜를 얻게 합니다.

리理는 공의 이치를 사유하고 분석하여 지혜를 얻어 공성에 초점을 맞추는 것입니다.

행行은 교와 리에서 얻은 지혜에 의지하여 공성에 집중하고 선

12　용수龍樹보살 저, 박은정(Tenzin Dronme) 역, 『보리심석菩提心釋』은 산스크리트어로 bodhicitta-vivarana (보디치따 비바라나)이고, 티베트어로 '장춥셈끼델바'(菩提心釋 -보리심의 해설)입니다. 이 『보리심석菩提心釋』은 인도의 敎師 구나아깔과 역경사 럽시셰넨께서 옮기시고 교열한 것을 후에 인도의 敎師이신 까낙벨마와 티베트의 역경사 빠첩니마닥이 교정하였고, 박은정님이 2005년 4월 10일에 한글 번역한 것입니다.

정과 지혜를 얻는 것입니다.

과果는 공성을 체득하고 깨달음을 얻어 모든 속박에서 벗어나는 것입니다.

4) 수행의 대상 – 허공과 공성의 같고 다름

이처럼 수행은 관찰 대상과 수행 방법 그리고 수행 결과가 맞아야 합니다. 이 세 가지가 딱 맞아 떨어질 때 올바른 수행이 됩니다. 공대空大인 허공과 대승의 근본인 연기실상을 뜻하는 공성의 이해를 위하여 관찰 대상과 수행 방법, 그리고 수행 결과의 세 부분을 살펴보고, 수행의 바른 길을 제시하고자 우愚 씨와 오悟 씨의 가상 대론을 마련하였습니다.

가상대론에서 우씨는 허공 수련법을 권장하며 오씨는 공 수행법을 권장합니다. 지금부터 각 주제에 따른 우 씨와 오 씨 두 수행자의 주장들을 정리하고 그에 대하여 논하는 평자인 평 씨의 평을 들어 들어보겠습니다(이하 '우님'과 '오님' 그리고 '평님'으로 표기함).

우님 : 우리 수련의 대상은 허공입니다. 허공이 되기 위한 수련 방법은 상상력으로 마음을 없애고, 몸을 죽이고, 우주를 파괴하여 모두를 없애는 방법입니다. 그리하여 나타나는 결과는 허공입니다. 허공과 '나'가 하나가 되는 체험을 합니다. 그래서 허공 자체가 되는 것이 궁극의 깨달음입니다. 허공이 바로 진리이고 대영혼이며 창조주이고 천국입니다.

오님 : 우리의 수행은 공을 대상으로 합니다. 공대空大인 허공을 대상으로 하지 않습니다. 수행 방법은 공성의 법을 듣고, 공의 이치를 사유하고, 이렇게 체득한 지혜에 의지하여 몸과 마음을 관찰하고 집중하는 사마타와 위빠사나관입니다. 수행의 결과는 공성空性 자체가 되는 것으로 궁극의 깨달음입니다. 즉, 공성이 진리이며 공성의 지혜로 공성 자체가 되어 지혜의 법신을 이루는 것입니다.

평님 : 두 사람의 주장을 정리하면 수행 대상은 각각 허공과 공이며, 수행 방법은 파괴와 관찰, 수행 결과는 허공과 공입니다. 그러면 지금부터 허공과 공 수행법의 공통점과 차이점을 살펴보면서 바른 수행의 길에 대해서 논하여 보겠습니다.

우님 : 수행해서 내가 허공이 되면 그 허공에는 '나'라는 자기가 없고 '무無'인 우주 자체가 됩니다. 그리고 그것은 진리 자체이며 대영혼이며 창조주입니다.

오님 : 그대가 주장하는 허공은 자기가 없고 무가 신리라고 하면서 대영혼, 창조주라는 자성이 있는 존재를 주장하고 있습니다. 그러나 공성은 자기가 없으며 고정불변하는 자성이 없는 진리 그 자체입니다. 그러므로 공성은 허공과 다릅니다.

그대는 허공의 '무'를 좋아하는군요. 그것은 '허공을 상상하고 지각하는 생각은 있으나 물질 없음[有想無色]'의 외도外道가 아닌가요? 그대가 허공을 사랑하는 것은 결국 유有를 싫어하고 허공에 집착하여 몸을 소멸하고 '무(없음)'로 돌아가는 것을 말하는 것이 아닙니까?

우님 : 그대는 나를 외도라고 몰아붙이지만 그대가 주장하는 '공'

도 허공과 같은 '무'가 아닙니까?

오님 : 공은 무가 아니라 무자성無自性이며 유도 무도 아닌 중도입니다. 허공은 왜 '무'입니까?

우님 : 접촉하여 감각할 것이 없어 인식 대상이 없기 때문입니다. 그러므로 공도 허공같이 텅 빈 것이므로 '무'라고 해야 할 것입니다.

오님 : 그대의 말대로 '무'의 성격이 없는 것은 아닙니다. 그러나 존재가 '무'인 것이 아니라 '자성自性이 없다'는 '무'이며, 자성에 대한 '모든 견해가 없다'는 '무'를 말할 뿐입니다. '공'은 허공과 닮기는 했습니다. 허공을 비유하여 공성을 설명하니까요. 그러나 '공'은 유도 아니고 무도 아닌 '중도'입니다.

우님 : 그렇다면 결국 허공과 같은데 왜 공을 무자성, 중도라 부릅니까?

오님 : 공을 무자성으로 유도, 무도 아닌 중도라고 부르는 이유를 『유마경』에서는 '색色(물질-형상)'과 '색의 공함'은 둘이지만, 색이 곧 공이라, 색을 멸하여 공하다는 것이 아니라 색의 성품이 스스로 공한 것이다'[13]라고 설하고 있습니다.

이는 색과 공은 하나라는 것입니다. 형상을 부수어 아무 것도 없는 것은 '무'이지만, '공'은 형상은 그대로이지만 형상의 성품이 스스로 공한 것을 의미합니다. 왜냐하면 형상이라는 것은 여러 가지 조건에 의해 이루어지는 것이므로 자성이 없어 공하다고 하는 것

13　色色空爲二 色卽是空 非色滅空 色性自空

입니다.

우님 : 그대의 주장에 대해 의문이 생깁니다. 어째서 형상 그대로 공입니까?

오님 : 예를 들어 보겠습니다. 태토胎土(도자기 만드는 흙)와 유약으로 만든 도자기 항아리가 하나 있습니다. 이 항아리는 처음부터 있었던 것이 아닙니다. 태토인 흙을 물로 반죽을 하고, 모양을 만들고, 그늘에 말리고, 초벌구이를 하고, 다시 유약을 칠하여 가마에 구워 냈을 때 완성되는 것입니다. 이렇게 항아리는 원인[因]이 되는 여러 가지 요소와 조건[緣]에 의해 이루어졌습니다. 그래서 완성된 항아리는 항아리 자체의 고유한 것, 즉 항아리 자체만의 자성自性이 없습니다. 만들어진 항아리는 내재되어 있는 실체가 없고 만들고 굽고 하는 시간적 과정도 변하는 무상이어서 허공과 닮았다고 할 수 있습니다. 그러나 그 허공 또한 변하는 것입니다. 그래서 '유'가 아니며, 인연에 의해 이루어지므로 '무'도 아닙니다. 이것이 공을 '유'도 '무'도 아닌 '중도'라 부르는 이유입니다.

우님 : 솔직해지는 것이 어떻습니까? 그대는 허공과 공의 닮은 부분과 다른 부분을 얘기하지만 제 생각에는 매우 비슷하다는 생각이 듭니다.

오님 : 물론 닮은 점도 있습니다. 그러나 그 무엇보다 중요한 것은 수행의 결과가 명백히 다릅니다. '공'을 대상으로 수행하여 삼매에 들어서 자기가 무자성의 공이 되면 허공과 같이 감각할 대상이 없습니다. 눈과 귀 등의 감각기관도 없습니다. 오직 마음 한덩이의 '텅 빔', 즉 '공'만 있습니다. 그리고 삼매 속에서 나오면 현실이 마

치 환영과 같습니다. 완전히 없는 무無가 아닌 무자성無自性의 연기 (연緣 - 인因, 기起 - 과果)인 인과因果의 모습이 더욱 분명해집니다.

반면에 '허공'을 대상으로 수련하면 그대가 말한 대로 대상이 없어져서 만질 수 없고, 볼 수 없고, 느낄 수 없는 허공 자체가 되어 삼매에서 나와도 현실에 대해 무감각해지면서 '무'처럼 원인도 없고 결과도 없게 느껴집니다. 그래서 인과因果의 느낌이 없습니다. 이렇듯 수행의 결과가 현실에서 '인과의 모습이 분명한 것'과 '인과의 모습이 없는' 것은 아주 다른 큰 차이입니다.

허공은 말 그대로
아무것도 없는 '무'라,
접촉할 수가 없네

'공'은 형상 그대로 '공'이라고 하니
접촉할 수 있고 접촉되는 사물은
실체가 없어 '공'이라 하네

이것이 바로
'허공'과 '공'의 차이라네

평님 : 정리하면, 우님은 관찰 대상을 '허공'으로, 오님은 관찰 대상을 '공'으로 삼고 있군요. 다음으로 허공과 공의 수행법에 대하여 논해 보도록 하겠습니다.

5) 수행방법 — 행行

(1) 인위적 파괴와 자연적 관찰

우님 : 우리는 다음과 같이 수련을 합니다. 허공 자체가 되기 위해 자기라고 집착하는 마음과 몸을 없앱니다. 그리고 우주마저 없애버립니다. 그러면 진리인 허공만 남게 되고 그 진리(허공)가 곧 내 마음입니다. 이 무한대 우주에서 각자가 가진 자기만큼의 마음이 점점 커져서 몸과 마음과 우주를 없앤 허공 자체가 되면 이것이 바로 진리이며 깨침입니다. 이 우주에 아무것도 없으면 진리만 남게 되는데 이렇게 일체를 다 없앨 때, 즉 자기의 관념과 관습으로부터 벗어날 때 깨침이 있는 것입니다.

오님 : 마음과 몸, 일체를 없게 만드는 구체적 방법은 무엇입니까?

우님 : 벽에다 점을 찍고 과거의 삶에 집착된 마음을 거기다 던져 넣습니다. 몸은 상상으로 칼이나 폭탄 등으로 자르고 폭파시켜서 없앱니다. 우주의 별, 태양 등도 상상으로 원자폭탄이나 수소폭탄으로 파괴하여 버리면 아무것도 없는 허공이 됩니다. 허공을 만들기 위해 상상력으로 강제로 파괴하는 것이 우리의 수행 방법입니다. 오님은 '공' 자체가 되기 위해 어떤 수행 방법을 취합니까?

오님 : 몸과 마음을 관찰하기 위하여 관觀을 수행방법으로 취하고 있습니다. '관'이란 자연스럽게 사실 그대로의 모습을 자세히 보는 것입니다. 관찰 대상인 공성을 관찰하려면 공성의 다른 이름으로 불리는 '무상'과 '연기'를 관찰해야 합니다. 무상無常은 변한다는

것입니다. 연기는 상호 의존 또는 인과因果를 뜻합니다. 사물의 변화와 상호 의존은 눈으로 확인할 수 있습니다. 사물들의 변화와 상호 의존을 잘 보기만 해도 '공'을 이해하고 체득하게 됩니다. 연기와 무상은 어느 누가 만든 것이 아닙니다.

먼저, 자비손(상상의 손)을 만듭니다. 그리고 어머니가 아기를 쓰다듬어 주듯이 자비손으로 나의 몸을 쓰다듬으면서 몸을 관찰합니다. 그러면 자비심이 생기면서 탐욕과 성냄이 줄어들고 없어집니다. 자비심과 함께 몸과 마음에 변화[無常]가 나타납니다. 좋아하고 사랑하는 것은 변합니다. 변하므로 괴롭습니다. 그러나 그 괴로움을 통하여 그 어떤 마음도 영원하지 않으며 항상하는 '자아'가 없고, 항상하는 '자아'가 없어 '무아'라는 진실을 보게 됩니다.

더 나아가 몸과 마음의 무상을 보면서 과거는 지나가서 없고 미래는 오지 않아서 없으며 현재에도 머물 수 없음을 관찰합니다. 그렇게 변하는 무상을 관찰하면 모든 것이 고정되고, 독립되고, 분리되고, 실체를 가지고 스스로 존재한다고 생각하는 것이 무지임을 알게 됩니다. 무상 관찰을 통해 무지를 근거로 하는 의심과 교만, 절대주의와 허무주의 등의 삿된 견해와 관습적인 것들이 모두 사라져 갑니다. 그리하여 과거와 미래가 없고 현재도 없음을 알게 되면서 알게 된 그 자리에 집중해 갑니다. 그렇게 집중하면 시간이 멈추고 허공도 사라지는 삼매에 들게 됩니다. 삼매에 들면 실체가 없는 '공성'을 만납니다. 이 수행법은 집중명상인 사마타관[止觀]입니다.

사마타관은 공성을 듣고 사유하여 지혜를 얻고 이 지혜에 의지하여 공성을 아는 마음에 집중하여 수행합니다. 나아가 공성을 아는 마음을 잊어버리지 않고 기억하고[憶念], 마음이 가라앉는 혼침昏沈과 마음이 들뜨는 도거掉擧를 바르게 알아[正知] 제거하면 집중하는 힘이 커집니다. 이와 같이 공성을 알고 있는 마음에 '집중하는 것'에 의하여 갖가지 번뇌망상이 사라집니다. 이렇게 숙달되도록 집중명상을 계속 정진하여 삼매에 들어갑니다. 삼매 속에서 위빠사나 수행을 통하여 공성이 드러나면 물에 물을 타면 물과 물 사이의 경계가 없어지듯이 '공성'과 '공성을 보는 지혜' 사이의 경계가 사라져 법신을 이루게 되는 것입니다. 이것이 바로 '공지혜 자체'가 되는 깨침입니다.

일상생활에서도 고정, 독립, 분리, 실체를 갖고 스스로 존재하는 것처럼 보이는 것들을 상호 의존하는 것으로 분석하고 관찰해 보면 내재하는 그 어떤 것도 없다는 것을 알게 되는데 이러한 깨침의 방법을 위빠사나관이라고 합니다. 관으로 공성을 알게 되면 변화와 상호 의존의 관계를 통해 자비심을 수행하게 됩니다. 자비는 관계 속에서 일어납니다. 만나는 생명과 심지어 무생명에 대해서도 변화와 연기에 따른 상호 의존적인 존재로 봅니다. 이것을 지혜라 합니다. 지혜는 탐욕의 단절을 가져오고 성냄의 충돌을 없앱니다. 이것이 바로 자비심의 발현입니다.

자비심의 발현에는 차원이 있습니다. 상대가 사람이면 사람을, 동물이면 동물을 자비로 대하는 일반적인 자비[衆生緣慈悲]가 있습니다. 이러한 일반적인 자비는 호불호가 분명하며 감정의 개입이 있어서 괴로움이 따릅니다. 그러나 상호 의존 속에서 변화하는 것을 살피게 되면 감정과 생각에 좌우되지 않습니다. 즉, 사람과 동물 등 생명체를 사람 그리고 동물이라는 모양과 색깔로 구분하여 보지 않고, 모든 것이 조건에 의해서 생기고 사라지는 무상한 것[法緣慈悲]으로 봅니다. 더 나아가 자비의 대상이 본래 존재하지 않으므로 필경에는 공함을 알게 되어 모든 존재를 평등하게 대하는 수행을 하는 것입니다[無緣慈悲]. 이렇게 자비심 수행은 보리심을 일으킵니다.

공성의 지혜는 법신을 이루고, 보리심은 중생을 도와주는 힘을 기르며, 그 힘에 의해서 색신色身이 나타납니다. 붓다께서도 법신 상태에서 중생구제를 위해 색신인 보신과 응신, 그리고 화신으로 나타나셨습니다. 왜냐하면 공성 그대로 형상이기 때문입니다[空卽是色].

허공을 얻기 위한 수련방법은
상상력을 사용한 인위적인 형상파괴이네

반면 공은 자연적이라
그러기 위해서 직접인식과
분석하고 추론하는 방법을 사용하며
또한 사마타와 위빠사나관으로
공성을 체득하는 것이네

평님 : 우님은 허공을 수행의 방편으로 삼는 것을 주장합니다. 이

방편을 인위적이라 한다면 오님의 공 수행은 자연적이군요. 그리고 우님은 허공을 얻기 위하여 형상을 파괴하고, 파괴하기 위해서 상상력을 사용하는 수행방법인데 반해 오님의 공에 대한 수행방법은 위빠사나관과 사마타관임을 알았습니다. 다음은 허공과 공의 수행법의 차이에 대해서 논의해 보겠습니다.

(2) 허공도 실체가 없는 공

우님: 허공이 진리이므로 허공 이외의 모든 것을 파괴하고 죽이고 없애는 방법이 '나'라는 관념과 망념을 없애는 가장 단순하면서도 빠른 것이 아니겠습니까? 굳이 무상과 인연 등을 관찰할 필요가 있겠습니까?

오님: 그대의 수행방법과 가장 큰 차이는 인연으로 이루어진 형상 그대로 공한 것을 관찰한다는 것입니다. 어떤 것이든 이미 그 자체로 공하므로 억지로 파괴하여 없앨 필요가 없다는 점입니다. 모든 것은 변하므로 변하는 것과 상호의존하는 것을 관찰해도 공성은 드러납니다. 그래서 『반야경』과 『중론』에서 무상즉공無常卽空, 인연즉공因緣卽空이라고 설하고 있습니다. 연기의 이치를 듣고 사유하면 그 이치가 분명해집니다. 무상과 연기의 이치를 듣고 아는 앎(지혜)을 의지하여 무상과 연기를 관찰하면 공의 지혜가 생겨 '있음'과 '없음'이라는 양견兩見의 그릇된 앎과 그리고 그것에서 비롯된 갖가지 번뇌와 망념을 없애고 공성을 깨닫게 됩니다. 그리하여 공성을 깨달으면 번뇌로 인하여 생기는 괴로움에서 완전히 벗어나게 됩니다.

우님 : 아무리 공을 이야기하더라도 그대의 주장처럼 공은 그저 그대로의 형상이기 때문에 그 크기가 우주의 형상만큼 크지 않고 비교할 수 없을 정도로 작습니다. 그러므로 어찌 공을 진리라고 하겠습니까? 그 형상을 없애야만 허공처럼 생멸이 없고 영원불사할 것입니다 그러므로 '공' 그대로의 형상을 파괴하고 없애야 '허공' 진리가 나타나는 것입니다.

오님 : 다시 강조하지만 허공이라는 것은 공과는 다른 것으로 허공은 바뀌지만 공성은 바뀌지 않습니다.

우님 : 허공이 바뀐다니 어불성설입니다. 허공은 볼 수도 없고 느낄 수도 없어 허공이라고 부르는 것입니다. 형상이 없기 때문입니다. 형상이 없는 것이 어떻게 바뀔 수 있겠습니까?

오님 : 그렇지 않습니다. 과학자들이 밝힌 실례를 들어보겠습니다. 진공 상태를 만들어 놓고 외부에서 물리적인 힘을 가하면 진공 속에서도 무엇인가가 생긴다고 합니다. 하지만 그 무엇조차도 형성되었다가 머물고 사라집니다[生住滅]. 그래서 허공은 허공으로 영원할 수 없고 '생주멸'이라는 이와 같은 변화[三相]를 통해서 허공을 파악할 수 있습니다. 우주를 설명할 때도 우주는 이루어지고[成] → 머물며[住] → 없어지고[壞] → 사라져 허공이 됩니다[空]. 허공은 공간입자입니다. 허공에서 이루어지고, 머물고, 없어지고 다시 허공이 됩니다. 이렇게 성주괴공으로 반복순환합니다. 그래서 허공은 형상을 통해서 파악할 수 있습니다.

이와 달리 공성은 형상에는 어떤 고정불변하는 실체가 없다는 것을 뜻합니다. 왜냐하면 형상 그대로 '공'한 것이기 때문입니다.

무명에 사로잡힌 사람이 환영과도 같은 이 형상에 '고정불변의 실체가 내재하여 있다'고 믿는 것은 전도된 견해입니다. 형상을 고정되고 독립된 무엇으로 보는 것은 공성을 이해하지 못하고 있는 것입니다. 이렇게 공성을 이해하지 못하는 것을 무지라 합니다.

이렇게 공을 바로 알면 모든 형상이 환영과 같음을 알게 됩니다. 환영은 굳이 파괴할 필요가 없습니다. 환영은 실체가 없는 공이기 때문입니다. 이 공성은 안과 밖이 없으므로 무한입니다. 따라서 공성을 아는 지혜도 그 내용이 '공'이므로 내외가 없습니다.

그러나 허공은 다른 형상과 비교할 때 허공이라고 할 수 있습니다. 형상과 상대하여 나타나기 때문입니다. 형상이 없으면 허공을 알 수 없습니다. 사실 허공은 어떤 실체를 가지지 않는 공입니다. 그렇지 않다면 허공은 형상 없이도 늘 있어야 합니다. 그러나 우주는 성-주-괴-공 하기 때문에 형상 없이 늘 있지 않다는 것입니다.

우님 : 내가 주장하는 바는 '이 무한대 우주에서 자기의 마음이 커져서 완전한 진리 자체로 나아감과 동시에 깨침'입니다. 즉, 어떤 형상이 존재할 때 그것을 파괴하여 허공 자체가 되면 형상을 아는 앎이 없어집니다. 형상을 아는 앎의 한계를 넘어서는 것은 허공을 아는 지혜가 무한하기 때문입니다. 그런데 어째서 공성을 아는 지혜인 마음의 크기가 허공보다 크다고 할 수 있습니까? 또한 허공을 아는 지혜와 공성을 아는 지혜가 다르다고 하십니까?

오님 : 다시 말하지만 허공은 어떤 형상과 상대할 때에만 허공이라고 부를 수 있습니다. 처음부터 형상이 없는 것을 허공이라고 부른다면 그 허공을 어떻게 닦을 수 있는지요? 그대의 말처럼 형상이

없는 것이 허공이라면 허공은 인식대상이 없으므로 상상으로 허공을 만들고 그 허공에 집중해야 되겠군요. 그런데 상상으로 만든 허공은 그저 상상일 뿐 그 허공을 닦아도 그대가 말하는 허공의 수행 결과는 나타나지 않을 것입니다. 허공을 상상한 상상의 기억만 남을 것입니다. 왜냐하면 허공은 인식대상이 없으므로 상상이라는 그 자체를 할 수가 없습니다. 그러면 허공을 아는 마음 또한 없어지므로 허공을 알 수 없게 됩니다. 마음이 없다는 것은 생명이 없게 되는 것입니다. 그래서 허공이 된다는 것은 생명을 포기하고 생명을 포기하는 것은 생명 기준의 하나인 인식하는 마음을 포기하는 것입니다.

그대는 그대의 수련법을 통해서 형상을 아는 앎의 한계를 넘어서는 허공과 같은 지혜를 얻는다고 말하고 있습니다. 그러나 허공 자체가 되면 그대의 그 '앎'도 허공과 같이 없어져야 하는 것이 아닌지요? 어떻게 허공과 같아진 '무한의 지혜'가 없어지지 않고 존재할 수 있는지요? 지혜는 마음이기 때문에 따라서 없어질 것이며 그러면 지혜가 무한하다는 말은 성립될 수가 없습니다.

만일 형상화했던 과거의 기억이 남아 있다면 상상으로 던져 없앨 수는 있을 것입니다. 그러나 형상있는 모든 물질들을 그대의 주장처럼 상상으로 파괴하여 허공인 진리를 구할 수 있다면 현실에서도 형상있는 모든 물질들을 파괴하여 진리를 구하면 어떨까요? 현실에서도 그런 파괴의 방법으로 진리를 구할 수 있어야 되지 않을까요? 제가 질문하겠습니다. 수련자가 벽에 점을 찍고 그 점을 지구라고 이름 붙이거나 또는 자기가 살아온 허망한 과거의 삶을 그 점에 던져 넣고 몸도 파괴하여 죽여 버리면 하늘같은 마음이 생겨서 허공만큼 커진다는 것이 사실입니까?

우님 : 당연히 사실입니다.

오님 : 믿을 수가 없습니다. 물론 처음에는 자기의 과거 삶을 완전히 버리고 허공 상태가 되면 만나는 사람마다 포옹도 하고 보이는 사물들에 감격할 것입니다. 그래서 그대의 주장처럼 '모든 것이 허공 하나!'라며 "진리 자체로 가는 것과 동시에 깨침이 왔다."라고 말할 것입니다. 그러나 그 체험은 지속성이 없을 뿐만 아니라 깨침과는 반대되는 현상도 생길 것입니다. 왜냐하면 다음과 같은 이유 때문입니다.

첫째, 상상은 언제나 현실로 돌아옵니다. 상상할 때는 깨친 것 같지만 그 여운은 길어 봐야 일 주일도 지속되지 못할 것입니다. 상상 속에서는 과거 삶의 모든 기억이 없어져 허공만큼 마음이 커진다고 할 수 있습니다. 그러나 상상에서 현실로 되돌아오면 다시 사물을 인식하게 되고, 그 사물을 인식하는 마음 또한 상상으로 깨쳤던 그 이전으로 되돌아올 것입니다.

둘째, 몸을 부수고 파괴하는 것도 상상으로 한 것이기 때문에 감각을 통제하거나 제거한 것은 아닙니다. 따라서 이 감각의 받아들임[受]이 괴로움을 낳습니다. 어떤 감각이 남아 있으면 그 감각을 통해서 갈망[愛]이 일어나고 붙잡음[取]이 생깁니다. 잠시 상상할 때만 일시적으로 허공이 되었다가도 감각에 의하여 다시 현실로 돌아온다는 것입니다.

셋째, 의식이 명료하지 않은 멍한 상태가 될 것입니다. 수행은 명료한 의식에 의해 진리가 파악되는 것입니다. 그런데 그대의 수련법처럼 버리고 없애는 훈련으로는 의식이 깨어 있을 수 없습니다. 의식의 특성은 마음과 어떤 형상에 대해서 명료하게 파악하는 것, 즉 명료성입니다. 인식 대상이 없으면 의식은 멍한 상태가 됩니다. 생체의학에서도 시력, 청력 또는 후각이 약해지기 시작하면 건망 증상이 보이고 나아가 치매가 온다고 이야기합니다. 그대의 주장처럼 허공을 인식대상으로 상정하게 되면 허공은 시각·청각·후각·미각·촉각 등으로 받아들일 수 없기 때문에 당연히 멍한 상태에 빠질 수밖에 없습니다. 이런 멍한 상태가 지속되면 세간에서 말하는 치매에 빠질 확률이 큽니다. 그런데 어떻게 하늘마음이 생겨 허공같이 커진다고 하겠습니까?

허공은 형상 없으면 허공이라 할 것 없네
처음부터 형상이 없는 것이 허공이라면
그 허공을 어떻게 파악하고 닦을 수 있을까
상상할 때만 하늘마음 되어 멍하니 있다가
상상하지 않으면 되돌아오네

평님 : 우님은 허공처럼 만들기 위해서 부수고 없애는 상상을 해야 된다고 합니다. 우님은 형상이 없기 때문에 허공이라고 부르지만 그 어떤 형상이 있을 때에만 상대적으로 허공이라고 부를 수 있습니다. 처음부터 아무 형상이 없는 것을 허공이라고 부를 수 없기 때문입니다. 그에 대하여 오님은 허공은 파악하거나 닦을 수 없는

것이라고 주장합니다. 그리고 그런 수행은 많은 병폐를 낳는다고 설명하고 있습니다. 다음으로 수행의 결과에 대해 대화를 이어가겠습니다.

6) 수행 결과

(1) 깨침의 같고 다름

평님 : 깨침은 마음입니다. 깨질 때 마음 상태는 어떻습니까?

우님 : 우리는 형상을 파괴하여 허공만큼 마음이 커져야 허공 자체가 되는 깨침이라고 부릅니다. 제 생각에는 공과 허공이 비슷한 것 같은데 오님은 공은 인연의 형상과 같다고 주장합니다. 형상이 있다는 것은 생멸이 있다는 것이 아닌지요? 생멸이 있다는 것은 진정한 깨침이 아닌 것 같습니다.

오님 : 그대의 주장처럼 허공만큼 마음이 커져야 하고 허공 자체가 되어 생멸이 없는 것을 깨침이라 부른다면 그 허공에는 생멸이 있습니까, 없습니까? 그리고 그 허공같이 큰 마음에도 생멸이 있습니까, 없습니까?

우님 : 허공인 이 존재는 영원 전에도 있었고, 지금도 있고, 영원 후에도 있을 것입니다. 그래서 생멸이 없습니다. 생멸이 없는 이런 허공과 합일하는 것은, 곧 이 존재가 진리인 것입니다. 그러므로 이 존재는 영원불멸하고, 살아 있는 우주의 대영혼 자체입니다. 이 존재가 창조주여서 창조주만한 마음이 될 때 진리를 볼 수 있습니다.

오님 : 그대는 허공이 대영혼이며 창조주인 마음이며 영원불멸

하여 생멸이 없다고 주장합니다. 그러나 혜능대사는 돈황본『육조단경』에서 말씀하시기를 "마하란 크다는 뜻입니다. 마음의 크기가 허공과 같이 광대하다는 것입니다. 마음을 허공처럼 하고 앉아 있지는 마십시오. 무기공無記空에 떨어집니다."[14]라고 하여 허공이 되는 것은 무기공에 빠지는 것이라 했습니다.

무기란 선도 아니고 불선도 아니어서 선악으로 기록記錄할 수 없다는 뜻입니다. 기록할 아무 것도 없는 무無에는 선악의 구별이 없을 뿐만 아니라 결과 또한 초래하지 않습니다. 그래서 아무 것도 없는 허공이 되어도 깨달음이라는 결과가 없습니다. 바로 이 '모든 것은 없다'고 집착하는 사견이 허공을 창조주니 대영혼이니 깨달음이라고 말할 수 없는 이유입니다. 수행자가 마음을 허공같이 하여 앉아 있으면 생동감을 잃습니다. 생동감을 잃은 마음은 분명한 알아차림이 없는 상태로 무기공에 떨어지게 됩니다.[15] 선정의 힘으로써 어지러운 생각을 다스리고 지혜로써 무기를 다스려야 합니다. 밝은 혜가 없으면 혼침하여 무기의 상태에 떨어집니다. 무기공은 무지 무명입니다.

진공 상태의 실험에서도 무엇인가의 변화와 발생이 일어난 과학자들의 실험에서처럼, 허공 또한 특정한 조건에서만 '무'처럼 보이는 것일 뿐입니다. 그러므로 오대五大의 공대空大인 허공 또한 생멸이 있다고 볼 수 있습니다. 따라서 허공을 인식하여 아는 마음 또

---

14 『돈황본 六祖壇經』의「性空」'摩訶者 是大 心量廣大 猶如虛空 莫空心坐 卽落無記空'
15 혜능 지음, 정화 풀어씀『돈황본 육조단경』법공양 2014년 P. 106

한 마찬가지로 생멸이 있습니다.

그러나 공성을 대상으로 수행하게 되면 공은 생멸이 없다는 것을 알게 됩니다. 또한 공을 아는 의식의 깨어 있음도 생멸이 없는 공의 지혜입니다. 몸과 마음의 과거는 지나가서 없고 미래는 오지 않아 없으며 현재도 머물지 않아 없습니다. 의식이 머묾 없는, 소유할 수 없는 자리에 머물면 지금 이 순간 늘 깨어 있게 됩니다.

그렇게 되면 모든 견해가 없는 텅 빈 공의 마음이 나타납니다. 대상을 인식하더라도 대상은 환영과 같고 불어오는 바람처럼 무상이라 실체가 없음을 알기 때문입니다. 대상은 매 순간 변하지만 그 변화를 보는 텅 빈 상태의 보는 마음은 바뀌지 않습니다. 뿐만 아니라 듣고 냄새 맡는 등의 텅 빈 마음 또한 바뀌지 않는 생멸이 없는 마음입니다.

모든 존재가 무생無生의 공이므로 수행자는 삼매에 들어 공을 체득해야 합니다. 하지만 본래 무생의 공은 수행에 관계없이 늘 나타나 있는 것입니다. 굳이 마음을 없애고 형상을 파괴하여 허공만큼 마음을 키워야 비로소 허공 자체가 되어 깨쳐지는 것이 아니라는 겁니다. 그런데 어떻게 특정한 조건 속에서 생멸하는 허공을 영원불멸하다고 주장하며 그것을 아는 마음을 대영혼이라고 부를 수 있단 말입니까?

우님 : 내가 주장하는 허공과 그 허공 자체가 되는 영생불사하는 대영혼이나 그대가 주장하는 텅 빈 마음의 무생은 같은 것이 아닌가요? 무엇이 다르다는 것입니까?

오님 : 당연히 다른 것입니다. 허공은 아는 성질이 없어 마음이

아닙니다. 그러나 그대가 대영혼이라 부르는 또는 다른 이름으로 부르는 그것은 어떤 '마음'입니다. 그러므로 '영생불사'라는 수식어를 써서 말하는 허공과 허공을 아는 의식의 깨어 있음, 이 둘은 같은 것이 아닙니다. 같을 수가 없습니다. 이 둘을 결합시키는 것 자체가 어불성설입니다. 그러나 무상을 통해 공을 깨친 불사不死의 마음은 '공'과 '마음'으로 나뉜 둘이 아닌 하나입니다. 마음의 본성이 '공'이기 때문입니다. 이것이 다릅니다. '공성을 깨닫는 마음'이 곧 '공성'이며 '연기실상'임을 뜻합니다. 이미 이 모든 것은 상호 의존의 연기적인 존재이며 안과 밖이 없는 공으로 늘 깨어 있는 깨달음입니다.

이 깨친 마음을 그대의 언어로 말하면 우주심이라고 부를 수 있을 것 같은데 비어 있는 마음은 안과 밖의 한계를 벗어나 있으므로 어떤 이름을 붙여도 적합하지 않습니다. 대영혼, 창조주라고 부를 수도 있습니다. 그러나 그대가 주장하는 대영혼, 창조주는 실체입니다. 그 실체에 그대는 영생불사라고 이름을 붙입니다. 그러나 텅 빈 마음은 어떤 실체가 아니기 때문에 그러한 이름이 없습니다. 그래서 그냥 '깨달음'이라고 합니다. 『원각경』에서는 원각圓覺이라 일컫습니다. 이것이 공과 허공의 다름입니다. 어떻게 같다고 할 수 있겠습니까?

　　공성의 깨침 허공의 깨침
　　깨침의 내용은 비슷한 것 같으나
　　실체와 실체를 결합하여

근사한 이름 붙여 깨침이라 하네

공과 마음은 실체가 아니네
또한 결합할 수도 없네
똑같이 실체가 없어
분리시킬 수 없기 때문이네

평님 : 깨침의 내용은 비슷한 것 같으나 우님이 주장하는 허공에 의지하여 영생불사하는 대영혼의 깨침과, 오님이 주장하는 연기실상을 깨닫는 마음, 즉 공성을 깨닫는 마음에는 커다란 차이가 있는 것 같습니다.

오님 : 그렇습니다. 깨달음의 내용은 연기이며 공입니다. 그래서 수행 방법도 '무상즉공'과 '인연즉공'으로 몸과 마음을 관찰하여 연기와 공을 모름으로 인하여 생기는 갖가지 번뇌망상과 무지를 없애서 모든 괴로움에서 벗어나는 것입니다.

또한 무상과 연기, 공을 통하여 마음이 본래 공함을 알고, 공이 안과 밖이 없는 것처럼 마음도 또한 안과 밖이 없어 두루 함을 압니다. 그래서 깨쳐 얻는 법신이 두루 하며, 공이 '무생무멸'인 것과 같이 '마음'도 불생불멸인 것입니다. 이와 같은 마음에는 안과 밖의 그 어떤 경계도 없습니다. 그래서 『화엄경』에서 '일체 모든 것이 마음 자체의 성품인 줄 알면 지혜의 몸을 이룰지니 다른 것으로 말미암아 깨닫는 것이 아니다'라고 한 것입니다. 다시 한 번 강조하지만 삼라만상 온 우주 자체가 마음이며, 마음의 크기라는 것은 본래 없으므로 연기와 공을 깨치는 것이 우리의 깨침입니다. 허공의 깨침과는 전혀 다른 것으로 비교할 수 없습니다.

우님 : 내가 주장하는 죽이고 파괴하여 허공이 되어 안과 밖이 없고 '나'라는 관념도 없어지는 것과 그대가 주장하는 안과 밖이 없어 두루한 마음은 무슨 차이가 있습니까? 결국 모두 깨달음을 추구하는 목적은 같지 않습니까?

오님 : 물론 깨달음의 추구라는 목적은 같습니다. 그러나 수행 방법과 그 결과는 확연히 다릅니다. 그대의 주장을 보면, 몸을 죽이고 과거 삶의 모든 기억을 한 점에다 집어 던져 없애서 마음이 허공이 되어 그 허공은 안과 밖이 없고 '나'라는 관념도 없어져 깨달은 듯합니다. 그러나 '대상은 본래 실체가 없어 환영과 같고 꿈과 같다'는 '공'을 알지 못하기 때문에 던져 없애도 일시적으로 없어진 듯하나 다시 기억이 되살아나지요. 상상은 언제든지 현실로 되돌아오기 때문입니다.

그러므로 무조건 없애는 그대의 깨침은 우주의 블랙홀과 같습니다. 상대의 입장을 생각하지 않는 매우 잔인한 방법이며 이기적이고 생명을 경시하는 방법입니다. 궁극에는 죽여 없애기 때문입니다. 그러나 연기, 공의 깨침은 모든 생명 있는 존재를 어머니로 봅니다. 어머니는 생명을 낳아 생명이 끊어지지 않게 합니다. 왜냐하면 상호 의존(연기)하여 둘이 아니므로 버릴 것이 하나도 없기 때문입니다. 모든 것 그대로 평등하게 보고(공) 죽어가는 생명도 살려내는 것이 자비심인데 그대의 깨침은 자비가 없습니다.

수련방법이 폭력적이고 잔인하면
그 결과는 생명부정이니
허공을 궁극으로 여기기 때문이네

수행방법이 자연스럽고 자비로우면
그 결과 생명을 어머니로 보네
연기, 공을 궁극으로 여기기 때문이라오

평님 : 깨달음이라는 목적이 같아도 그 방법은 정반대라는 말씀이군요. 우님은 파괴하는 상상을 통해 제거하는 것을 주장하고, 오님은 그와 같은 방법으로는 결코 깨달음을 이룰 수 없다고 강조하고 있습니다. 오히려 공의 깨침을 모든 생명 있는 존재에 대한 자비심으로 연결하여 깨침을 설명하는군요.

우님 : 그대는 계속 나의 파괴와 상상하는 방법에 대해서 비난하지만 계속 파괴하여 없애 허공이 되는 경지에 이르면 이 파괴도 허공이 되고 감각 또한 허공이 되므로 아무런 문제가 없습니다.

오님 : 결코 그렇지 않습니다. 파괴에는 크나큰 문제가 있습니다. 왜냐하면 깨달음이란 '바르게 두루 안다', '바르고 평등하게 안다'는 뜻이고, 그래서 깨달음을 정변지正偏知 또는 정등각正等覺이라고 합니다. 따라서 깨달음은 '안다'는 뜻과 '바르다'는 뜻과 '평등하고 두루 하다'는 뜻이 합해져 있습니다.

그런데 허공을 깨치는 것이 깨달음이라면 깨달음의 특성인 앎이라는 측면에서 보면 허공이 되었을 때 문제가 발생합니다. 허공은 감각으로도 의식으로도 인식할 수 있는 인식 대상이 아니기 때문에 전통적으로 허공이라 불렸던 것입니다. 즉, 파악할 수 없으나 존재하고 있다는 뜻입니다. 그러므로 허공을 인식하여 '그것은 무엇이다'라고 하는 앎이 생기지 않습니다. 앎이 없음은 곧 깨달음이 없다는 것입니다. 이와 같은 허공의 속성을 제대로 알지 못하면 '바르게 두루 안다'는 정변지正遍知에 어긋납니다.

허공과 같은 상태로 마음을 만드는 것은 결국 명료하지 못한 마음을 만든다는 뜻입니다. 이런 마음 상태를 혼침·도거·무기無記·멍함·사리분별을 하지 못함 등으로 지칭합니다. 이 때문에 『능엄경』에서는 '어리석음으로 인하여 허공이 존재하게 된다'고 일렀습니다. 바로 이 어리석음, 마음의 혼란은 '바르고 평등하게 안다'는 뜻을 지닌 정등각正等覺에도 맞지 않습니다. 그러므로 그대의 주장처럼 '문제가 없다'고 할 수 있겠습니까?

우님 : 그대의 설명에는 문제가 많습니다. 왜 허공이 평등하고 두루 하지 못하다고 주장합니까? 오히려 공성이야말로 형상을 공이라 하나 실제의 형상이 두루 하지 못하고 평등하지 못하니 '공성을 깨친다'고 말할 수 없는 것 아닙니까?

오님 : 그대는 나의 설명을 고의적으로 왜곡하고 있습니다. 앞에서 나는 허공만 있고 형상이 없는 허공은 허공인지 아닌지 알 수 없다고 분명하게 언급했습니다. 형상을 상대로 했을 때 비로소 허공임을 알 수 있다고 강조했습니다. 그래서 허공이 두루 하고 평등하려면 형상을 늘 부수고 파괴할 수밖에 없습니다. 만일에 허공만 있는 상태가 될 때는 형상이 완전히 없으므로 앎을 일으키려고 해

도 일어나지 않습니다. 앎이 없으므로 '깨침'이란 말을 쓸 수가 없습니다. 즉, 그대는 자신이 생각하는 허공이 평등하고 두루 하지 못하다는 것을 이미 알았으면서도 다시 공성을 비판하는군요.

공성은 형상이 있든 없든 차별을 보이는 형상 속에서도 평등하고 두루[偏在] 하는 것을 가리킵니다. 왜냐하면 실체 없는 형상이란 환영과 같기 때문입니다. 그러므로 형상과 상대한 공이 아닙니다. 또한 형상은 모두 연기하므로 상호 의존하고, 상호 의존하므로 실체가 없어 변하고, 변하므로 환영과 같습니다. 상호 의존하는 것은 두루 합니다. '변한다'는 것, 연기의 진리는 바뀌지 않는 진리입니다. 그러므로 두루 하고 평등하다는 것입니다.

형상이 환영과 같더라도 그것을 인식하기 때문에 의식은 깨어 있는 것입니다. 환영과 같으므로 실체라는 앎이 일어나지 않고, 실체 없음을 알기 때문에 머물지 않은 지혜가 일어나 앎이 결코 사라지지 않습니다. 그러므로 깨어 있는 의식 그대로 사라지지 않는 앎이며, 머물지 않는 무소유의 지혜입니다. 바로 이 지혜로 깨침을 이루는 것입니다. 이와 같은데 왜 '공성을 깨친다!'는 말을 그릇된 것처럼 왜곡합니까?

허공은 형상에 걸려 넘어지고
앎이 없어 깨침도 엎어지는구나
공성은 그대로 형상이므로
무소유의 앎, 지혜 타고 깨침이로다

평님 : 우님은 목적이 같으면 그 방법은 문제가 되지 않는다고 주장합니다. 그러나 오님은 상상의 파괴를 사용하는 깨침의 방법은 결코 깨달음을 이룰 수 없으며 허공을 통한 수련은 정변지, 정등각에도 어긋남을 강조하는군요. 다음으로 인과의 있고 없음의 다름에 대해 대화를 이어가겠습니다.

(2) 인과의 있고 없음의 다름

오님 : 만일 붓다 재세 시 인도의 빼어난 외도들처럼 허공 수행 중에 상상을 통한 집중이 잘 되어 감각이 사라지는 완벽한 삼매에 들게 된다면, 허공만 있는 공무변처정空無邊處定에 들 수도 있을 것입니다. 이어서 허공만을 인식하는 다음 단계인 식무변처정識無邊處定에 들게 되면, 이 경지로 인하여 사후 무색계의 공무변처와 식무변처의 천국에 태어날 수도 있을 것입니다.

그러나 만약에 '허공처럼 인과가 없다'고 생각하여 계속 죽이고 버리기만 하는 허공 되는 수련만 하다가는 이것이 업이 되고 습이 되어 '인과 없음'의 영향(훈습)으로 마음에 인과부정의 악업을 짓게 되고 악업의 종자를 심게 되어 악의 잠재적 성향을 가지게 됩니다. 그리고 악의 잠재적 성향으로 삼매에 들지도 못하고, 여러 경론에서 이른 것처럼 다음 생에 지옥 중생으로 태어나거나 또는 중음의 상태에서 신체를 부수는 훈습 때문에 어머니의 자궁을 거부하여 몸을 이루지 못하고 귀신으로 떠돌 가능성도 있습니다. 그리고 인간으로 다시 환생할지라도 신체의 결함을 가지고 태어나게 될 것입니다.

우님 : 그대의 주장은 전혀 타당하지 않습니다. 왜냐하면 우리는 모두 상상으로 수련하기 때문에 그대가 주장하는 악한 과보를 결코 받지 않습니다.

오님 : 결코 그렇지 않습니다. 수련하여 결과가 없다면 깨침이 없다는 뜻도 됩니다. 그러면, 허공 수련하여 깨친다는 그대의 주장은 허구라는 말밖에 더 됩니까? 버리고 죽이고 부수고 파괴하는 행동뿐만 아니라 버리고 죽이고 부수고 파괴하는 생각 또한 반드시 그 결과를 가져옵니다. 몸과 마음, 그리고 뜻으로 짓는 신구의 삼업三業에는 모두 경중의 차이가 있을 뿐 그 과보가 없는 것이 아니기 때문입니다.

또한 꿈과 상상과 현실 속에서 일어나는 것은 그 장소만 다를 뿐 현실과 같습니다. 왜냐하면 대상을 인식한다는 것이 같기 때문입니다. 꿈속에서 강도를 만나면 피합니다. 애인을 만나면 몽정을 하기도 합니다. 상상 속에서 어떤 사물을 인식하면 신체의 반응이 일어나는 것은 현실에서와 똑같이 대상을 인식하기 때문입니다. 그대가 주장하는 버리고 죽이고 부수고 파괴하는 상상 또한 반드시 그에 따른 과보를 받습니다. 그대는 상상으로만 몸을 죽이고 파괴함으로 몸의 형상이 사라져 허공이 된다고 주장하지만 이것은 곧 살생의 의업意業을 짓는 것입니다.

우님 : 그대의 주장에는 결코 동의할 수 없습니다. 왜냐하면 우리 수련자들의 마음이 허공이 되면 우울증을 비롯한 여러 마음의 병이 사라지고 몸의 병도 사라진 실례가 많이 있기 때문입니다. 이러한 사례가 바로 허공이 진리이고 깨침의 증거가 아니고 무엇이란

말입니까?

오님 : 그대의 주장에는 모순이 있습니다. 인과를 파악할 수 없어 허공이라 불리는 것인데 어떻게 인과가 없는 것이 인과를 낳을 수 있단 말입니까? 그대는 그대를 따르는 수련자들의 몸과 마음이 좋아졌다고 주장하지만, 그들의 인과를 자세히 살펴볼 필요가 있습니다. 왜냐하면 파괴하는 업과 습으로 인하여 그 업과 습이 마음에 잠재되어 있으면서 끊임없이 자기 자신에게 알게 모르게 영향을 줍니다. 처음에는 좋아질 수도 있겠으나 다른 사람들과의 인연관계가 끊어지는지 그렇지 않은지를 살펴보아야 합니다. 언젠가는 나빠질 수밖에 없는 악업을 짓고 있으면서 수련이라고 부르는 것은 옳지 않습니다.

일상생활 중에 어떤 조건을 만나면 악업의 폭력 종자는 자신의 마음을 산란시켜 우울증에 걸리게 만들 수도 있고 타인을 폭행할 수도 있게 될 것입니다. 비록 상상을 통한 것이라지만 파괴하는 업과 습은 언젠가는 자신도 모르는 사이에 반드시 그 과보를 맺기 때문입니다.

허공 수련 방법 중에는 일상생활에서 만나는 사람들을 죽여 없애는 상상도 한다고 하는데 이런 수련방법은 인과 없음의 습을 점점 익어가게 만들 것입니다. 궁극에는 잘못을 저질러도 잘못임을 인식하지 못하고 죄책감도 없을 것입니다. 왜냐하면 모든 것을 부정하고 무감각해져서 죄책감이 생기지 않기 때문입니다.

여기 그러한 실례로 '이○○의 허공 수련 49일간 체험 일기'를 첨부합니다.

가족갈등으로 힘들어하던 저에게 지인이 몸과 마음을 편안하게 해 준다면서 허공 수련을 추천했습니다. 허공 수련법을 배우고 집으로 돌아온 저는 배운 대로 상상으로 도마 위에 저의 혀를 놓고 식칼로 잘라서 버렸습니다. 저의 뇌도 꺼내서 잘라 다져 버렸습니다. 그리곤 믹서에 넣고 갈아서 마셨습니다.

저는 이렇게 상상으로 제 모든 것을 스스로 버리는 행동에 취했고 심지어 카타르시스를 느꼈습니다. 저는 버림의 대가가 되었습니다. 내 몸도 버리고, 나에게 소중했던 물건, 사람도 버리고, 내가 갖고 있는 감정, 기쁨, 슬픔, 즐거움, 아픔까지도 자동으로 버렸습니다.

저의 머릿속은 텅 비어져 아무 생각이 없었고, 바깥의 모든 사물과 사람들이 소유할 가치가 없는 더러운 존재로 보였습니다. 이러한 것들이 너무 잘 버려져서 마침내 가족과도 인연이 끊어졌습니다. 결국 집을 나와서 혼자 산으로 들로, 이 절 저 절 찾아 돌아다녔습니다. 저는 늘 혼자 다녔고 몸과 마음은 가벼운 것처럼 느껴졌습니다. 머릿속에 생각이 한 글자라도 떠오르는 것이 싫어서 생각이 뜨는 족족 버렸습니다.

현실적으로 어느 누구와도 그 무엇과도 소통이 안 된다는 것을 그때는 몰랐습니다. 술도 자주 마셨습니다. 혼자 이유없이 웃다가 울었습니다. 그냥 혼자의 세계에 갇혀 살았습니다. 사람들이 작아 보이고 모두 나보다 못나 보였습니다. 어느 누구와도 교류할 수 없게 되었습니다. 과거에는 사람들 속에서 행복을 느끼기도 했지만 지금은 불가능해졌습니다. 세상 그 무엇과도 연결 된 게 없습니다. 저는 세상에 혼자 남겨졌다고 느꼈고 실제로도 그랬습니다. 하고 싶은 것도 없고, 마음 자체가 텅 비어 원하는 것도 없었습니다.

그러던 어느 순간, '이것은 아니다!'라는 생각이 들었습니다. 주변에서도 저를 이상하게 보고, 이제 제 자신도 저의 이런 모습이 정상이 아니라는 느낌이 들었습니다. 상상으로 버리고 없앨 때는 시원했는데 그 순간은 잠깐이고 일상생활에서 자주 머리가 멍해지고 공황장애와 조울증이 생겼습니다.

이제는 가족에게 돌아가고 싶은데 돌아갈 수 없습니다. 몸과 마음이 편안해지고 좋다고 해서 시작한 허공 수련인데 제 삶이 망가졌습니다. 지치고 상처받은 이 몸과 마음을 치유하기 위해 저는 어떻게 해야 할까요?

위의 체험 일기에서 보듯이 허공 수련 때문에 세상과 차단되고 교류도 없어지고 사리 분별력이 없어져서 일상생활에서 착한 멍청이가 되었습니다.

우님 : 그렇지 않습니다. 마음이 허공같이 커지면서 그 자체가 되면 파괴하는 업과 습도 없어지므로 문제 될 것이 없습니다.

오님 : 그대의 주장은 결코 옳지 않습니다. 그대는 허공 자체가 되면 업과 습이 완벽하게 없어진다고 주장하지만 이것은 곧 인과를 부정하는 것입니다. 세상에 회자되고 있는 당신들에 대한 일화를 알고 있습니까? 가야산 뒤쪽 어느 수련관에서 있었던 일인데, 어느 날 냇가에서 고기를 잡던 중 제자가 "스승님, 큰 놈은 그렇다 하지만 작은 놈은 불쌍하니까 놓아주시지요." 하니까 스승이 이르기를 "허공 자체가 되어 마음이 없으면 잡아먹어도 죄가 되지 않는다."라고 했다지요.

우님 : 그것이 바로 걸림이 없는 도인의 모습입니다.

오님 : 결코 그렇지 않습니다. 도인이라니요? 살생을 하더라도 마음 없이 하는 것은 죄가 되지 않는다니요? 그러면 성폭행, 도둑질을 해도 마음 없이 하는 것은 죄가 되지 않는다는 것입니까? 실제로 사회생활에서 그렇게 살 수 있습니까? 이런 발상은 뭇 생명을 죽이고 사회를 파괴하는 것입니다. 실제로 사회에서는 살인하고 파괴하면 처벌을 받게 되는데도 말입니까?

그대는 이런 비윤리적인 행위가 허공이 되었을 때 일어나는 것은 문제가 되지 않는다고 주장하지만 행동에는 반드시 어떤 의도가 앞섭니다. 그런데 이런 의도를 알아차리지 못했다는 것은 허공이 되는 수련으로는 허공을 인식할 수 없듯이 대상과의 접촉 뿐만 아니라 대상 자체에 대하여도 무감각해졌기 때문입니다. 그래서 자신의 행위에 책임을 지지 않게 되는 것입니다. 이는 알아차림이 없어서 깨어 있지 못함을 의미합니다.

우님 : 알아차리지 못한 것이 왜 문제가 됩니까? 완전한 허공 자체가 되면 그것이 곧 진리의 모습이라 도덕적이거나 비도덕적이라는 분별이 없어지는데요.

오님 : 비도덕적인 행위가 허공 자체를 증명하고 또한 그것이 진리 자체라고 한다면 다른 사람에게 피해를 주어도 상관없다는 것입니까? 만약 그대의 주장이 옳다면, 바로 그대의 주장에 의해서 그대가 죽거나 다칠지라도 누구를 비난할 수 있겠습니까? 바로 그대의 주장이 그와 같거늘.

허공과 친하니 멍청해지고

허공 자체가 되니

앎마저 사라져 눈뜬 장님이네

빛조차 죽어 버린 동굴 속에서

무감각해짐이여

세상의 고통으로부터 해방된 듯

그 기쁨 이루 말할 나위 없구나

만나는 사람

생명, 환경 보면서도 감각 생각 없어

남 해치고 성폭행하고 죽이고

물건 훔치고 파괴해도

도덕적 죄책감 없어라 어찌 좋지 않겠는가

허공 되어 무지의 진리 좋아하고 기뻐하나니

무슨 짓을 한들 돌아올 과보가 없어 근심할 것 없도다

평님 : 우님의 상상을 통한 허공 수련은 타인을 해치는 상상을 하더라도 허공을 깨닫기 위해서라면 문제가 없다고 주장하고, 오님은 나쁜 생각을 가지는 것만으로도 나쁜 업을 짓고 그에 따른 나쁜 과보를 받는다고 반박하는군요. 이어서 진리의 같고 다름에 대해 대화를 이어가겠습니다.

(3) 진리의 같고 다름

우님 : '사람은 온 몸에 그림자인 허상이 꽉 차 있어 참인 진리를 알 수가 없는 것이다. 그 자체의 허상을 다 없애면 진리만 남는 것이고, 진리는 아무리 버리고 없애도 그대로 그냥 존재하는 것이 진리다'는 말은 허공은 아무리 버리고 없애도 그냥 그대로 존재하기 때문입니다. 그래서 우리는 허공이 되기 위하여 수련을 합니다.

오님 : 그대는 허공은 아무리 버리고 없애도 그냥 그대로이기 때문에 진리라고 하는군요. 그러나 진리란 그대의 주장처럼 뭇 생명들을 죽이는 상상을 하는 것이 아니라 모든 유정有情(생명)들이 번뇌의 속박에서 벗어나 행복하게 살아갈 수 있도록 인도해주는 것이 아닙니까? 괴로움을 준다면 진리라고 할 수 없지요.

경전에서 '진리의 말씀은 처음도 좋고 중간도 좋고 끝도 좋다'고 했습니다. 그리고 수행은 즉각 효과가 있어야 합니다. 또한 증명이 가능해야 하며, 숨김이 없어야 하며, 괴로움이 없는 완전한 열반, 즉 행복으로 이끌어야 합니다. 이 진리가 준수될 때 선업이 증장됩니다. 현명한 사람이라면 누구나 잘 알 수 있을 것입니다. '살생과 파괴를 상상하는 것은 죄가 되지 않는다'는 그대의 주장은 이 진리의 기준에 부합합니까?

공성은 허공과 닮았기 때문에 같은 점은 있지만 공은 연기緣起의 다른 이름입니다. '연'은 '원인'이며 '기'는 '결과'입니다. 그래서 '인연에 의하여 발생한다'는 뜻입니다. 여기에는 상호 의존이라는 뜻이 담겨 있습니다. 모든 생명은 상호 의존하면서 존재하기 때문에 남을 위해 사는 것이 곧 자기를 위하는 것입니다. 누구에게 피해를 줄 수 없는 이유입니다. 나의 생명은 다른 생명에 의해 존재하기 때문이며, 이 환경도 생명이 의존하기 때문에 모든 생명, 무생명이 한 덩어리로, 분리되어 있지 않습니다. 이렇게 모든 것은 연기즉공 緣起卽空입니다. 이것이 진리입니다. 공의 체득으로 공 자체가 되는 것이 도道입니다.

본성은 허공과 같이 비어 있기 때문에 생명과 무생명이 한 뿌리입니다. 공이란 생명 있는 존재에게만 해당되는 것이 아니며 그 무엇으로도 결정지어진 실체가 없다는 것입니다. 그래서 범부도 성인이 될 수 있고 중생도 부처가 될 수 있는 가능성이 있는 것입니다. 이것이 '허공의 깨침'과 '공성의 깨침'이 다르고 '허공의 진리'와 '공성의 진리'가 다른 점입니다.

우님 : 그대의 주장은 하나만 알고 둘은 모르는 것입니다. 그대는 공의 진리가 처음도 좋고 중간도 좋고 끝도 좋다고 주장하지만 허공의 경계에 이르면 이 모든 것이 사라집니다. 그래서 허공을 진리라고 부르는 것입니다. 그대는 공을 주장하며 형상 그대로, 연기적인 것이 곧 공이라고 하지만 그 공은 형상이 완전히 사라진 것이 아니기 때문에 진리라 하기 어렵습니다. 왜냐하면 형상을 보면 다시 인식이 일어나고 인식이 생기면 번뇌 망상의 결과로 괴로움이 끊어지지 않기 때문입니다.

오님 : 그대는 제가 묻는 질문에 대답하는 대신 오직 결과의 중요성만 강조하고 있군요. 그대가 '공은 형상이 완전히 사라진 것이 아니기 때문에 진리라 하기 어렵다'고 하는 것에 대하여 먼저 살펴보겠습니다. 첫째, 형상이 그대로 공이며 공이 그대로 형상입니다.

그대는 형상마저 없는 허공을 진리라고 우기지만 공과 형상은 서로 걸림이 없습니다. 왜냐하면 형상은 환영과 같기 때문입니다. 형상은 인연 화합하여 존재하는 것이므로 형상 그 자체는 실체가 없습니다. 그래서 환영과 같다는 것이며 이것이 바로 공입니다. 형상과 공은 다르지 않습니다. 형상을 공으로 인식하기 때문에 번뇌망상은 사라지고 대신 지혜가 생깁니다. 이 지혜에 의해서 오히려 괴로움으로부터 벗어날 수 있습니다. 그리고 둘째, 그대의 주장처럼 허공이 되어 아무것도 없는 상태에 도달하는 것이 진리라면, 그 진리에는 앎이 있습니까, 없습니까?

우님 : 물론 없습니다. 그대가 주장하는 공이 되어 아무것도 없는 상태와 앎이 없는 무지가 무엇이 다릅니까?

오님 : 분별없음에는 두 가지의 의미가 있습니다. 하나는 앎이 없는 무지이고 하나는 분별이 없는 지혜[無分別智]입니다. 이것이 허공과 공의 나쁜 점입니다.

허공의 경계에 이르면 모든 것, 마음까지도 사라진다는 그대의 주장은 공 자체가 분별이 없는 지혜로 되는 것과 다릅니다. 그대의 근거는 허공이지만 공성 수행자는 마음이 근거입니다. 마음이 허공 자체가 되어 소멸하므로 번뇌망상이 없어지는 것은 분명하지만 마음까지 소멸하게 하여 생각 자체를 없애는 것은 공성을 수행하는 것과 다릅니다. 왜냐하면 마음을 소멸시켜 생각을 없게 하면 지혜가 일어나지 않습니다. 지혜가 없으면 깨달음도 없습니다. 그리고 생각을 없애는 방법도 다릅니다. 그대는 힘으로 없애는 방법을 취하지만 우리는 공성에 맞는 이치로 생각의 망상을 없애는 방법을 씁니다. 우리는 근본적으로 생각을 없애는 데에 목적이 있지 않습니다.

『육조단경六祖壇經』에서도 설하기를 '아무것도 생각하지 않는 것을 무념無念이라 여겨 생각을 끊으려고 해서는 안 됩니다. 그것은 '생각 없음'이라는 개념에 묶여 있는 것으로 한쪽으로 치우친 견해[邊見]일 뿐입니다.'[16]라고 했습니다.

우님 : 무엇이 다르단 말입니까? 마음이 허공 자체가 되면 번뇌 망상의 상이 없어집니다. 심상은 모두 소멸되지만 허공 자체는 소멸하지 않습니다. 그러므로 허공 자체가 되는 마음 또한 지혜라고 할 수 있습니다.

오님 : 비슷한 것 같아도 명백하게 다릅니다. '어쩔 수 없이 부르는 이름'을 '가설假說된 것'이라고 하는데, 대표적인 예가 바로 허공입니다. 지수화풍공의 오대五大 가운데 허공은 눈으로 보거나 냄새를 맡는 등 육근六根의 감수작용과 인식활동[識]에서 알 수 없는 것이기 때문에 어쩔 수 없이 '허공'이라고 부릅니다. 그대가 주장하는 허공이 바로 가설인데 어찌 이를 진리라 할 수 있겠습니까? 그리고 허공은 '앎이 없는' 무지無知입니다. 어떻게 무지와 지혜가 같습니까? 반면에 마음이 공한 상태는 심상心相이 모두 소멸된 상태입니다. 그러나 심체心體, 마음 자체는 소멸하지 않습니다. 심체 자체가 바로 공이자 지혜이기 때문입니다.

---

16 혜능 지음, 정화 풀어씀 『돈황본 육조단경』 "莫百物不思 常令念絶 卽是法縛 卽名 邊見" 법공양 2014년 P.P. 137~138

우님 : 그대가 주장하는 심체 자체가 바로 공이자 심지心智라는 것은 무엇을 뜻하는 것입니까?

오님 : 마음 자체는 자성이 없는 공입니다. 그래서 마음공을 심체라고 합니다. 이것은 마음 자체[心體]가 곧 지혜[心智]라는 뜻입니다. 심지의 지智는 공성의 지혜입니다. 공성의 지혜가 모든 번뇌들을 소멸시킨 후에도 마음은 계속해서 존재합니다. 그러나 번뇌망상은 마음에 내재하지 않습니다. 번뇌망상은 시간과 공간에 따라 생멸하기 때문입니다 그러나 마음공은 죽지 않습니다. 시간과 공간을 초월하여 상속하기 때문입니다. 공을 아는 것이 지혜이고 지혜는 곧 마음이므로 마음의 본체가 바로 지혜입니다. 그러나 그대가 주장하는 허공은 허공 자체만을 인정하고 형상은 인정하지 않습니다. 형상이 없으니 인식할 대상이 없고 따라서 앎의 지혜가 일어나지 않으므로 무지일 수밖에 없습니다.

우님 : 그대 논리의 근거는 허공은 물질을 인정하지 않기 때문에 인식할 대상이 없어서 지혜가 일어나지 않아 무지라고 주장합니다만 물질형상은 변하므로 허망한 것입니다. 물질이 없어야 분별이 없는 무분별의 지혜를 얻을 수 있는 것이 아닙니까?

오님 : 아닙니다. 물질이 없으면 물질의 형상도 없습니다. 형상이 없다는 것은 인식할 대상이 없다는 것이며 대상이 없으니 인식할 수도 없습니다. 인식할 수 없으니 앎 자체가 생기지 않고 그러니 지혜가 있을 수 없습니다. 다시 말하면 허공은 무無와 같습니다. 그러나 공성은 형상을 부정하지 않습니다. 형상으로 인하여 인식이 일어나게 되고 그 인식으로 인하여 물질형상의 실체가 '비어 있

음'도 알게 되고 그 앎의 내용 또한 비어 있어 지혜라고 합니다. 물질이 비어 있으므로 인식이 대상에 머물지 않고 그 머물지 않는 마음이 곧 지혜입니다. 물질의 비어 있음과 지혜의 비어 있음은 같은 공입니다. 지혜는 생멸이 없어 바뀌지 않고 비어 있음은 분별이 없으므로 무분별지라고 합니다. 무분별지는 무소유를 의미합니다.

우님 : 지혜를 논한다고 보면 공성 자체가 허공과 같은 것이 아닙니까?

오님 : 공은 공 자체의 실체를 인정하는 상相을 부정합니다. 왜냐하면 공은 상相을 없애는 특성이 있어 공이라는 상相을 용납하지 않습니다. 그래서 공 또한 공하다고 하여 공공空空이라고 합니다. 그러므로 공성을 허공과 같은 존재라고 말할 수 없습니다. 공공은 자신의 자성을 버리고 인연 따라 형상을 이룬다는 뜻입니다. 그러나 그 형상에는 여전히 실체가 없어 공입니다. 그래서 형상 그대로 공이라고 합니다.

그리고 허공에는 빛이 없습니다. 왜냐하면 인식 대상인 물질이 없기 때문입니다. 물질은 광자光子로 이루어져 있으므로 빛입니다. 그래서 『대승기신론』「용대用大」편에서 설하기를 "지혜의 본성이 곧 색色(물질)이기 때문에 법신이다. 색과 마음은 둘이 아니며, 색의 본성이 곧 지혜이다. 때문에 색의 바탕은 형상이 있을 수 없으므로 법신을 지혜의 몸이라고 하며, 지혜의 본성이 곧 색이기 때문에 법신은 어느 곳에나 있다."[17]고 하였습니다.

---

17   『대승기신론』 권 5의 「용대用大」 '以智性卽色故 說名法身. 色心不二 以色性卽

이와 같이 물질의 본성은 지혜입니다. 지혜이면서 빛입니다. 그래서 이것을 크나큰 지혜광명[大智慧光明]이라고 합니다. 지혜광명에는 온 우주계를 두루 다 비춘다[遍照法界]는 뜻과 참되게 안다[眞實識知]는 뜻도 있으며 자성이 비어 있으므로 청정한 마음[自性淸淨心]이라는 뜻과 청량하여 변하지 않는다[淸涼不變自在]는 뜻도 있습니다.[18]

이것이 마음의 본성입니다. 마음의 본성은 형상 없는 공空과 형상 있는 불공不空이 다른 것이 아니라는 뜻입니다. 공과 불공이 다르지 않기 때문에 '제일의 진리인 공[第一義空]', 또는 '허망하지 않아 진眞이요 바뀌지 않아 여如'라는 뜻으로 '진여眞如'라고 하는 것입니다. 그러나 그대가 주장하는 허공 자체는 마음이 아니므로 광명의 비춤이 없어 어둠이며, 앎이 없어 무지이며, 바르게 아는 것이 없어 지혜가 없는 것입니다.

우님 : 그대의 설명은 번거롭기 그지없습니다. 심상이 소멸해도 심체는 소멸하지 않는다는 것 또한 매우 이해하기 어렵습니다.

오님 : 그러면 그대를 위하여 비유를 들어 설명하겠습니다. 바다에 바람이 불면 파도가 치지만 바람이 사라지면 파도 또한 사라집니다. 그러나 바닷물은 사라지지 않고 그대로 있습니다. 그렇다면 욕망과 성냄, 어리석음의 삼독의 마음이 사라지게 하는 방법은 무엇일까요? 그것은 마음이라는 바다에 삼독의 파도를 치게 하는 바

智故 色體無形 說名智身 以智性卽色故 說名法身徧一切處 所現之色無有分齊.'
18 『대승기신론』 권 5의 「體大와 相大」

람을 불지 않게 하는 것입니다.

우님 : 이와 같은 비유는 나의 주장과 거의 비슷합니다. 앎이라는 망념을 다 벗어던질 때, 또 망념인 앎의 궁금함도 벗어던질 때 진리만 남습니다. 일체의 것은 그 마음이 없어 앎이 없지만 진리가 된 자는 진리를 다 아는 것이라. 왜냐하면 신神의 의식이 되었기 때문에, 신으로 다시 났기 때문에 지혜 자체입니다.

오님 : 결코 그렇지 않습니다. 바다에 파도가 치거나 치지 않는 것은 바다가 존재할 때 가능한 것입니다. 그런데 만약 그대의 말처럼 허공이 된다면 마음 바다가 있는 것입니까, 없는 것입니까?

우님 : 당연히 없는 것입니다. 바다가 허공으로 돌아갔기 때문에 외부의 바람도 없습니다. 그러므로 바다도 없고 파도치는 것도 없습니다.

오님 : 바다가 허공 자체가 된다면 허공이라는 알 수 없는 것이 된다는 것인데, 그러면 어떻게 심체와 심상에 대하여 바다와 파도를 비유한 것이 같다고 할 수 있겠습니까? 또한 그대가 주장하는 신의 의식이 되었기 때문에, 신으로 다시 났기 때문에 지혜 자체라는 것이 심지心智라는 말과 비슷하게 보일지도 모르겠으나 전혀 다릅니다. 그럼 다시 한 번 물어보겠습니다. 알 수 없어 허공이라 부르는 것과 허공을 아는 마음은 서로 결합한 것입니까, 결합하지 않은 것입니까?

우님 : 물론 결합한 것입니다. 허공 수련을 하게 되면 망념이 없어지면서 허공을 아는 마음, 바로 그것이 허공 자체인 것입니다. 이 결합은 자연스러운 것입니다. 허공을 아는 마음이 곧 허공의 성격

을 가지고 있기 때문입니다.

오님 : 그대의 주장은 옳지 않습니다. 알 수 없어 허공이라고 부르는 것과 허공을 아는 마음이 결합한 것이라면 이는 연기적인 것이라는 뜻입니다. 결합된 것은 반드시 서로 분리되고 흩어지기 때문입니다. 그러나 허공을 아는 마음이 허공의 성격을 가지고 있어 결합이 자연스러운 것이라면 허공과 허공의 성격은 같으므로 처음부터 결합할 필요가 없습니다. 둘이 일체이므로 다름을 알 수 없습니다. 서로 인식할 수 없는데 어찌 수련하여 허공 자체가 된다고 하는지요? 이치에 맞지 않습니다. 어떻게 이와 같은 마음을 '영생불사하는 대영혼'이라고 부를 수 있겠습니까?

우님 : 그렇지 않습니다. 허공 자체가 되면 허공과 허공을 아는 마음이 본래 하나인 상태로 돌아가기 때문에 영생불사하는 대영혼이라 부르는 것입니다.

오님 : 옳지 않습니다. 허공과 허공을 아는 마음이 본래 하나인 자체라면 처음부터 망념이 없어야 마땅합니다. 그런데 왜 다시 망념을 없애서 허공과 결합하는 마음을 닦아야 된다고 주장합니까?

우님 : 왜냐하면 허공 자체가 되기 전에는 허공과 허공을 아는 마음이 다를 수 있기 때문입니다.

오님 : 그대는 점점 더 자신의 주장이 옳지 않음을 스스로 주장하고 있습니다. 허공과 허공을 아는 마음이 본래부터 다르다면 역시 망념의 앎을 없앨 수 없습니다. 서로 별개의 것이기 때문에 망념의 앎을 없앨 수 없는 것입니다. 이와 달리 본래부터 다르다는 것이 아니라 언젠가는 같아진다는 뜻이라면, 같아진다는 것은 다

름에서 같아진다는 것이므로 변화한다는 것을 가리킵니다. 이것은 그대가 앞에서 '허공은 불멸의 실체라서 절대적이다'는 주장과 반대되는 것입니다.

우님 : 그대의 반론은 이해하기 어렵습니다. 허공을 불멸의 실체라고 부르는 것이 무엇이 잘못되었다는 것입니까?

오님 : 그대의 주장처럼 불멸의 실체라면 고정불변하여 움직일 수 없는 것, 연기적이지 않은 것을 가리킵니다. 연기적이지 않다는 것은 독립된 실체라는 것이며 독립된 실체는 인식할 수 없습니다. 실체로서 인식되는 순간 그것은 관계를 가지는 것이 되고 관계는 변화를 의미하므로 허공을 독립된 실체라 할 수 없습니다.

허공이 독립된 실체라면 허공과 마음은 만날 수도 없고 만나도 서로를 알 수가 없습니다. 독립된 실체는 자신 외 그 어떤 것과도 관계를 가질 수 없습니다. 관계란 서로서로의 상호작용을 의미하기 때문입니다. 인식할 수 없는 독립된 실체는 영향을 줄 수도 없고 받을 수도 없습니다. 현실에서 존재할 수 없기 때문입니다. 그런데 지금 그대는 독립적 실체가 '결합'할 수 있다고 주장하고 있습니다.

우님 : 그렇지 않습니다. 허공 자체가 되면 영원불사하며 다른 것을 창조할 수 있는 창조자가 될 수 있습니다.

오님 : 그대는 어린아이가 모래성을 짓고 그것이 실재한다고 여기는 것과 같은 어리석은 주장을 반복해서 펼치고 있습니다. 만약에 결합하지 않으면 허공과 허공을 아는 마음이 하나가 될 수 없고, 결합하는 것이라면 알 수 없기에 허공이라고 부르는 것과 마음

이 결합하여 된 그 허공을 허공이라 부를 수 없다고 이야기하였습니다. 그럼에도 그대는 다시 그것이 결합하여 '영원불사하는 창조주'가 된다고 주장하고 있습니다! '허공'과 '허공을 아는 마음'이 합체되었든 아니든 허공 자체가 독립된 실체로써 상호 관계를 떠나 있는데 창조 활동을 한다는 것은 이상하지 않습니까?

엇박자 나는 문답이어
지혜가 없다오

이분법적 생각과
유무 양극단에 치우친 주장
깜깜하여라
구멍 큰 그물에도
빠져나가지 못하네

평님 : 우님은 허공과 마음이 결합한다고 주장하는데 그것이 허공의 정의에 어긋나는 것을 인정하지 않는군요. 오님의 주장처럼 허공과 결합하는 마음이 생긴다면 그 마음은 '앎이 없는 무지', 허공이라 부르는 것과 같은 상태가 될 것으로 보입니다. 다음으로 지혜의 같고 다름에 대해 대화를 이어가겠습니다.

(4) 지혜의 같고 다름

우님 : 허공 수련을 하면 허공 자체가 되어 '끊어진 마음은 앎이

없지만 진리 된 자는 진리를 다 아는 것이라. 왜냐하면 지혜 자체라 그러하느니라'고 하였습니다.

오님 : 망념을 없애는 것은 지혜입니다. 그대는 허공 자체가 되기 위해 수련하는데 그 마음이 허공을 이용하여 망념을 없앨 수 있던가요?

우님 : 허공을 이용했다면 어떻게 허공 자체가 된다고 말할 수 있겠습니까?

오님 : 그대의 주장대로 허공을 이용하지 않고 허공 자체가 되어 망념을 없앴다면, 다음과 같은 것입니다.

① 허공이 되면 망념의 앎은 없어질 뿐만 아니라 앎 자체도 완전히 없어집니다. 그런데 오히려 진리가 되어 다 안다고 하는 것은 이치에 맞지 않는 소리입니다.

② 또한 허공은 생멸이 없기 때문에 허공을 아는 마음에는 허공을 인식할 수 없습니다. 그러나 허공을 아는 마음은 생멸합니다. 따라서, 허공을 아는 마음이 일체를 알고 지혜 그 자체라는 것은 이치에 맞지 않습니다. 그러나 사물이 허공의 성격을 가지고 있다면 일체를 안다고 할 수 있습니다. 왜냐하면 허공은 두루 한 성격을 가지고 있으므로 허공을 알면 사물이 아무리 많더라도 모두 알 수 있습니다. 그러나 허공과 사물은 '형상 없음'과 '형상 있음'으로 서로 반대가 됩니다. 즉, 사물이 허공의 성격을 가질 수가 없고 허공이 사물의 성격을 가질 수가 없습니다.

③ 만일에 허공이 사물과 같다면 굳이 형상을 파괴하여 허공을

드러낼 필요가 없습니다. 수련할 필요성이 없어집니다. 모두 허공이며 허공은 앎이 없는데 어찌 일체를 안다고 하고 지혜 그 자체라고 하겠습니까?

④ 만약 허공이 앎의 성질이 있어서 일체를 안다고 한다면 허공 외의 모든 것을 파괴하여 허공만 남겨두면서 일체를 안다고 하는 것은 잘못된 것입니다. 오로지 허공만을 안다고 해야 할 것입니다.

⑤ 허공을 아는 것을 지혜라고 하지만 형상을 파괴하여 허공만을 아는 것을 형상을 가진 모든 것을 두루 아는 지혜라고 할 수 없습니다. 지혜란 대상을 바르게 아는 앎이기 때문입니다.

⑥ 그리고 그 앎은 모든 존재의 공통된 점이라는 것을 알기 때문에 바뀌지 않습니다. 그래서 지혜라고 할 수 있습니다. 그런데 허공은 비어 있어서 형상은 없지만 허공 자체가 없는 것이 아니어서 항상 사물의 형상과 상대하여 나타납니다. 허공은 상대적 개념입니다. 그래서 모든 것을 다 아는 지혜라고 할 수 없습니다.

우님 : 허공을 이용하여 망념을 없애는 것에 대해서 오님은 비판을 계속하고 있는데 그럼 나도 한 가지 묻겠습니다.

그대의 수행도 공을 이용하여 망념의 앎을 없애지 않습니까? 그렇다면 그대의 주장처럼 공을 이용했을 뿐 공 자체가 되는 것이 아니기 때문에 공의 생멸 없음이 공을 아는 의식의 깨어 있음에는 없습니다. 그러므로 공을 아는 의식의 깨어 있음은 생멸합니다. 이와 같이 공을 아는 의식의 깨어 있음이 생멸하기 때문에 그것을 지혜라고 부르는 것이 어떻게 이치에 맞겠습니까?

오님 : 그대는 아직도 허공과 공을 통한 수행의 차이를 이해하지 못하고 있기 때문에 이와 같은 질문을 하고 있는 것입니다. 지·수·화·풍·공, 즉 오대五大의 하나인 허공은 인식의 대상으로 인식할 수 있는 그 어떤 것도 없으므로 그 존재를 알 수 없어 허공이라 불리는 것이고, 공은 공 그대로 형상이므로 연기실상의 다른 이름으로 부르는 것이라 애초부터 그 근거가 같지 않습니다.

그대는 공과 공을 아는 의식의 깨어 있음이 다르다고 강조하지만 공은 모든 물질과 정신에 공통되는 본성입니다. 왜냐하면 마음 또한 연기적인 것이기 때문입니다. 사물이 가진 공의 성격을 아는 것은 곧 일체 사물을 두루 다 안다는 뜻입니다. '형상 없는 공'과 '형상 있는 사물'은 서로 반대인 것처럼 보이지만 결코 그렇지 않습니다. 어떤 사물이 형상을 가진 연기적인 존재라는 것은 곧 그 사물의 공성을 나타내는 표현에 다름 아니기 때문입니다.

그래서 공이 사물이라면 굳이 형상을 파괴하여 공을 드러낼 필요가 없습니다. 다만 형상과 공이 다르지 않다고 알기만 하면 형상에 속지 않습니다. 이것이 형상을 파괴하여 허공이 되는 것과의 차이입니다.

『반야심경』에서도 '색즉시공, 공즉시색'이라 하여 형상[色]이 바로 공이며 공이 곧 형상이라고 합니다. 형상이 공이라고 하는 것은 고정불변하는 실체가 아닌 연기적인 것을 가리킵니다. 즉, 그대의 주장처럼 자아가 아니며, 고정 불변하는 존재가 아니며, 대영혼도 아니며, 창조주도 아닌 연기적인 것을 가리킵니다. 연기는 곧 공이므로 단지 모든 정신과 물질에 내재하는 것이 '없다'는 것을 뜻합니다.[19] 모양도 없으며, 생멸이 없으며, 증감이 없으며, 더럽고 깨끗함이 없습니다.

수행 주체로서 의식도 마찬가지입니다. '연기적인 존재', '모든 것 그대로'의 모습이라 하여 공이라 부르는 것에는 예외가 없습니다. 이와 같이 마음의 본성이 공이므로 생멸이 없습니다. 그래서 공을 아는 의식의 깨어 있음이 일체를 아는 지혜 자체라는 것입니다.

이와 같음에도 전생에 쌓은 업과 훈습, 습관 때문에 신기루, 환술, 무대 위에서 춤추는 광대와 같은 희론戱論에 물들어 있는 사람은 모든 현상을 고정 독립되어 있고, 분리되어 있고, 실체를 가지고 스스로 존재하는 것으로 보고 있습니다. 바로 이와 같은 어리석음[無明]을 없애는 지혜를 갖추기 위해서 수행이 필요한 것입니다. 그래서 지혜없는 수행은 위험하다고 경론에서 설합니다.

우님 : 그대는 지혜를 닦는 수행을 해야 한다고 주장하고 있습니다. 그러면 한 가지 더 물어보겠습니다. 허공을 모르면 망념이 생기는 것은 당연한 이치지만 허공을 알면 망념이 생기겠습니까, 생기지 않겠습니까?

오님 : 허공은 실재합니까?

우님 : 허공은 비어 있지만 허공 자체는 실체입니다. 실체가 아니면 어떻게 수련할 수 있겠습니까?

오님 : 그렇다면 망념이 생깁니다. 그대는 허공을 알면 망념이 사

---

19   『반야심경』, 色卽是空 空卽是色 受想行識 亦復如是

라진다고 주장하지만 반드시 망념이 생깁니다. 왜냐하면 그 존재를 알 수 없어 부르는 허공을 실체화했기 때문입니다. 이와 같이 실체화한 것은 인식의 대상이 됩니다. 즉, 감각과 의식의 대상이 되어 그 대상을 가지려는 탐욕과 혹은 싫어하는 분노를 일으키며 그것이 실체 없음(공)을 모르는 어리석음 또한 일으킵니다. 그리고 이 세 가지 번뇌는 갖가지 견해를 일으킵니다.

인식하는 대상이 변하고, 실체가 없다는 것을 알게 되면 소유하려는 욕심과 분노의 심리가 일어나지 않습니다. 더욱이 형태없음을 알게 되면 망념이 일어나지 않습니다. 그러나 허공을 절대시하게 되면 허공에 대하여 진리, 대영혼, 창조주라는 실체화한 개념이 생기고 이것에 잘못된 기억인 망념이 일어납니다. 그래서 망념을 일으킨다고 한 것입니다.

허공을 실체시하는 것을 무명이라고 합니다. 무명은 행위를 일으키고 허공 자체, 진리 등의 망념을 마음에 훈습시켜 잠재적 성향으로 남게 합니다. 땅에 심은 씨앗이 발아하듯이 언젠가는 다음의 행위를 일으키게 됩니다.

우님 : 공성은 망념을 일으키지 않고 허공만 망념을 일으킨다는 그대의 주장은 동의할 수 없습니다. 그대가 강조하는 공성 또한 실체가 아닙니까?

오님 : 그렇지 않습니다. 허공은 지수화풍공인 오대五大인 허공을 가리키지만, 공성은 자성이 없습니다. 자성自性의 자自의 뜻은 '스스로'라는 것입니다. 만일 스스로 존재하는 것이라면 부모가 없이 존재하고 생로병사가 없이 영원해야 합니다. 그러나 현실은 부모

로부터 태어나고 생로병사하므로 스스로 존재하는 성품은 없는 것입니다. 그러므로 자성이 없는 것입니다. 자성이 없다는 것은 공간적으로 상호 의존하는 연기이며 시간적으로 변하는 무상을 이야기하는 것입니다. 연기실상이란 어떤 고정된 실체가 없다는 뜻인데 어떻게 공성에 실체가 있다고 말할 수 있겠습니까? 그대가 수행을 한다는 명분으로 실체화한 그 허공과 달리 공성은 오히려 망념을 없애 줍니다.

공성 수행을 하게 되면 심상心相이라는 망념이 사라지고 심체心體라는 지혜만 남게 됩니다. 지혜의 내용은 공입니다. 공은 실체화할 수 없습니다. 공은 공이라는 실체, 공이라는 존재를 뜻하지 않습니다. 모든 견해가 소멸하여 없는 것이 공입니다. 그래서 공의 성격은 말과 생각을 떠나 있습니다. 상호 의존(연기)의 다른 이름을 어쩔 수 없이 '공'이라고 부르기도 하지만 그것은 '진실로 그대로의 모습'인 '진여眞如'를 가리킵니다.

상相을 인정하지 않기에 '무엇'이라고 규정할 수 없습니다. 형상화하거나 실체화가 안 됩니다. 그래서 공은 실체로서 인식 대상이 될 수 없습니다. 지혜 자체도 공이기 때문에 공성의 지혜는 망념을 없앱니다. 공은 어떠한 망념도 일으키지 않습니다.

우님 : 그대의 주장처럼 '공은 망념을 일으키지 않는다'는 것은 공을 상대하는 지혜가 아무 작용을 하지 못한다는 뜻이 아니겠습니까?

오님 : 그렇지 않습니다. 지혜는 공을 보고 있을 때는 아무 작용이 없습니다. 독립된 불멸의 실체로 인식하지 않기 때문입니다. 그

러나 어떤 사물이 있고 그것이 다른 것과 분리 독립되어 스스로 존재하는 것 같이 보인다면 지혜는 그것이 마음에 의해 지어진 형상임을 압니다. 물속에 비친 달처럼, 사막의 신기루처럼 보면서 작용합니다. 즉, 사물은 상호 의존하고 있어 안과 밖이 따로 없으며 무상하게 변하고, 스스로 존재하는 것 같이 보이는 것도 실체가 없다는 것을 알게 됩니다. 이러한 지혜에 의해 고정되고 독립된 실체가 있다는 믿음과 생각에 의해 일어났던 탐욕과 성냄과 어리석음 등 갖가지 번뇌와 견해가 소멸됩니다.

  수행자들이 추구하는 올바른 수행이란 바로 이와 같은 것입니다. 사물을 인식하지만 소유할 수 없음을 알기 때문에 탐욕과 분노 등의 감정과 여러 가지 견해가 일어나지 않습니다. 망념도 사라집니다. 그래서 그 앎을 '사물에 머물지 않는 지혜'라고 하는 것입니다. 그 지혜의 내용도 소유가 없기 때문에 공이며 마음에 잠재적 성향으로 남지 않습니다. 특히 눈, 귀, 코 등 감각기관을 통하여 인식하지 않습니다. 눈 없이 보고, 귀 없이 듣고, 그리고 의식을 일으키는 감각기관[意根]에 의지하지 않고도 생각할 수 있으며 대상을 인식할 수 있습니다. 그러나 지혜는 바뀌지 않습니다. 허공과 마음이 결합하여 허공 자체가 지혜가 된다는 주장과 비교해 보면 그 진위가 더욱 분명해집니다.

  허공과 공이여
  앎과 모름이 같을까?
  허공을 알면 망념이 사라진다

공을 알면 망념이 사라진다

허공을 모르면 망념이 생긴다

공을 모르면 망념이 생긴다

허공과 공은 같고 같아 닮았네

허공과 공이여

앎과 모름의 다름이 무엇일까?

허공을 알면 망념이 사라지면서

앎이 완전 사라져 무지해지고

공을 알면 망념이 사라지면서

지혜가 생겨 깨침이 있다

허공을 모르면 망념이 생기지만

허공을 알아도 망념이 생긴다

공을 모르면 망념이 생기지만

공을 알면 망념이 사라진다

허공과 공은 같으면서도 다르고 다르구나

평님 : 우님은 망념이 생기는 것이 허공인지 공인지에 대해서 많은 질문을 하였으며 오님은 공성이 지혜이고 지혜가 공성이므로 망념이 일어나지 않는다고 강조하는군요. 유익한 대화를 이어가기 위해 우님은 더 질문할 것이 없습니까?

(5) 천국의 같고 다름

우님 : 왜 없겠습니까? 오님은 허공이 진리가 아니며 깨침이 없다고 나의 주장을 폄하하는데요. 오님은 대영혼이 되는 나의 허공 수련에 대하여 어떻게 논할지 궁금합니다.

우리에게 몸과 마음이 있듯이 무한대의 이 하늘에도 몸과 마음이 있습니다. 몸은 일체가 비어 있으며 마음은 없는 곳 없이 일신一身으로 이 우주에 있습니다. 우주에서 나의 마음과 몸, 우주마저 없어지면 대영혼만 남게 됩니다. 그리고 이 대영혼이 '나'가 되면 진리인 '나' 자체가 별이고 태양이고 달이고 지구이고 만상이고 사람이어서 모두가 진리가 되어 영원히 사니 이것이 천국입니다.

오님 : 그대는 허공 수련을 해서 허공 자체가 되면 대영혼이 '나'이고 진리인 '나' 자체가 별, 태양, 달, 지구, 만상, 사람이어서 모두가 진리가 되어 영원히 사는 이것이 천국이라고 주장합니다. 그러나 『능엄경』에서는 "어리석음으로 인하여 허공이 있게 되고, 허공에 의지하여 세계가 성립한다. 생각이 나뉘어 국토가 이루어지고, 지각하니 곧 중생이 된다."고 했습니다.

허공은 천국이 아니라 그냥 국토이며 허공인 우주의 대영혼은 그냥 어리석은 중생입니다. 어찌 영원히 산다고 합니까? 그대가 말하는 천국은 윤회하는 중생이 오가는 삼계육도三界六道 가운데 삼계의 하나일 뿐입니다.

경론에 이르길, 욕계欲界에 6천天이 있고, 색계色界에 18천, 무색계無色界에 4천이 있다고 합니다. 이 가운데 '물질이 존재하지 않는 비물질성의 세계, 물질을 초월한 세계, 육체를 지니지 않고 정신적 요소, 즉 5온 중의 4온(수상행식)만으로 이루어진 세계'를 뜻하는 무색계의 공무변처空無邊處라는 곳은 허공에 집중하여 수행한 끝에 도달하는 곳입니다.

따라서, 그대의 주장인 '마음은 없는 곳이 없게 일신으로 이 우주에 있는 것'이라는 것은 최고의 수행이 아니라 삼계의 하나인 무색계의 한 곳에 이르기 위한 수행일 뿐입니다. 이곳 또한 모두 세간世間이라고 합니다. 세는 시간이고 간은 공간을 말합니다. 그래서 과거·현재·미래의 삼세三世 중의 하나인지라 윤회의 흐름에서 벗어날 수 없는 곳입니다. 또한 욕계·색계·무색계의 천국이라도 시간과 공간의 제약에서 벗어나지 못하여 비록 수명이 길다고 해도 영원하지 않고 생로병사가 있습니다. 『화엄경』에서는 '3계는 마음이 만든 것이다'고 이르고 있습니다. 또한 용수 보살 역시 아래 '권계왕송勸誡王頌'에서 이르셨듯 천신들 또한 선업을 쌓지 않으면 죽어 환생했을 때 그 고통이 그들이 누렸던 안락보다 더 크다고 합니다.

> 천계天界라 할지라도 선업을 쌓지 않으면
> 그 커다란 기쁨[安樂]들의 끝인 죽어 환생한 고통,
> 바로 그것 자체가 천계의 기쁨 그것보다 더 큽니다
> 그와 같이 생각하기 때문에 옛 성현들은
> 목숨이 다 되어도 천계를 탐애貪愛하지 않습니다[20]

이와 같이 붓다의 출세간의 수승한 법을 두고 어떻게 그대의 수

행을 최상의 법이라고 할 수 있겠습니까? 그대는 이제 그대의 주장은 깨침도 아니고 진리도 아니고 대영혼도 아니고 창조주도 아니며 그저 삼세윤회를 떠도는 또 다른 중생이 되기 위한 부질없는 삿된 노력임을 알아야 할 것입니다. 그리고 이 3계를 벗어난 출세간이 있음을 알아야 합니다. 그대의 수련방법은 파괴적이기 때문에 파괴하는 잠재적 성향이 생겨서 삼매에 들지 못하게 할 것입니다.

  허공은 인과가 없습니다. 허공 자체가 되면 인과가 부정되므로 그 결과로 틈이 없는 공간인 허공에 갇혀 부모와 스승의 이름도 친구의 이름도 듣지 못하는 고통을 어찌 감당하겠습니까? 허공은 하나이므로 다른 무엇도 없기 때문에 이것을 일러 허공지옥, 무지지옥이라고 해야 할 것입니다. 이것이 아니라고 주장한다면 허공 자체가 된 것이 아닙니다. 그대의 주장대로 하면 깨침이 아니므로 진리가 아니며 대영혼이 아니며 창조주가 아니며 천국이 아닙니다.

  허공 자체가 되어
  대영혼이며 천국이라 하나
  허공은 앎이 없네

  허공 자체는 어리석은 무지를 일으키니
  천국에 태어나도 앎이 없어

---

20   용수 보살 지음, 신상환 역, 『친구에게 보내는 편지(권계왕송)』 (도서출판 b), 98번 게송.

누가 누군지 분간 못할 것이라

지옥이 따로 없네

평님 : 오님은 우님의 수행방법으로는 아무리 수행해도 삼세육도를 벗어날 수 없다고 주장하는군요. 다음으로 창조주의 같고 다름에 대해 대화를 이어가겠습니다.

(6) 창조주의 같고 다름

우님 : 나는 다음과 같이 대영혼이 되고 천국이 '나'인 영생의 삶에 대해서 이렇게 주장합니다.

'완전한 천국이 나고 그 정신 자체가 되어 이마에 혼魂줄이 나고 전신광명과 자기가 완성됨을 안다. 인간은 자기중심적 집착의 마음으로 자기 모양만한 마음으로는 우주의 몸과 마음인 대영혼을 보지 못한다. 또 알지도 못하고 되지도 못한다. 이 대영혼이 되어 봐야 보고 알고 또 될 수가 있는 것이다. 이 거대한 영혼이 창조주인 것이다. 하늘의 별, 태양, 달, 지구와 만상만물, 또 우리를 이 거대한 영혼이 창조하는 것이다.'

'우주에서 내 몸과 마음을 빼고, 또 망념의 우주마저 없애면 허공만 남는다. 이 허공인 우주의 대영혼으로 내가 다시 나면 이것이 천국이고 영생인 것이다.'

그대에게는 나의 이와 같은 주장이 그릇된 것처럼 보이겠지만 나의 체험은 거짓이 아닙니다.

오님 : 앞에서도 자세히 설명하였지만 그대의 주장은 완전히 틀

린 것입니다. 그대는 결과만 좋으면 된다고 주장하였지만 처음도 좋지 않고 중간도 좋지 않는 것, 혹은 그 어느 하나라도 좋지 않은 것의 결과는 결코 좋을 수 없습니다. 그런데 어찌 결과만 좋으면 된다는 주장을 할 수 있습니까? 다시 한 번 자세히 설명할 터이니 그대의 주장에서 무엇이 문제인지 스스로 살펴보시기 바랍니다.

허공 자체가 대영혼이고 우주는 대영혼이 창조한 것이고 이것이 자기라고 주장하는 것은 허공을 자기에 대입시켜 대상화, 실체화 한 것이기 때문에, 처음부터 결코 옳은 출발이 아닙니다.

그대의 이와 같은 주장은 『대승기신론』에서 이른 것처럼, 자기 자신이 연기적인 무아임을 깨닫지 못해 생기는 집착의 결과입니다. 내 안에 고정 불멸의 주재하는 자아가 있다는 인아집人我執 때문입니다. 이 집착은 처음에는 유아有我로 시작하여 마지막으로 허공아虛空我에 이릅니다. 그대는 다만 이 허공아를 대영혼, 창조주로 그 이름만 달리했을 뿐 결코 인아집人我執의 경계를 넘은 것이 아닙니다. 그래서 일관되게 자아에서 못 벗어나는 아집이 갈수록 더 견고해져서 그 아집이 진리이고 대영혼이고 창조주가 되는 것입니다.

허공은 아무것도 없어 창조할 수 없고 허공이 마음이라고 해도 그 마음은 앎이 없기 때문에 만들 능력이 없는데도 창조한다고 하는 것은 아집의 극치입니다. 그렇기 때문에 그대의 주장과 견해는 삿된 견해[邪見]인 단견斷見과 상견常見의 양극단에서 벗어난 것이 아닙니다. 왜냐하면 그대의 수행은 처음부터 아무것도 없는 허공을 대상으로 하기 때문에 '아무것도 없어 허무하다'는 허무주의나

'무엇이든 해도 된다'는 쾌락주의에 빠지기 쉽습니다. '죽으면 아무 것도 남는 게 없다'고 하여 우울증에 걸리거나 '죽으면 다 끝이다'고 하여 극단의 비윤리적 행동을 할 수 있는 것은 이와 같은 단견 때문입니다.

 허공을 마치 불사不死인 것처럼 대상화·실체화 해도 문제가 해결되지 않습니다. 허공 자체가 대영혼이고 우주는 대영혼이 창조한 것이라고 주장하면 허무주의·쾌락주의와 같은 단견이 극복되는 것이 아니라 오히려 '모든 것이 영원하다'는 상견에 빠지게 됩니다.

 결국 그대의 주장은 이와 같은 단견, 상견의 삿된 견해를 오가고 있는 것일 뿐입니다. 그래서 연기적 존재인 '나[我]'라는 고정 불변의 실체가 없는 무아無我라는 이치를 체득하기는커녕, 허공이 될 때까지 인아집만 더욱 붙잡고 '이것이 진리이고 대영혼이고 창조주'라고 하는 단견과 상견을 오가면서 고집하는데 어떻게 이것을 옳다고 할 수 있습니까?

 우님 : 그렇지 않습니다. 공성을 주장하는 그대야말로 진정한 허무주의를 표방하는 단견론자이고 공을 실체화하여 절대주의를 견지하는 상견론자가 아닙니까?

 오님 : 그렇지 않습니다. 공의 뜻은 모든 존재는 '형상 그대로 공[色卽是空]'이기 때문에 고정된 실체가 있는 유有의 절대가 아니라는 뜻입니다. 또 '공 그대로 형상[空卽是色]'이기 때문에 아무것도 없는 무無의 허무가 아니라는 뜻입니다. 이와 같은데 어떻게 단견, 상견의 양극단에 빠질 수 있겠습니까?

변화를 통해서 공을 알게 되고 모든 사물의 상호 의존을 통해서 공을 깨칩니다. 깨우친 공의 내용은 '두루 편재하여 존재하는 만물과 그것을 인식하는 사람까지 그 모두가 상호 의존적이며 연기적이다'는 뜻입니다. 그래서 모든 존재가 부분이 전체이고 전체가 부분이라는 것입니다. 이는 모든 만물은 서로 상호 의존하며 존재하나 그 하나하나의 개체는 공하다는 것입니다. 그러므로 '고정 불변하는 실체를 가진 아我는 존재하지 않는다'고 하여 인무아人無我 또는 아공我空이라고 합니다. 그리고 '고정 불변하는 실체를 가진 현상은 존재하지 않는다'고 하여 법무아法無我 또는 법공法空이라 하는 것입니다.

단계를 보면 처음에 유아로 시작하여, 자타가 공하여 인아人我가 공하고 법아法我가 공하는 데까지 이릅니다. 처음도 공, 끝도 공, 그대로 무아입니다. 이와 같은 인무아, 법무아의 2종 무아를 아는 것, 또는 아공법공의 경지를 아는 것이 어떻게 단견의 허무주의, 상견의 절대주의인 사견이 되겠습니까? 그러나 허공을 자아라고 고집하는 한 상호 의존, 공의 진리에 위배되기 때문에 번뇌가 일어나고 괴로움이 따를 수밖에 없습니다. 그래서 허공은 번뇌를 일으킵니다. 어찌 허공 자체가 진리이겠습니까?

그뿐이겠습니까? 허공 자체가 되는 그대의 수련은 처음도 허공, 수련 과정도 허공, 그 결과도 허공입니다. 이는 끝까지 자기 혼자입니다. 자기라는 존재도 없애고 난 뒤 허공 자체가 되면 허공을 자기로 삼습니다. 허공 수련하는 모든 이들은 허공이 된 자기를 얻습니다. 허공이 되어 오로지 허공만 있게 됩니다. 그리고는 진리가 되었다고 하고 대영혼이 창조주라고까지 합니다. 여기는 천국도 허공 하나, 창조주도 허공 하나, 대영혼도 허공 하나일 뿐입니다. 피아彼我가 없습니다. 수많은 사람들이 이 수련을 해도 수많은 사람은 사라지고 모두 허공이라는 자기 하나가 있을 뿐입니다. 이는 부분이 전체이고 전체가 부분이라는 진리에 위배되는 것으로 다양성을 존중하지 않는 수련법이며, 모든 생명을 존중하지 않는 무자비한 수련법입니다.

허공은
허무를 실체화하여
자아로 삼지만

공은
자아와 실체를 찾을 수 없네
허공을 나는 새가 흔적을 남기지 않듯이

평님 : 우님의 허공을 대상화, 실체화하는 견해는 결국 허무주의·쾌락주의의 단견과 절대주의의 상견, 이 두 가지 양견에 빠질 수밖에 없다고 오님은 주장하는군요.

우님 : 오님의 주장은 진실인 것처럼 보여도 마음마저도 허공처럼 만드는 것이 곧 지혜이고, 이것이 곧 우주의 진리이고 창조주라는 나의 주장과 무엇이 다른지 모르겠습니다. 그럼 오님이 생각하는 창조주는 무엇입니까?

오님 : 나는 그대가 우주의 창조에 대해서 알고 싶은지, 창조주에 대해서 알고 싶어 하는지 그것을 명확히 해주었으면 좋겠습니다.

우님 : 창조하는 자가 곧 창조주인데 그것을 구분할 필요가 있겠습니까?

오님 : 그렇지 않습니다. 불교에서는 인도의 힌두교에서 주장하는 브라만, 즉 범천梵天이 이 세간을 창조하였다고 보기 때문입니다. 18색계의 초선정에 머무는 범천은 이 세간, 우주가 성주괴공成住壞空의 과정을 거쳐 새롭게 열릴 때, 맨 먼저 이 세간에 태어나 이후 자신의 의지대로 이 세간이 생겨났다고 하지만 그것 또한 인연법에 따라 생겨난 것일 뿐입니다. 그대는 허공 수련을 통해서 색계의 초선정에 머무는 창조의 신, 범천의 경계를 주장하니 어떻게 창조와 창조주가 같을 수 있겠습니까?

우님 : 내가 말하는 창조주는 그대의 설명에 나오는 범천이 아니라 허공 수련을 통해서 스스로 이 우주의 창조주가 될 수 있다는 뜻입니다.

오님 : 그럼 그대의 주장은 마음이 창조주라는 뜻입니까? 그렇다면 경론에서 설하는 것과 같습니다. 삼라만상 우주란 모두 마음의 투영에 지나지 않습니다. 즉, 마음이 창조주이기 때문입니다.

우님 : 그러나 그대가 앞에서 한 말이 생각납니다. 그대는 물체도 '마음'이라고 하고 그 마음이 공하다는 '공을 아는 의식의 깨어 있음'으로 물체가 무형이라는 것을 알게 되는 것을 지혜라고 하였습니다. 하지만 이 '공을 아는 의식의 깨어 있음'은 내면적인 것이라 허공 자체가 된 마음보다 작아서 우주의 진리라고 하기에는 부

적절하지 않습니까?

오님 : 아닙니다. 공은 안과 밖이 없습니다. 한계가 없다는 뜻입니다. 삼라만상 우주가 그대로 진리의 몸(법신)입니다. 몸이란 표현은 비유이지요. 비슷한 것 같지만 다릅니다. 앞에서 설명한 바와 같이 허공은 인식 대상이 없으며 또 허공 자체가 되면 '앎'이 없어지므로 '공'과 다르지요.

우님 : 무슨 소리입니까? 그렇지 않습니다. 허공 자체가 된다는 것은 진정한 창조주가 될 수 있다는 뜻입니다.

오님 : 그럼 한 번 물어보겠습니다. 창조주가 우주를 창조했다면 알고 창조했습니까? 모르고 창조했습니까?

우님 : 당연히 알고 창조하지, 어떻게 모르고 창조할 수 있겠습니까?

오님 : 당연한 이치입니다. 모르면서 창조했다는 것은 자기가 무엇을 했는지도 모르는 자가 곧 창조주라는 뜻이 되기 때문입니다. 그러나 그대는 그 존재를 알 수 없는 허공 그 자체가 되면 창조주가 된다고 주장하고 있습니다. 그러나 허공 자체가 되면 있던 앎도 없어져 무지하게 되므로 만들 능력도 없습니다. 또한 허공은 '아무 것도 없음'이 특성이므로 그 어떤 결과도 낼 수 없고 혹 결과를 내었더라도 허공이 됩니다. 그런 창조주가 어떻게 '알고 창조했다'고 주장할 수 있겠습니까?

또한 허공은 인식대상이 없어 존재를 알 수 없기 때문에 빛도 없습니다. 반면 마음은 빛입니다. 햇빛이나 달빛과 같은 것은 아닙니다. 수행하면 심광心光이 나타납니다. 수행자라면 누구나 체험하는 것이며 경론에서도 심광명이라고 표현합니다.[21] 그래서 『화엄경』에서는 온 우주계는 비로자나붓다의 빛과 음성으로 이루어졌다고 합니다. 말하자면 세계를 창조하려면 재료가 있어야 하는데 허공에는 만들 재료가 없습니다.

그러나 마음의 본성, 즉 모든 것의 본성은 공성입니다. 공은 결정된 것이 없습니다. 자성이 없다는 것이죠. 마음의 본성이 공성이므로 마음은 자유자재로 만들 수 있습니다. 『중론』에서도 "모든 존재들이 분명히 자성이 있다고 본다면 그것은 모든 존재들이 인因도 없고 연緣도 없는 것이라고 보는 것이다."[22]라고 합니다. 이는 모든 존재들에게 자성이 있다면 생기지도 않고 소멸하지도 않는다는 뜻입니다.

그러면 우리의 현실세계를 한번 돌아봅시다. 현실에서 보면 어떤 행위자들의 행위에 의하여 그 행위된 것으로부터 그 무엇이 생겨나고 또한 소멸되고 있습니다. 지금도 무한반복되고 있습니다. 이것은 어떤 존재이건 인과 연에 의해서 생겨나고 사라지는 것임을 뜻합니다. 그래서 자성이 있다면 행위와 행위자와 행위되는 것을 파괴하는 것이며 일체 만물의 생멸을 다시 파괴하는 것이기도 합니다.[23]

어떤 존재건 자성이 있을 수 없다는 것을 의미하며 자성이 있다

21　『원각경』의 「威德自在菩薩章」
22　龍樹菩薩 著, 靑目 釋, 鳩摩羅什 漢譯, 김성철 역주, 『中論』의 「觀四諦品」, (경서원, 2012), p.412.
23　위의 책, 『중론』의 「觀四諦品」 p.413.

면 이것은 현실과 상반되는 것입니다. 무자성은 모든 생명의 근원이며 존재 이유입니다. 그래서 모든 존재의 근원은 공성입니다. 마음의 본성이 공성이므로 마음은 창조능력이 있는 것입니다. 그러니 허공을 근거로 창조를 주장하는 것은 억지에 불과합니다.

우님 : 그러나 그 원래의 진리가 우주의 허공이고, 그 허공으로부터 난 일체의 모든 것 역시 진리 자체인지라 물질과 비물질은 그냥 하나 자체입니다. 일체가 진리이므로 이 대우주의 진리인 창조주는 진리인 창조주만한 마음이 될 때 볼 수가 있는 것입니다.

오님 : 그대가 허공 자체가 되면 진리 자체인지라 물질과 비물질은 그냥 하나 자체라 일체가 진리인 것이고 창조주가 된다고 하는 것은 허공이 창조주이고 편재자遍在者라는 것입니다. 그렇다면 허공이 편재하는 단일한 것인지 아니면 다양한 방위를 가지는 나무 등과 결합하고 있는 허공인지 모르겠습니다. 만일 다양한 방위를 가지는 나무 등과 결합하고 있는 허공이라면 물질과 비물질은 그냥 하나 자체라고 하는 그대의 주장이 맞다고 할 수 있습니다. 그러나 다양한 방위를 가지는 나무들과 결합해서 있는 허공이라면 다른 사물 또한 허공과 결합할 수 있을 것이나 허공은 단일성을 본질로 하는 것이므로 그 허공과 동일한 것이 되어 버릴 것입니다. 다양한 방위를 가지는 것과 결합한 허공인 편재자가 어떻게 단일한 것일 수 있겠습니까? 또 만약 허공이 다양한 방위를 가지는 자성이 있는 사물이라면 그 허공의 자성은 다른 것과 결합하지 않을 것입니다.

이와 같이 그대의 주장대로 허공은 진리이고 창조자가 된다는 것은 두 가지 문제가 있습니다. 첫째, 허공이 단일한 것이라면 다른 사물과 결합하지 않아야 하므로 편재자가 될 수 없습니다. 둘째, 허공이 다양한 방위를 가진 자성 있는 단일한 사물이라면 다른 것과 결합할 수 없습니다. 만일 결합한다면 허공은 편재자로서 자격이 없습니다. 따라서 '물질과 비물질은 그냥 하나 자체라, 일체가 진리인 것이다'고 하는 것은 거짓이므로 진리일 수 없고 또한 허공 자체가 되더라도 창조자가 될 수 없습니다. 그러므로 그대의 주장은 토끼의 뿔, 거북이의 털과 같은 실체가 없는 헛된 말에 지나지 않습니다.

우님 : 그대의 경론에도 '일체유심조'라고 하여 '마음이 모든 것을 짓는다'고 주장하는데 왜 허공 수련을 하면 마음이 곧 창조주가 된다는 나의 주장이 틀렸다고 합니까? 그럼 그대의 마음이 삼라만상을 짓는다는 것은 무엇을 뜻하는 것입니까?

오님 : 그대의 말처럼 '일체유심조', 즉 마음이 모든 것을 짓는다는 것은 『화엄경』에서 "삼세의 붓다를 알고자 하는가. 마땅히 법계성이 마음이 창조하였다는 것을 관하라."고 일러 주듯이 오직 마음을 통해서만 삼라만상의 존재를 알 수 있기 때문입니다.

현대의 물리학자들은 우주가 파장으로 이루어져 있다고 주장합니다. 파장이 눈으로 들어오면 긴 파장은 붉은색으로, 짧은 파장은 파란색으로, 중간 파장은 초록색으로 인식합니다. 이 세 가지 파장들이 서로 더하고 빼면서 어우러져 수 만 가지 색으로 인식되어진다고 합니다. 그리고 이 파장이 귀로 들어오면 귀에 있는 달팽이관이 고주파와 저주파로 받아들인다고 합니다. 달팽이관은 파장을 소리로 인식한다는 것입니다. 한편 코는 분자의 진동수로 받아들여 그 진동수에 의해서 연꽃 향기를, 또는 발 고린내를 맡을 수 있다고 합니다.

이에서 알 수 있듯이 파장 그 자체에는 색깔도, 형태도, 소리도, 냄새도 없습니다. 그렇지만 우리는 색깔·형태·소리·냄새를 인식합니다. 물질로 이루어진 눈, 귀, 코는 대상을 인식하지 못합니다. 단지 감각기관일 뿐입니다. 파장을 인식하여 색깔·형태·소리·냄새로 아는 것은 마음입니다.

또한 마음은 대상을 이미지화하고 조작할 수 있습니다. 찻잔을 예를 들면, 찻잔은 시각적으로 고정되어 보이고 다른 사물과 분리되어 보이고 실체를 가지고 스스로 보이는 것처럼 보입니다. 그러나 찻잔은 매 순간 화학반응하면서 변합니다. 찻잔 자체도 본래 존재했던 것이 아니며 흙에 물을 부어서 반죽을 하고 모양을 만들고 가마에 넣어 불에 구워냈을 때 찻잔이라 이름을 붙였을 뿐입니다. 원래 이름이 없고 실체가 없는 것입니다. 그런데 우리 눈에는 이러한 사실들이 보이지 않기 때문에 착각을 하는 것입니다. 그래서 모양과 색깔은 마음이 만들어서 보는 것이므로 보이고 들리는 모든 것이 마음의 표현이며 대상화된 사물이라고 하는 것입니다. 원래는 파장일 뿐인데도 마음에 의해서 형태, 색채 등으로 나타나기 때문입니다. 그러므로 마음은 파장의 변환기變換機라고 할 수 있습니다.

파장이란 찰라 생멸하는 무상입니다. 무상이기 때문에 고정된 형상과 소리 등이 없습니다. 그럼에도 우리 눈에 보이고, 귀에 들리는 것은 바로 마음이 만들어서 보고 듣고 하는 것입니다. 이와 같이 삼라만상도 온 우주도 마음의 투영이고, 늘 마음의 인연 따라 그 형상이 달리 보입니다.

창조주여
알고 창조하는가?
모르고 창조하는가?

허공이여
그대가 창조주인가?
눈을 떠도 동굴 속이네

평님 : 우님의 마음도 허공처럼 만들면 삼라만상의 창조주가 될 수 있다는 주장에 대하여 오님은 그와 같은 허공이 되면 결국 '자신도 모르는 허공과 같은 창조주가 된다'고 반박합니다. 그리고 『화엄경』과 현대 과학의 파동설에 입각하여 파장을 감지하는 감각 기관에 의해서 대상을 알 수 있다는 '마음은 파장의 변환기變換機'라는 주장은 오님의 매우 이채롭습니다. 아쉽게도 우님이 그 존재를 알 수 없어서 부르는 가설인 허공을 실체화하는 이상 계속 같은 주장만 반복되고 있으므로 더 이상 나눌 이야기가 없군요. 저는 다만 우님의 상상을 통한 허공 수련에서 살생의 대상이 자기 자신이 되지 않기만을 바랄 뿐입니다.

허공을 실체라고
무명으로 외치니

허공에 바람이 불어

진리, 대영혼, 창조주,

천국의 꽃이 피는구나

허공 마음이여

만들 수 없음을 만드니

창조하는 순간순간

모두 허공의 꽃이로다

제2장

사마타관

1. 사마타관의 대상

사마타 수행을 하는 목적은 출세간의 위빠사나 수행을 하기 위한 것입니다. 빛이 있으면 어둠이 사라지듯이 지혜에 의해서 모든 미혹에서 벗어날 수 있습니다. 사마타만으로는 올바르고 청정한 지혜를 얻을 수 없고 장애의 어둠을 없앨 수 없습니다. 반야지혜에 의해서 공성(진여)을 수행할 때 무분별의 지혜는 가장 올바르게 성취됩니다.

앞서 공과 허공의 대론을 통해 공성을 알았다면 선정을 통하여 드러나는 공성을 체득해야 합니다. 공성을 체득하기 위해서 집중해야 할 대상은 '공성을 알아보는 의식의 깨어 있음'입니다. 공성을 아는 의식의 깨어 있음을 모르면 '비어 있음[空]'을 알 수 없고 비어 있음을 모르면 깨칠 수 없습니다. 일체 모든 것은 연기緣起를 의지합니다. 연기는 공성입니다. 그래서 모든 존재, 모든 것의 본성은 공성입니다. 공성을 안다면 모든 것을 아는 것이며 공성을 파악하는 것은 앎의 힘을 가지고 있는 마음뿐으로 다른 경계는 없습니다. 그래서 마음의 내용은 공이므로 모든 것은 오직 마음뿐입니다. 그러므로 수행대상도 오직 마음뿐입니다.

『해심밀경』은 사마타관의 대상을 무분별영상이라고 합니다.[24] 영상은 마음[識]입니다.[25] 분별할 수 없는 마음(영상)에 집중한다는 것은 매우 어렵습니다. 더욱이 마음은 신비하며 셀 수 없을 만큼 다양한 모습을 가지고 있습니다. 그래서 외부 대상을 인지하듯이 마음을 확인할 수는 없습니다. 마음은 물질이 아니라서 형체를 지니고 있지 않기 때문입니다.

그렇지만 의식의 깨어 있음은 느낄 수 있습니다. 이 의식의 깨어 있음에 초점을 맞추고 집중하고 머물러야 합니다. 깨어 있는 마음에 초점을 맞추는 이것이 마음 자체에 집중하는 방법입니다. 그러나 이것 역시 쉬운 방법은 아닙니다. 우선 수행자는 명료한 깨어 있음을 실제적인 경험에서 확인해야 합니다. 눈을 떴다 감았다 반복해도 보는 마음이 바뀌지 않으면 의식이 깨어 있는 것입니다. 일상생활에서도 의식이 늘 깨어 있다면 정념이 확립되었다고 할 수 있습니다. 의식이 깨어 있다는 느낌에 초점을 맞추는 것이 집중을 하는 데 도움을 줄 것입니다. 오직 명확한 깨어 있음만을 통해 마음의 본성인 공성을 경험하고 느낄 수 있습니다.

---

24 『해심밀경』의 「분별유가품」
25 유분별영상은 위빠사나의 관찰 대상입니다(p.315). 그리고 '영상은 오직 식識이며 오직 식이 드러난 것이다'고 『해심밀경』 분별유가품에서 설합니다(p.326). (원측 저, 지운 역주, 『원측소에 따른 해심밀경』의 「분별유가품」 (연꽃호수, 2009))

그런데 이미 몸깨침의 자비수관에서 깨어 있음을 체험하고 있다면 깨어 있음을 대상으로 하는 것은 쉽습니다. 특히 앞서 무상즉공無常則空의 수행을 성실히 했다면 깨어 있음이 분명합니다. 무상을 통해 과거와 미래가 없는 줄 알고 현재 순간에 머물 때, 현재 순간도 자성이 없어 순간순간 머물지 않아 흔적 없음을 압니다. 흔적 없음에 머물 때 흔적 없음을 지켜보는 깨어 있는 마음만 있음을 체험합니다. 그 마음이 공성에 깨어 있는 마음입니다. 흔적 없음이 진실이요 공성임을 알고 깨어 있기 때문입니다.

특히 궁극적 보리심을 일으킨 의식이라면 공성에 대한 집중도가 더 좋습니다. 정념正念이 확립되어 텅 빈 깨어 있는 의식에 머물 수 있다면 그대로 심일경성, 등지, 경안, 정正사마타입니다. 정사마타에 의지하여 오온五蘊을 분석하고 공성을 드러냅니다. 공성에 의해 삼매를 이루고 무분별의 지혜를 얻어 진여삼매[一行三昧] 속에서 깨달음을 이룹니다. 즉, 공성에 깨어 있음 하나로 관통하여 깨달음까지 가는 것입니다.

그러나 공성의 지견도 없고 깨어 있지 못하면 무분별의 마음을 대상으로 집중하기 어렵습니다. 또한 집중 대상을 번뇌 망상이 방해하고 장애한다면 더더욱 어렵습니다. 집중 대상이 공성의 지견이 없는 무분별한 마음이라면 마치 물감을 풀어 놓은 물과 같습니다. 물이 어떤 색들을 본성으로 가지고 있는 것은 아니지만, 물과 물감이 섞여 있는 한 물의 원래 색이 어떤 색이었는지 명확하지 않습니다.

마음은 외부의 물질적 대상의 특징을 가지고 있지 않지만 다섯 가지 감각기관[26]을 습관적으로 따르고 있기 때문에 마음과 마음이 경험한 것들, 즉 물질·형체·색깔 등을 떼어 놓고 생각한다는 것은 거의 불가능합니다.

사마타관의 명상은 의도적으로 모든 생각과 지각작용을 멈추는 방법으로 하는 것입니다. 마음이 지각작용을 따라가는 것을 막는 것으로부터 수행을 시작해야 합니다. 다음으로는 마음이 감각 경험, 그리고 기쁨과 슬픔의 느낌을 상기시키려고 하는 것을 막아야 합니다. 과거의 기억이나 미래의 계획에 몰두하지 않고 오직 존재와 본래 그대로의 상태에 집중하는 것입니다.

이러한 깨어 있음을 개발하기 위해 장애를 없애는 청문·사유·정념·정지·평등 사捨가 필요합니다. 이러한 방법을 통해 마음의 본모습이 차차로 수행자에게 떠오를 것입니다. 마음이 모든 종류의 생각과 개념으로부터 자유로울 때 텅 빔(공성)의 상태가 불현 듯 보일 것입니다. 수행자가 이 텅 빔에 익숙해지려고 노력할 때 의식의 명료함은 저절로 뚜렷하게 드러납니다. 즉, 아홉 단계로 의식이 깨어 있는 마음에 머무는 과정[九住心]을 거쳐서 경안·정사마타·지관쌍수·진여삼매·깨달음으로 가는 것입니다.

---

26 의근意根을 제외한 인간의 다섯 가지 감각기관입니다.

2. 사마타관의 특성

공성은 모든 존재, 모든 것의 본성이므로 공성을 알게 됨으로써 모든 현상이 공으로 통합니다. 공성을 아는 의식의 깨어 있음에 집중하고 머물면 마음은 허공계와 같이 모든 현상에 공성 하나로 관통하게 됩니다. 그래서 사마타관을 통관通觀이라고 합니다.

공을 아는 깨어 있음에 머물러야 공성을 체득하게 됩니다. 공성을 아는 의식의 깨어 있음에 머무는 것이 사마타[止]를 닦는 방법입니다. 그래서 머무름이 사마타를 닦는[住修] 수행의 특성입니다. 주수住修에는 심일경성心一境性을 이루고 사마타를 성취하기까지 청문 → 사유 → 정념 → 정지 → 평등사 → 경안 → 작의로 익숙하게 익어가는 과정이 있습니다. 작의가 그대로 지止가 될 때 주수의 역할이 완성됩니다.

무명無明을 뿌리째 제거할 수 있도록 '비어 있음'을 깨닫는 통찰력을 계발하기 위해서 선정과 지혜가 필요합니다. 그렇지만 단순히 추론에 의존하여 실재가 비어 있음[空]을 깨닫는 추론의식이 생겨나게 하는 것만으로는 충분하지 않습니다. 개념적인 수준을 넘어서서 실재[自性]의 '비어 있음'이라는 실상을 직접 체험할 수 있도록 해야 합니다. 이렇게 체험을 성취하기 위해서는 사마타관觀의 정신 집중을 통해 선정을 얻어야 합니다. 사마타奢摩他는 선정을 얻기 전에는 '사마타에 수순하는 과정의 사마타'라고 하며, 선정을 얻은 후에는 '바른 사마타', 즉 '이루어진 사마타'라고 합니다.

사마타의 특징은 한 대상에 집중된 상태인 심일경성心一境性과 무분별無分別입니다. 무분별에는 공성의 무분별과 공성이 없는 심일경성의 무분별이 있습니다.

공성이 없는 심일경성의 무분별은 선정을 이루었다고 해도 한계가 있습니다. 다만 고요함이라는 힘으로 번뇌망상을 꼼짝 못하도록 눌러 놓았을 뿐이지 번뇌망상의 근원을 잘라 버린 것이 아니기 때문입니다. 비유를 들자면 마치 큰 바위로 풀을 눌러 놓은 것과 같습니다. 애초에 풀의 뿌리를 뽑아야만 풀이 다시는 자라지 못하는 것처럼 번뇌망상도 그 뿌리를 완전히 제거하지 않으면 안 됩니다. 그러므로 선정을 이루었다고 해도 이 선정을 의지하여 지혜가 생기도록 경론을 듣고 사유하는 지혜가 필요합니다. 그래야 번뇌를 완전히 잘라낼 수 있습니다.

공성의 무분별은 공성을 아는 마음을 대상으로 선정을 얻고 선정 속에서 공성이 드러나면서 법계가 하나임을 깨닫게 합니다. 이것이 『대승기신론』의 사마타[止] 수행법입니다. 『대승기신론』의 사마타관 구주심 수행을 하기 위해서는 먼저 추론의 위빠사나관을 통해 얻는 지혜를 의지하지 않을 수 없습니다.

이는 공과 허공의 진위를 가리는 추론의식 가운데 '비어 있음'이라는 공성을 아는 지혜가 생기고 그 지혜를 의지하여 사마타관을 하는 것입니다. 사마타 속에 속성을 꿰뚫어보는 통찰력으로서의 지혜가 생겨나게 하기 위해서는 먼저 마음을 지속적으로 평온하게 하는 사마타의 평온이 필요합니다. 왜냐하면 사마타의 고요함이 방향 전환을 생겨나게 하는 바탕이기 때문입니다.

특히 반야 지혜는 무명無明의 싹을 잘라 내는 '지혜의 검'으로 취

모리검吹毛利劍이라고 불립니다. 검은 칼날에 가느다란 머리카락을 대고 입김만 불어도 잘릴 만큼 날카롭습니다. 사마타관 선정의 힘이 깊어지면 깊어질수록 칼은 점점 더 날카로워집니다. 진실한 선정 그 자리에 머물러 최고의 법열法悅을 알아차리는 방법도 지혜로써 성취하게 됩니다. 공성을 이해하는 문혜와 사혜가 사마타관에 포함되어 있는 이유이며 이것이 대승 수행의 특징입니다.

3. 『대승기신론』의 사마타관

자비선 수행에서는 자慈 – 비悲 – 희喜 – 사捨의 단계를 거치면서 삼법인의 지혜가 생깁니다. 전체를 보는 마음[27]을 대면하고 모든 현상이 마음이라는 것을 알 때 비로소 마음의 공성에 초점을 맞추어 갑니다.

삼법인의 지혜는 아공我空이 내용입니다. 나아가 모든 현상이 자성이 없는 마음임을 알고, 마음의 궁극적 본성이 공성임을 아는 것이 법공法空의 지혜입니다. 그러므로 번뇌와 모든 견해가 공한 공의 마음은 오직 마음뿐이라는 것을 압니다. 그래서 공성을 아는 의식의 깨어 있음으로 나아갑니다. 오직 마음뿐이라는 것과 공을 내용으로 하는 앎을 잊어버리지 않는 정념正念에 머물러야 됩니다. 이것이 『대승기신론』의 사마타관觀이며 진여삼매眞如三昧로 들어

---

27 이 마음은 심왕心王입니다. 주객의 만남의 장場이기도 합니다.

가는 길입니다.

자비선 수행은 『대승기신론』의 지와 관 수행을 근간으로 하였습니다. 단순히 사마타 수행만 하면 선정을 얻는데 그칩니다. 따라서 공성에 대한 이해[聞慧와 思慧]를 가지고 사마타 수행을 하는 것이 매우 중요합니다. 사마타 수행은 단계적으로 구주심 정사마타까지이고, 정사마타를 의지하여 지관쌍수해서 진여삼매 속에서 깨달음을 성취합니다.

이 책에서는 자비선 수행의 길을 『대승기신론』 지止 수행법의 구주심을 중심으로 설명하면서 『보리도 차제(람림)』의 육력六力 구주심九住心과 사작의四作意를 근거로 하여 알려드리려고 합니다. 그리고 구주심과 진여삼매 속에서 깨달음을 얻는 과정을 십우도十牛圖 그림과 함께 배치하여 깨달음과 중생구제를 이해하는데 도움이 되게 했습니다.

구주심九住心은 여섯 가지 힘(생각의 힘)으로 성취합니다. 이 여섯 가지 힘에 따라 여섯 가지 수행의 방향을 제시하고 있습니다.

구주심과 육력의 관계는 다음과 같습니다.

첫째, 청문의 힘은 ① 내주심內住心을 성취하게 합니다. 둘째, 사유의 힘은 ② 등주심等住心을 성취케 합니다. 셋째, 정념의 힘은 ③ 안주심安住心과 ④ 근주심近住心을 성취케 합니다. 넷째, 정지의 힘은 ⑤ 조순심調順心과 ⑥ 적정심寂靜心을 성취하게 합니다. 다섯째, 정진의 힘은 ⑦ 최극적정심最極寂靜心과 ⑧ 전주일취專住一趣를 성취하게 합니다. 여섯째, 관습의 힘은 ⑨ 등지심等持心을 성취케 합니다. 이와 같이 육력으로 구주심을 성취할 수 있습니다.

『대승기신론』의 구주심은 정념을 통하여 번뇌를 없애고, 공성을 드러내고 머물러 진여삼매에 들어가게 하는 방편입니다. 방편의 관점에서 보면 정념 하나로 구주심을 관통하고 정념은 주객의 마음을 하나로 통합하여 진여삼매로 들어가게 하여 깨달음을 얻도록 하는 통로입니다.

구주심의 내용은 다음과 같습니다.

① 내주심內住心의 정념은 경론과 어록의 가르침과 스승의 가르침을 의지하여 공성을 알고 기억하며 집중합니다.

② 등주심等住心의 정념은 사유의 힘을 통해 공성을 알고 기억하며 또한 공성의 마음에 집중을 방해하는 망념을 알아차림 하여 제거합니다. 즉, 내주심과 등주심은 공성을 아는 의식의 깨어 있음에 집중합니다.

③ 안주심安住心의 정념은 잡다한 망념을 제거했다는 생각을 제거합니다.

④ 근주심近住心의 정념은 망념이 불생불멸임을 알아차립니다. 불생불멸은 공성입니다. 그래서 공성은 정념의 내용이 됩니다. 공성의 정념으로 공을 아는 의식의 깨어 있음에 집중합니다. 즉, 안주심과 근주심은 공성을 아는 의식의 깨어 있음에 집중하는 데 방해되는 잡생각을 정념으로 없앱니다.

⑤ 조순심調順心과 ⑥ 적정심寂靜心의 정념은 숙달의 과정입니다. 조순심과 적정심은 공성을 아는 의식의 깨어 있음에 머물러

장애되는 혼침과 들뜸을 정념과 정지로 없앱니다.

⑦ 최극적정심最極寂靜心의 정념은 주객의 마음을 하나로 통합합니다. 움직이는 마음을 정념에 머물게 하여 마음의 공성을 드러냅니다. 공성을 장애하는 혼침과 들뜸을 없앴다는 그 생각을 평등의 평정인 사捨로 없앱니다.

⑧ 전주일취專住一趣는 일상생활에서도 정념에 머무는 방편을 잊지 않습니다. 그리하여 주객통합의 심일경성心一境性의 마음 상태가 끊어짐이 없게 합니다.

⑨ 등지심等持心은 정념에 의하여 주객의 마음 하나로 통합된 상태인 평등의 평정 상태가 아주 익어져서 유지되게 합니다. 그래서 등지심에서 진여삼매에 들어가는 조건을 갖춥니다.

또한, 구주심九住心에 집중하여 들어가는 네 가지 작의作意가 있습니다. 작의의 의미는 '마음먹은 것[意]을 행한다[作]'는 것입니다. 무엇인가를 결심하고 실행하는 것을 의미합니다.

네 가지 작의는 다음과 같습니다.

첫째, 집중하여 들어가는 작의로서 ① 내주심內住心 ② 등주심等住心이 있습니다.

둘째, 끊어짐이 있는 집중을 이어가는 작의는 ③ 안주심安住心 ④ 근주심近住心 ⑤ 조순심調順心 ⑥ 적정심寂靜心 ⑦ 최극적정심最極寂靜心이 있습니다.

셋째, 끊어짐이 없이 들어가는 작의는 ⑧ 전주일취專住一趣입니다.

넷째, 노력 없이 들어가는 작의는 ⑨ 등지심等持心입니다. 나아가

작의作意가 지[止]가 될 때까지 정진합니다.

구주심은 『대승기신론』의 구주심과 원효의 『대승기신론 해동소』, 『람림 Lam Rim』, 달라이라마 강설, 티장 린포체의 주석 등에도 자세히 나와 있습니다. 용어가 통일되어 있지 않으나 그 내용은 같은데 비교해보면 아래와 같습니다.

『대승기신론』과 원효의 『대승기신론 해동소』;
① 내주심內住心 ② 등주심等住心 ③ 안주심安住心
④ 근주심近住心 ⑤ 조순심調順心 ⑥ 적정심寂靜心
⑦ 최극적정심最極寂靜心 ⑧ 전주일취專住一趣 ⑨ 등지심等持心

달라이라마 강설;
① 내주심內住心 ② 속주심續住心 ③ 안주심安住心
④ 근주심近住心 ⑤ 복주심伏住心 ⑥ 적정심寂靜心
⑦ 최극적정심最極寂靜心 ⑧ 전주일경심專注一境心
⑨ 평등주심平等住心

람림1;
① 내주심內住心 ② 속주심續住心 ③ 안주심安住心
④ 근주심近住心 ⑤ 조복심調伏心 ⑥ 적정심寂靜心
⑦ 최극적정심最極寂靜心 ⑧ 전주일경심專注一境心
⑨ 평등주심平等住心

람림2;
① 안주심安住心 ② 섭주심攝住心 ③ 해주심解住心
④ 전주심轉住心 ⑤ 복주심伏住心 ⑥ 식주심息住心
⑦ 멸주심滅住心 ⑧ 성주심性住心 ⑨ 지주심持住心

티장 린포체;
① 안주심安住心 ② 섭주심攝住心 ③ 해주심解住心
④ 전주심轉住心 ⑤ 복주심伏住心 ⑥ 식주심息住心
⑦ 멸주심滅住心 ⑧ 성주심性住心 ⑨ 지주심持住心

4. 수행 체계의 회통

붓다께서는 사성제를 의사의 치료에 비유하여 말씀하시고 있습니다.[28] 의사는 먼저 환자의 병을 진단하고, 그 병의 원인과 발생과정을 찾아낸 다음 병을 제거할 방법을 검토한 후 처방을 내립니다. 이와 같은 의사의 진단에는 정확도가 요구됩니다. 어떤 의사는 질병을 과장해서 희망을 포기하라고 엄숙하게 선언하며, 또 어떤 의사는 오진으로 병이 없다고 단언하면서 아무런 치료도 필요치 않다고 거짓 위안으로 환자를 안심시킵니다. 전자는 비관론자, 후자

---

28 "爾時, 世尊告諸比丘 : "有四法成就, 名曰大醫王者, 所應王之具 王之分‧何等 爲四? 一者善知病, 二者善知病源, 三者善知病大治, 四者善知治病已, 當來更不動發. ……."(雜阿含卷第 15,389良醫經)

는 낙관론자로서 모두 현명한 것이 아닙니다. 그러나 현명한 의사는 질병의 징후를 바르게 진단하고 질병의 원인과 발생을 이해하여 그 병이 치유될 수 있다고 확신한 다음 환자를 치료하여 구해냅니다. 이러한 의사가 바로 붓다입니다. 그는 세상의 모든 질병에 대한 현명하고 과학적인 의사입니다.

우리의 삶에서 병은 괴로움입니다(苦). 갈애는 병의 발생원인입니다(集). 갈애를 없애므로 병이 제거됩니다. 이것이 치유입니다(滅). 여덟 가지 고귀한 길은 그 치료방법입니다(道). 이것은 붓다의 입장에서 본 사성제의 가르침이고, 우리 중생의 입장에서는 우리들 스스로 걸어가야 할 현실이 고(苦)라는 출발점에서 괴로움의 해결이라는 목적지에 도달하는 길을 제시한 것으로 보아야 합니다.

이를테면 우리들이 어떤 목적지에 도달하기 위해서 아무런 준비 없이 무작정 갈 수 없는 것과 같습니다. 괴로움인 생사의 근본 문제를 해결하기 위해서 중요한 문제는 첫째, 목적지를 정하는 일 둘째, 그 목적지를 향하여 어디서부터 출발할 것인가라는 출발점의 문제 셋째, 그 출발점에서 어느 방향으로 향할 것인가라는 방향에 대한 문제입니다. 이러한 세 가지 조건이 구비되어야 비로소 목적지에 도달하는 방법으로서의 수행 문제가 해결되는 것입니다.

만약 우리들이 도달해야 할 바르고 정확한 목적지가 없다면 출발점과 방향 및 수단이 필요 없을 뿐 아니라, 올바른 목적지가 설정되었더라도 출발점이 정해져 있지 않으면 목적지에 도달하는 방법에 대해 혼란을 일으킬 것입니다. 또, 출발점이 설정되었더라도 방향을 올바르게 잡지 않으면 그 목적지에 도달할 수 없습니다. 그리고 이미 방향이 정해졌지만 그 도달하는 수단이 바르지 못하면 목적지에 도달할 수 없습니다. 따라서 이러한 출발점과 방향 및 목적지, 그리고 도달하는 방법을 정확히 제시하는 가르침이 바로 사성제인 것입니다. 이 사성제를 의사의 비유와 수행자가 목적지에 도달하는 방법에 대응해 보면 다음과 같이 도식화할 수 있습니다.

四諦	의사의 치료	수행
苦諦 ─ 괴로움	병의 상태	출발점
集諦 ─ 괴로움의 원인	병의 원인	방향
滅諦 ─ 괴로움의 소멸	건강 회복	목적지
道諦 ─ 계정혜 삼학 팔정도	치료 방법	방법

이제 사성제와 십우도, 사작의四作意와 육력六力, 구주심, 그리고 진여삼매와 깨달음을 수행의 출발점·방향·목적지·방법으로 통합하여 도표로 수행의 체계를 회통해 보겠습니다.

**그림2 사성제와 십우도, 사작의四作意와 육력六力, 구주심,
그리고 진여삼매와 깨달음의 수행체계**

사성제	십우도	四作意와 六力	구주심과 진여삼매, 깨달음
苦 수행의 출발	① 심우尋牛	1. 勵力運轉作意 (1) 청문의 힘[聞慧]	첫째, 내주內住하는 마음
集 수행의 방향	② 견적見跡	(2) 사유의 힘[思慧], 그리고 정념의 힘	둘째, 등주等住하는 마음
滅 수행의 목적지	⑧ 인우구망人牛俱忘 ⑨ 반본환원返本還源 ⑩ 입전수수入鄽垂手	(8) 깨달음 (9) 있는 그대로의 세계 그대로 지혜의 몸 (10) 큰 연민의 실천	
道 도달 방법	③ 견우見牛	2. 有間缺運轉作意 (3) 정념[憶念]의 힘·1 (3) 정념[憶念]의 힘·2	셋째, 안주安住하는 마음 넷째, 근주近住하는 마음
	④ 득우得牛	(4) 정지正知의 힘·1 (4) 정지의 힘·2	다섯째, 조순調順하는 마음 여섯째, 적정寂靜하는 마음
	⑤ 목우牧牛	(5) 정진의 힘·1	일곱째, 최극적정最極寂靜하는 마음
		3. [無間缺運轉作意] (5) 정진의 힘·2	여덟째 전주일취專住一趣하는 마음
	⑥ 기우귀가騎牛歸家	4. 無功運轉作意 (6) 관습의 힘 (6-1) 몸과 마음의 경안輕安 (6-2) 사마타의 성취 (6-3) 초선근본정 (6-4) 지관쌍수	아홉째 등지等持하는 마음
	⑦ 망우존인忘牛存人	(7) 진여삼매	

제3장

지止와 관觀의
　수행체계와
회통會通

사마타에 의해 얻어지는 정定은 의식意識을 가지고 의도적으로 발달시키는 것입니다. 사마타[止]를 향상하기 위해서 실제의 대상인 공성은 의식에 의해 인식되는 것이어야 합니다. 추론분석에 의하여 공성이 드러나면 진여삼매 속에서 최종적인 대상인 공성을 인식하고 무분별지를 얻어 깨닫습니다.

간화두는 화두話頭를 간看하는 것으로 화두잡는 방법을 말합니다. 즉 4작의作意·6력力·9주住·10우牛의 회통 속에서 화두를 청문의 힘과 사유의 힘과 억념의 힘으로 잡고[看] 화두 잡는 것을 방해하는 망념과 들뜸과 혼침를 염기즉각念起卽覺과 정지正知의 힘으로써 제거하고 화두를 잡고 있는 억념(정념)에 머물러서 화두와 정념의 사이의 틈을 없앱니다. 그리고 정진의 힘으로 타성일편을 이루고 타성일편이 익숙하게 익어지도록 하는 숙달의 힘을 발휘해서 화두삼매가 일어나도록 합니다. 이 고요함 속에서 화두에 어둡지 않게 정진을 이어갑니다. 정진 속에서 몸과 마음의 경안을 얻고 화두삼매[正奢摩他]를 성취하고 이 화두삼매에 의지하여 오온이 공함을 관하여 공적영지空寂靈知가 드러나도록 합니다. 드러난 공적영지로 무소득을 깨닫습니다.

『대승기신론』사마타[止] 수행법에서는 다음과 같이 설합니다.
"만약 지止를 닦는 수행자라면 고요한 곳에 머물면서 단정히 앉아 뜻을 바르게 해야 한다. 호흡에 의지하지 말고 어떤 형상에 의지하지 말고, 허공에 의지하지 말며, 지수화풍地水火風과 견문각지見聞覺知에도 의지하지 말아야 한다.
일체 모든 생각이 일어나고 사라지고 반복하는 것을 정념[29]으로 모두 없애되, 또한 없앴다는 생각마저 버려야 한다. 왜냐하면 모든 것(법)은 본래부터 그 자체의 모습이 없어 생각들도 생겨나는 것도 없고 없어지는 것도 또한 없기 때문이다. 그리고 밖을 좇아서 마음 밖의 경계를 생각해서는 더욱 안된다. 그 뒤에 마음으로 마음을 제거하는 것이므로 마음이 바깥 경계를 따라 이곳저곳으로 방황하며 흩어진다면 곧바로 알아차려 안으로 거두어들여서 정념正念에 머물러 있게 해야 한다.
정념이란 오직 마음뿐, 밖에 경계가 없다는 것을 아는 것이다. 이 '마음'조차 마음 스스로의 모습이 없으며, 생각도 생각이 실재하지 않으므로 얻을 수 없는 것인 줄을 아는 마음이다.

---

29   『청정도론清淨道論』에는, 수념隨念의 의미는 대상이 일어나는 순간순간을 염念이 그에 따라가서 포착하기 때문에 염도 반복해서 생기生起한다. 때문에 염을 곧 수념이라고 말한다. 그러므로 염이라는 심작용은 일회적인 심리 상태가 아니고, 반복해서 일어나는 것이므로 수념이라고 해석되고 있다.

오고 가며, 앉고 눕는 모든 삶의 행위에서 항상 방편(마음뿐 경계가 없다)을 기억하여 놓치지 말아야 한다. 그렇게 관찰에 수순하여 오랫동안 수행하다 보면 마음이 정념에 머문다. 마음이 정념에 머물렀기 때문에 점차 점점 용맹스럽고 예리한 관찰의 힘으로 마음뿐이라는 하나의 경계에 수순하게 되어 진여삼매에 들어간다.

깊이 번뇌를 없애고 믿음을 증장하여 수행에서 신속하고 물러나지 않는 마음을 갖는다. 이 수행은 오직 의혹과 불신과 비방한 죄 많은 사람들과 아만이 있거나 게으른 사람들은 제외한다. 이런 사람들은 삼매에 들어갈 수 없기 때문이다."[30]

앞으로 설명하는 구주심과 관련되는 수행단계는 『대승기신론』, 원효의 『대승기신론소기회본 大乘起信論疏記會本』(해동소海東疏), 총카파의 『람림』[31], 초펠 편역의 『람림』[32], 곽암의 십우도, 중암의 『까말라씰라의 수습차제 연구』[33], 『달라이라마의 불교 강의』[34], 달라이

---

30 "若修止者는 住於靜處하야 端坐正意호대. 不依氣息하며 不依形色하며 不依於空하며 不依地水火風하며 乃至 不依見聞覺知하고 一切諸想을 隨念 皆除호대 亦遣除想이니. 以一切法이 本來無相하야 念念不生이며 念念不滅이니라 亦不得隨心하야 外念境界하니라 後에 以心除心하고 心若馳散이어든 卽當攝來하야 住於正念이니. 是正念者는 當知唯心이요 無外境界며 卽復此心도 亦無自相하야 念念不可得이니라. 若從坐起하야 去來進止에 有所施作이라도 於一切時에 常念方便하야 隨順觀察하야 久習淳熟하면 其心이 得住니. 以心住故로 漸漸猛利하야 隨順得入眞如三昧하야 深伏煩惱하고 信心增長하야 速成不退하리니 唯除疑惑不信誹謗重罪業障我慢懈怠如是等人의 所不能入이니라."

31 총카파 지음, 청전 옮김, 『깨달음에 이르는 길』, 지영사, 2010
32 초펠 편역, 『깨달음의 길을 묻는다면』(람림), 하늘호수, 2005
33 중암 지음, 『까말라씰라의 수습차제 연구』, 불교시대사 2006
34 달라이라마·툽덴 최된 공저, 주민황 옮김, 『달라이라마의 불교 강의』, 불광출판사,

수행의 출발

괴롭지 않다면
누가 수행하겠는가?
삶과 죽음의 괴로움
여기서 벗어나는
유일한 길 수행이라네

라마의 『달라이라마의 수행단계』[35]의 내용을 참고하여 기술하였습니다.

1. 집중하여 들어가는 상태[勵力運轉作意]

1) 내주內住-청문의 힘[聞慧]-①소를 찾음[尋牛]

내주內住하는 마음은 십우도의 심우尋牛로서 소를 찾으려고 수행의 길에 들어서는 마음입니다.

[論] 호흡에 의지하지 말고, 어떤 형상에 의지하지 말고, 허공에 의지하지 말며, 지수화풍地水火風과 견문각지見聞覺知도 의지하지 말아야 한다.

소를 찾다

곽암선사廓庵禪師 - 심우尋牛

從來不失	본래 잃지 않았는데
何用追尋	어찌 찾을 필요 있겠는가
由背覺以成疎	깨달음을 등지므로 소원하게 되었고

---

35 달라이라마 지음, 이종복 옮김, 『달라이라마의 수행단계』, 들녘, 2003

在向塵而遂失	먼지티끌 향하다가 마침내 잃고 만다
家山漸遠	고향집과 산, 점점 멀어지고
岐路俄差	갈림길에서 홀연히 어긋나
得失熾然	얻었다 잃었다 하는 생각 치열하게 타오르고
是非鋒起	옳고 그름의 대립 날카롭게 일어난다

頌

시공간 속에 빠져

생사의 괴로움 당하다가

본래부터 콧구멍 없어

코뚜레에 꿰어 자유 잃을 염려 없고

숨 쉬지 않아 생사 굴레 벗어났다는 소 이야기

바람결 들리는 지혜의 소리

코 자극하는 자비의 향기

한 가닥 빛줄기 번쩍이네

여러 갈래 길 헷갈리고

바위와 넝쿨 험악하도다

용기백배

콧구멍 없는 소 찾아 길 떠나네

가. 집중대상 찾기

수행을 경境·행行·과果의 체계로 보면 '경'은 관찰 대상입니다.

구주심九住心의 코끼리, 십우도의 소에 해당됩니다. 코끼리와 소는 마음·불성·공성·일심, 또는 5욕락·명예·지위·학력·가문 등으로 생각할 수도 있습니다. 그러나 여기서는 일심이며 공성, 즉 공을 아는 의식 깨어 있음의 '소', 콧구멍 없는 '소'가 되고 '코끼리'가 됩니다.

'행'은 곧 『대승기신론』의 공을 아는 의식의 깨어 있음을 체득해 가는 마음 상태인 구주심 즉 사마타관입니다. 이어 오온五蘊을 관하여 공을 드러내는 위빠사나 수행을 합니다. 즉, 지관쌍수입니다.

'과'는 구주심 다음에 나타나는 경계인 진여삼매로 법계가 하나라는 것을 깨닫는 것입니다. 『람림』의 '코끼리', 십우도의 '소'에 해당하는 마음을 찾고 길들여서 마음(코끼리, 소)의 본성인 공성을 깨치고 체득하기 위해서 수행에 들어갑니다. 청문의 힘에 의지하여 집중하는 마음으로 공한 마음의 상태를 인지하고 초점을 맞추게 하는 단계입니다. 오로지 '소'라는 마음과 마음의 본성인 공의 법문을 듣고 알았던 지혜로 '마음이라는 소'를 찾는 것입니다. 소를 찾을 때 비로소 마음의 본성인 공을 체득하고 오염된 마음을 정화할 수 있습니다. 소를 찾는 사람도 수행 주체로서 의식이며, 소도 마음입니다. 즉, 찾아야 할 본성도 공입니다. 십우도는 마음이 마음을 찾는 과정입니다.

첫째 단계의 내주內住하는 마음은 마음에 대한 법문과 공성의 법을 듣는 힘으로, 공성을 아는 의식의 깨어 있음에 초점을 맞추고 다른 어떤 생각이라도 모두 놓아 버리는 방법이며 기술입니다.

나. 마음 소 찾는 방법

법을 들었던 힘[聞慧]으로 마음의 본성을 찾기 시작합니다. 즉, 공성 이외의 다른 이론과 철학 등에 의지하지 않습니다. 갖가지 이론, 철학 등의 특징은 말과 생각에 의지하고 있기 때문입니다. 말과 생각에 의지하게 되면 오히려 여러 가지 망념이 일어납니다. 그래서, 오직 마음뿐인 경계가 아닌 모든 수행은 오히려 공수행에 장애가 되고, 어떠한 수행도 의지하지 않아야, 비로소 공삼매(진여삼매)를 얻을 수 있습니다.

반면에 마음과 공성의 법문을 듣고 마음과 공의 뜻을 이해한 지혜로써 마음인 소를 거두고 마음 소에 초점을 맞추고 집중합니다. 본성인 공성 이외의 것들에 관한 생각이 일어나면 일어나는 대로 그냥 내버려 둡니다. 일단 일어나는 생각을 그대로 건드리지 않으면 그 생각이 어떤 형태도 취하지 않습니다. 즉, 건드리면 그 생각이 관념으로 바뀌게 되고 마음 소가 거기에 끌려가게 됩니다. 이렇게 밖의 경계에 관한 것은 어떠한 것도 의지하지 않고 방임해야 합니다.

방임하는 방법은 먼저 몸에 힘을 빼야 합니다. 몸에 힘이 들어가면 긴장감이 생기면서 망상이 생길 수 있습니다. 방임의 힘이 방해를 받습니다. 그래서 어깨에 힘을 빼는 것이 중요합니다. 그렇게 하면 온몸에 흐르는 긴장감이 완화됩니다. 그래도 긴장감이 해소되지 않을 때는 미소를 머금고 어깨에 힘을 빼면 됩니다. 미소를 짓는 순간 300여 개의 얼굴 근육이 풀어지고 온몸의 긴장감도 해소됩니다. 그러면 움직이려는 마음이 멈추게 됩니다. 이어서 보거나 들으려고 하는 마음이 멈춥니다. 감정과 생각이 일어나더라도 자연 현상으로 보고 알아차리고 있을 뿐입니다.

오로지 '공'에 대하여 공부하면서 들었던 청문의 힘으로 마음 소에 초점을 맞춥니다. 무작위로 일어나는 생각들에 이끌리는 마음은 그대로 놔둔 채 안의 마음 소에 초점을 맞추고 머무는 것입니다. 이 놔두는 방법이 마음 소에 초점을 맞추고 머물게 하는 조건입니다. 이와 같이 마음에서 일어나는 모든 생각들을 방임하는 것만이 오직 수행만을 생각할 수 있도록 전환하게 하는 것입니다. 마음 소를 알 수 있는 것은 청문의 힘을 의지하여 공을 알고 공에 깨어 있는 마음입니다.

공과 공에 깨어 있는 마음은 동일합니다. 공은 이미지입니다. 공이라는 이미지는 공성에 대한 법을 들었던 마음을 의지하여 일어난 마음입니다[依他起性]. 이미지화된 공에 대하여 청문의 힘으로 초점을 맞추려고 노력하게 되고 노력에 의해 자연스럽게 공에 집중하는 깨어 있는 마음을 발견하게 되어 공을 아는 깨어 있는 마음에 집중하게 됩니다.

공에 집중하는 깨어 있는 마음을 발견하게 되는 것이 곧 마음 소를 찾는 것입니다. 이 깨어 있는 마음은 공을 알고 있는 의식으로 마음 공이며 이를 마음 소라고 합니다. 청문의 힘으로 지속적으로 마음 공에 집중하는 마음을 붙이려고 합니다. 이렇게 해서 수행이 더 익숙해짐으로써 계속해서 수행의 대상인 공성을 아는 의식의 깨어 있음에 집중할 수 있습니다.

다. 화두를 찾다

구주심 단계에서 십우도의 과정을 통해 화두를 간하는 수행의 단계를 설명할 수 있습니다. 화두는 마음공성의 다른 이름입니다. 그렇다면 왜 화두라는 말을 쓰는 것일까요? 화두에는 말과 생각 이전이라는 뜻이 있습니다. 말과 생각의 이전 자리가 공성이지만 공성이라는 개념에 매이지 않게 하기 위해 화두라는 말을 쓰는 것입니다. 청문의 힘으로 공안公案을 듣고 공안 속에서 화두를 찾는 것입니다.

어느 스님과 운문선사의 선문답이 있습니다.

"한생각도 일으키지 않는 것은 허물이 있습니까 없습니까?"

"수미산."

또 어느 스님과 조주선사와의 선문답이 있습니다.

"한물건도 가져오지 않을 때 어떻습니까?"

"놓아버려라."

이 공안(수미산과 방하착) 속에서 찾아야 할 화두가 십우도의 첫번째인 심우尋牛로서 찾을 마음 소입니다. 수미산이란 말은 허물이 산처럼 크다는 것입니다. 그래서 수미산이라는 조사祖師의 언구言句를 붙들고 있으면 한 생각도 일으키지 않는다는 견해를 버리게 됩니다. 수미산이라는 언구가 말과 생각을 떠나게 하는 코드인 것입니다. 이 이치를 알고 수미산, 또는 방하착이라는 조사의 언구를 붙드는 것이 심우입니다. 이것이 청문의 힘을 통해 마음을 안으로 머물게 하는 내주內住의 경계입니다.

내주內住하는 마음

원효의 『해동소』에서는 다음과 같이 설합니다.

몸속에서 일어나는 호흡이나 어떤 형상에 의지하지 말고 ……
바로 지止를 닦는 차례를 밝혀 '아홉 가지 머무는 마음'을 드러낸
다. 처음에 '몸속에서 일어나는 호흡이나 어떤 형상을 의지하지 말
고, 허공에 의지하지 말며, 지수화풍과 견문각지를 의지하지 말아
야 한다'고 한 것은 첫째 내주內住하는 마음을 밝히는 것이다. '호
흡'이란 들이쉬고 내쉬는 숨의 수를 세면서 호흡을 관觀하여 마음
의 고요함을 구하는 경계이다. '어떤 형상'이란 뼈나 뼈마디와 같
은 모습들을 말한다. 허공이나 지수화풍이란 모두 선정에서 반연
한 경계이다. 견문각지란 흐트러진 마음에서 취한 여섯 가지 경계
이다. 이 모든 경계를 추구하는 것을 깨뜨려 오직 자기 마음뿐이라
는 것을 알고 다시 다른 인연에 의지하지 않기 때문에 '의지하지

말아야 한다'고 한다. 바깥 경계에 의지하지 않는 것이 곧 내주內住이다.[36]

『람림2』에서는 마음을 코끼리에 비유하여 설합니다.

① 그림 가운데 사람은 선정을 닦는 수행자를 가리킨다. 구주심 가운데 첫 번째 안주심은 마음을 안으로 향하게 하여 머무르기 시작하는 단계이다.
② 수행자가 손에 들고 있는 올가미는 선정을 닦는 과정에서 목적을 놓치지 않는 정념을 상징한다.
③ 도끼 모양의 날카로운 칼은 혼침과 들뜸을 구분하게 해 주는 지혜인 정지正知를 상징한다.
④ 굽은 길 여섯 갈래는 육력六力을 상징한다. 첫 번째 굽은 길은 '들음의 힘'을 나타낸다. 이 '들음의 힘'에 의지하여 구주심 중 첫 번째인 안주심을 성취한다.
⑤ 코끼리는 수행자의 마음을 뜻하며, 색깔이 검은 경우는 몸집이 크고 무겁고 가라앉은 느낌의 혼침을 의미한다.
⑥ 원숭이는 산란함을 뜻하며 원숭이의 색깔이 검은 것은 들뜸을 상징한다.

---

[36] "不依以下 正明修止次第 顯示九種住心 初言不依氣息 乃至 不依見聞覺知者 是明 第一內住之心 言氣息者 數息觀境 言形色者 骨瑣等相 空地水等 皆是定 所緣境界 見聞覺知 是擧散心 所取六塵 於此諸塵 推求破壞 知唯自心 不復託緣 故言不依 不依外塵 卽是內住也."

㉮ 구주심 중 일곱 번째 멸주심까지 불꽃이 있고 없고, 크고 작
고의 차이를 표시한 것은 정념과 정지에 나아가는 힘이 크고
작음을 표시한다.

『달라이라마의 불교 강의』에서는 다음과 같이 강설합니다.

내주심內住心 : 우리의 목적은 명상 대상을 찾고, 마음이 그 대상에 오랫동안 머물 수 없더라도 마음을 그 대상에 가져다 놓는 것이다. 우리는 지止를 향상시키는 것에 대해서 배우고, 스승이 가르친 대로 우리 마음을 대상에게 가져다 놓기 때문에 이 단계는 청문력聽聞力에 의해 달성된다. 마음을 대상에 머물게 하기 위해서 큰 정진이 필요하기 때문에 정진하는 작의가 사용된다.

『람림1』에서는 다음과 같이 강설합니다.

내주심內住心 : 모든 밖의 대상으로부터 그 마음을 바르게 수렴하여 안쪽의 대상에 집중하게 하는 것이다. 『장엄경론』에서 '마음이 안의 대상에 머무름이다'고 말하고 있다.

『람림2』에서는 다음과 같이 설합니다.

안주심安住心 : 선정을 닦을 때 밖으로 향하는 마음을 버리고 마음을 안으로 향하게 하여 그에 안주하기 시작한 상태를 말한다. 스승

으로부터 관상할 수 있는 대상을 듣는 힘에 의지해서 안주한다. 이 단계에서는 대상에 잠시 안주하지만 오랫동안 안주할 수 없다. 마음이 산란하거나 들뜸으로 인해 힘이 빠져서 그런 것이므로 예전보다 의심이 더 많이 일어난다. 그러나 이 현상은 의심이 늘어나는 것이 아니라 의심하는 것을 알아차리게 된 증거이다.

『티장 린포체의 주석』에서는 다음과 같이 설합니다.

1주심(안주심安住心)은 평소보다 분별이 더 많아졌다고 느끼게 된다. 왜냐하면 처음으로 마음상태를 관찰하기 때문에 분별을 더 세세히 알아차리는 까닭이다. 처음으로 마음의 상태를 인지하는 단계이다.

수행의 방향

밖을 보면

인도 밖도 모르고

안을 보면

밖 까지도 달빛같이 안다네

2) 등주等住 - 사유의 힘[思慧] -
② 소 발자국 발견[見跡]

사유의 힘과 정념의 힘에 의하여 등주하는 마음은 십우도의 견적見跡으로 소의 발자국을 발견합니다. 소는 자신의 마음이므로 괴로움의 원인은 밖에 있지 않고 안에 있습니다. 그래서 수행의 방향은 마음으로 향하는 것입니다.

소의 자취를
발견하다

[論] 일체 모든 생각이 일어나고 사라지고 반복하는 것을 정념正念으로 모두 없애되,

곽암선사廓庵禪師 - 견적見跡

依經解義	경에 의해 뜻을 알고,
閱敎知蹤	가르침을 검열하여 자취를 안다
明衆器爲一金	온갖 기물器物들이 하나의 금金임을 밝히고
體萬物爲自己	우주만물이 자기임을 알아차린다
正邪不辨	바름과 삿됨을 가려내지 못하고
眞僞奚分	참과 거짓을 어떻게 분별하리요
未入斯門	아직 이 문에 들어가지 못하여
權爲見跡	잠시 자취를 보았을 뿐이네

頌

콧구멍 없는 소를 찾기 위해

들었던 소문을 꼼꼼히 기억 더듬고

깊이 거듭 생각해 보니

종이와 먹은

오히려 분별심 일으켜

호흡하고 땀 흘리게 하네

숨 쉬지 않는 길 따라

땀 흘리지 않고 눈을 뜨니

그 놈의 자취 분명하도다

드디어 콧구멍 없는 소의 발자국 발견했네

가. 마음 소 발자국 발견

두 번째 단계의 등주하는 마음은 맑고 투명하게 텅 빈 공을 사유의 힘으로 파악하고 초점 맞추는 것입니다. 다시 말하면 제일의공 第一義空(진여)에 초점을 맞추기 위해 들었던 공성에 대한 법을 기억하고 공의 이치를 사유하고 사유의 힘으로 공성을 붙들고 겨냥하는 힘이 점점 좋아집니다. 이 역시 청문의 힘과 마찬가지로 공에 겨냥하고 있는 사유를 반조하게 됩니다.

비유하면 심부름으로 마을에 사람을 찾으러 갔다가 공이라는 이름을 가진 사람들을 찾을 수 없는 텅 빈 마을임을 알고 심부름 보낸 사람에게 되돌아오듯이 공이라는 이미지는 공성에 대해 사유하는 마음에 의지하여 일어난 마음임을 알게 됩니다. 그래서 공에 깨어 있는 사유하는 마음을 발견합니다.

발견되는 사유하는 마음도 공으로 사유하여 겨냥합니다. 공에 대한 청문의 힘보다 사유의 힘이 더 강합니다. 또한 마음 공을 사유함은 몸으로 체득한 것이 아니라 사유로써 마음 공을 붙들고 있으므로 마음 소의 발자국을 발견했다고 표현한 것입니다. 그 마음 소는 공에 깨어 있는 의식입니다.

등주의 마음은 공을 아는 의식의 깨어 있음에 대한 사유와 알아차림을 통하여 마음 소의 '발자국'을 발견하는 단계입니다. 발자국은 마치 길을 드러내고 나아가게 하는 이정표와 같습니다. 또한 사유와 정념의 힘에 의해 공을 아는 의식의 깨어 있음이라는 흔적을 발견하는 것입니다.

사유로써 공성을 아는 의식의 깨어 있음에 초점 맞추고, 알아차림으로써 집중을 방해하는 잡생각의 흐름을 중지시키고 소멸시키는 것을 말합니다. 그래서 '일체 모든 생각이 일어나고 사라지고 반복하는 것을 정념으로 모두 없애되'라고 설하는 것입니다.

아함부 『성읍경城邑經』[37]에는 어떤 사람이 밀림에서 길을 잃고 헤매다가 옛 길을 발견하고 그 길의 끝에 있는 성곽을 찾아냅니다. 이와 같이 소의 발자국을 따라가면 곧 '소'라는 열반의 성곽(공성·일심·법계)에 들어가게 됩니다.

망념妄念이 없는 진여에 가려면 망념에 의해 만들어진 길을 정념

---

[37] 잡아함 287

으로 없애야만 공을 아는 의식의 깨어 있음으로 가는 발자국이 보입니다. 그래서 수행의 길로 나아갈 수 있습니다. 알아차림과 사유가 발자국을 발견하고 따라갈 수 있는 힘이며 이것이 바로 열반의 성곽에 이르게 하는 길인 것입니다. 이 길이 옛길입니다. 청문으로 들어서 알고 있던 공을 아는 의식의 깨어 있음에 대하여 스스로 사유[思惟]하고 그 사유를 통해서 비로소 공성이 무엇인가를 한 발 가까이 다가가서 공을 아는 의식의 깨어 있음에 초점을 맞추기 시작하는 것입니다. 마치 '소의 발자국'을 발견하는 것과 같습니다.

나. 방해되는 일체 모든 생각 없애기

그러나 아직은 명상 대상인 마음 소를 개념적 이해를 통해 붙들고 있을 뿐입니다. 여기에서 알아차림[正念]을 더해야 개념적 이해에서 벗어나 실재적 체험으로 명상 대상인 공성을 아는 의식의 깨어 있음을 주시할 수 있습니다. 마음 소에 초점 맞추는 것에 방해되는 일체 모든 생각을 해결해야 하므로 이 단계에서는 모든 생각을 즉각 '알아차림'으로 없애는 것이 방법이며 기술입니다.

등주하는 마음은 사유와 정념을 수단으로 합니다. 의식의 작용으로 사유는 모양과 색깔이 없는 것을 분석을 통해 알아내는 힘입니다. 사유는 자주 하게 되면 정확도가 높아지고 깊어지고 넓어집니다. 그리고 그 대상을 겨냥하고 해체시키고 진실이 드러나게 하는 기능이 있습니다.

정념은 '바른 기억'과 '앎', '정신차림'의 뜻이 있고, '알아차림'이라고도 합니다. 이와 상대되는 것으로 잡생각인 망념妄念은 허망한 기억, 잘못된 기억이라고 합니다.

알아차림은 대상을 머릿속으로 생각하고 판단하고 분별하지 않고 직접 인식하는 것입니다. 대상의 있는 그대로를 바로 '즉각 안다'는 뜻입니다. 즉각 아는 힘이 붙으면 머릿속에서 일어나고 사라지고 반복하고 분별하는 생각이 현저히 줄어들고 없어집니다. 그래서 집중을 방해하는 생각을 하지 않게 됩니다. 이렇게 생각을 없애는 것입니다.

또한 생기면 사라지기 때문에 생각이 일어날 때 바로 그 생각을 알아차리면 생각 자체가 오래 머물지 않고 사라진다는 것을 알 수 있습니다. 알아차림은 생기면 사라진다는 '무상'의 이치를 체득하게 합니다. 그래서 알아차림에 의해 의식이 깨어납니다.

마치 잠에서 깨어나면 잠이 사라지듯이 의식이 깨어나면 전체를 보는 힘이 좋아져서 부분만 보고 생각하는 것이 줄어들고 없어집니다. 또한 알아차림의 내용이 무상즉공無常卽空이기 때문에 알아차림 하는 순간순간 공을 아는 힘에 의해 번뇌가 사라지는 것입니다.

즉각 아는 앎은 의식이 깨어 있기 때문에 잡생각이 없어지게 하고, 생각하고 싶을 때 생각하고, 생각하고 싶지 않을 때는 안 하게 됩니다. 그래서 사유의 힘으로 '공을 아는 의식의 깨어 있음'인 '소'에 초점을 맞추고 집중합니다. 소의 비유에서 밧줄인 알아차림의 힘으로 초점 맞추는 것을 방해하는 잡다한 생각을 없애는 것입니다. 그리하여 소를 밧줄로 잡는 것입니다.

코끼리의 올가미는 밧줄(정념)과 같습니다. 밧줄은 마음 소를 잡는 도구입니다. 밧줄의 기능은 마음 소를 잡지 못하게 하는 번뇌를 없애는 기능이기도 합니다. 그래서 마음 소의 발자국을 발견합니다. 소 발자국의 발견은 곧 개념적 이해로서 소를 발견하고 밧줄이라는 알아차림으로 개념적 이해를 넘어서서 사실적 체험으로 잡으려고 하는 것입니다. 나아가 소를 발견하고는 정념의 밧줄을 던져 소를 잡으려고 끊임없이 노력합니다.

다. 대상에 끌려가는 이유

대부분의 수행자들은 바깥 경계의 어떠한 것도 의지하지 않고 마음을 안쪽에 있도록 유지하려고 합니다. 그러나 집중하는 마음은 생각이 일어나면 그 생각 따라 바깥 경계로 끌려갑니다. 왜냐하면 생각은 밖의 사물이나 현상의 이미지를 담고 있기 때문입니다. 이와 같이 생각 자체가 인식의 대상이 되기 때문에 밖의 경계에 끌려가는 것입니다.

생각이 꼬리를 물고 계속 일어나는 현상도 바로 대상화한 생각이 마음의 반연으로 인하여 생각을 낳기 때문에 생각이 계속 일어나는 것입니다. 마음은 생각 따라 움직이기 때문에 생각이 일어나는 순간 공성에 사유로 초점을 맞추고, 알아차림으로써 잡념을 없애고, 마음 공의 소를 붙잡도록 억념하여 애써서 주의해야 합니다.

계속 알아차림으로 지켜보면 생각이란 잠시 머무는 존재이므로 곧 소멸해 버립니다. 다시 설명하면, 대상을 생각하는 생각이 잠시 머무는 존재이므로 곧 소멸해 버린다는 것을 알아차리게 됩니다. 생각은 자성이 없다는 진실을 아는 것입니다. 그래서 마음이 바깥으로 도망가지 않도록 공을 생각하면서 계속 안에 머물도록 유지하는 것입니다. 그러나 마음 소의 발자국을 발견했을 뿐 아직은 마음 공의 소가 여전히 오염된 행위와 번뇌 망상에 덮여 있습니다.

라. 화두의 발자국을 발견하다

'수미산과 방하착' 공안의 핵심이 수미산 또는 방하착이라는 조사의 언구를 붙들고 있는 것입니다. 수미산 또는 방하착이라는 언구를 붙드는 데 있어서 사유로써 붙들고 씨름해야 합니다. 그러므로 분별망상이 서서히 사라지면서 생멸이 없는 마음의 본성으로 들어가는 발자국을 발견할 수 있습니다. 언구를 사유로 붙들고 있을 때 한 생각도 일으키지 않는다는 그 생각조차도 버릴 때 그 자리가 바로 화두입니다. 그러므로 화두에 대한 개념을 놓치거나 조사의 언구를 잡는 것에 대하여 조사의 언구가 염불하듯이 입 안에서 맴돌거나 망상이 생기면 화두의 개념을 파악하고 조사의 언구에 대한 개념을 사유로써 분명히 하는 것이 중요합니다. 그리하여 이 화두에 들어가는 조사의 언구를 사유로써 붙들고 놓치지 않아야 합니다. 이것이 화두라는 소 발자국을 발견[見跡]하는 단계입니다.

원효의 『해동소』에서는 다음과 같이 설합니다.

다음에 말한 '일체 모든 생각을 일어나는 대로 알아차림 하여 모두 없애되'는 둘째 등주等住하는 마음을 밝힌다. 앞에서 호흡이나 형상 같은 모습들을 따로 타파했으나 이 단계는 수행의 처음 단계

등주_{等住}하는 마음

이므로 그 마음이 거칠게 움직인다. 그러므로 이 경계를 깨트리고 알아차림을 나머지 경계(집중대상)로 전환한다. 다음은 이 모든 모습에서 집중이 이어지게 하는 방편과 맑게 하는 방편으로 거친 마음을 꺾어서 미세하게 한다. 그 방편은 경계를 좇아 달리는 마음을 알아차림 하여 모두 없앤다. 경계를 좇아 달리는 생각들을 모두 없애는 것이 곧 등주_{等住}이다.[38]

『람림』의 코끼리 비유에서는 다음과 같이 설합니다.

여섯 갈래의 길 중에 두 번째인 구부러진 길은 생각의 힘을 의미

---

38 次言一切諸想을 隨念皆除者는 是明第二等住之心이니 前雖別破氣息等相이나 而是初修라 其心이 麤動일새 故破此塵하야 轉念餘境하고 次卽於此一切相에 以相續方便과 澄淨方便으로 挫令微細함은 隨念皆除하야 皆除馳想이 卽是等住니라.

한다. 여기서는 구주심 중에 두 번째인 '섭주심'을 성취한다.

① 안주심을 지속시키는 섭주심의 단계이다.
② 과일은 마음을 산란케 하는 들뜸의 다섯 가지 대상(색·성·향·미·촉) 중에 '맛'을 상징한다.
③ 옷감인 여러 가지 천은 마음을 산란케 하는 들뜸의 다섯 가지 대상 중에 '접촉'을 상징한다.
④ 코끼리의 머리에서부터 조금씩 희게 변하는 것은 혼침과 들뜸이라는 검은 색이 없어지고 의식이 명료하게 되는 과정이다. 희게 되는 순서대로 마음 소에 머무는 것이 점점 발전해 가는 것을 의미한다.

『달라이라마의 불교 강의』에서는 다음과 같이 강설합니다.

속주심續住心 : 대상에 대해 숙고하는 힘[思惟力]이 마음을 모아서 잠시라도 그 마음을 대상에 묶어 두는 단계이다. 마음을 대상에 유지시키기 위해서 여전히 정진하는 작의가 필요하다. 이제 마음은 즉각적으로 산란해지지 않고 어느 정도 계속해서 대상에 머무를 수 있다.

『람림1』에서는 다음과 같이 설합니다.

속주심續住心 : 처음에 집중한 마음 자체를 다른 곳으로 흩어지지 않게 그 대상에 연속적으로 머물게 하여 그 흐름의 상相이 흩어지

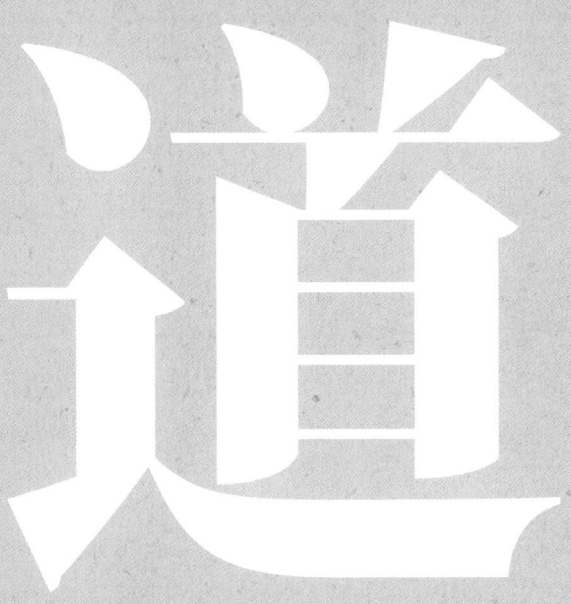

도달 방법

길 위에 길은 피곤하고

길 없는 길은 힘만 들고

길 아닌 길은 끝이 없고

유무有無를 여읜 길은 길 중의 길

지 않게 함이라고 한 것이다.

『람림2』에서는 다음과 같이 설합니다.

섭주심攝住心 : 위와 같이 관상하여 마음이 목적에 안주하는 것을 지속시키는 것을 말한다. 예를 들면, 진언하는 동안에 염주를 돌리면서 망상을 일으키지 않게 하는 것과 같다. 그 때 가끔씩 의심이 사라지기도 하고 어떤 때는 의심이 일어나기도 하면서 의심이 쉬는 경계가 온다. 이 단계는 육력六力 중에서 두 번째인 생각하는 힘[思力]으로 성취한다.

구주심의 첫 번째와 두 번째인 안주심과 섭주심에서는 혼침과 도거가 많이 일어나고, 안주하는 힘이 약해서 사작의四作意 중에서 첫 번째인 애써서 주의함을 이어가는 상태[勵力運轉作意]로서 마음을 조여서 들어가야 할 때이다. 안주하는 것보다 산란심의 상태가 더 길다.

『티장 린포체』에서는 다음과 같이 설합니다.

2주심(섭주심攝住心)부터 대상에 마음을 안주하지만 자꾸 놓치게 된다. 처음으로 분별이 쉬기 시작한다. 그러나 여전히 분별과 삼매를 이루지 못하게 하는 요소가 있다.

1주심과 2주심은 청문력으로 주력하는 단계이다. 특히 2주심은 스승으로부터의 특별한 지止의 비전이나 가르침에 의지하여 수행하며, 사유의 힘으로 대상을 포착하고 집중한다.

2. 끊어짐 있는 집중을 이어가는 상태[有間缺運轉作意]

1) 안주安住-정념正念의 힘1 - ③ 소를 발견함 1[見牛]

[論] 또한 없앴다는 생각마저 버려야 한다.

곽암선사廓庵禪師 - 견우見牛

從聲得入	소리로부터 들어가면
見處逢源	보는 곳에서 근원을 만난다.
六根門 着着無差	육근의 문에 하나하나 어긋남 없고
動用中 頭頭顯露	일상생활 중에도 낱낱이 드러난다
水中鹽味	물속의 소금 맛이요
色裏膠靑	물감 속의 아교라
貶上眉毛	눈썹 치켜뜨고 바라봐도
非是他物	별다른 물건이 아니다.

頌

휘영청 달밤에 아득히 들려오는 피리소리
바위에 걸터앉아 감상하다가

번개같이 스쳐가는 찬바람
머릿속 광장 잡다한 쓰레기 쓸어가고
지나가는 바람 흔적 남기지 않아
가끔 텅 빈 허공에 눈이 생겨
저 멀리 콧구멍 없는 소를 바라보네
별안간 나타난 눈 앞의 토끼 귀염 얼쩡거리고
원숭이 나무에서 재주 부려 마음 홀리니
콧구멍 없는 소를 보고도 잡지 못하네

소를 발견하다

『선가귀감』에서 '교敎는 말 있는 데서 말 없는 데까지, 선禪은 말 없는 데서 말 없는 데까지'[39] 라고 설했습니다. 안주심 단계는 말 없는 데서 말 없는 데까지 이르는 첫 걸음이라 할 수 있습니다.

셋째 단계의 안주하는 마음은 없앤 흔적도 남기지 않고 공을 아는 의식의 깨어 있음에 초점 맞추는 것입니다. 초점 맞추는 것은 정념(알아차림)하여 기억하는 것입니다. 왜냐하면 없앴다는 생각마저 버릴 수 있는 것은 '알아차리고 잊어버리지 않는 힘'이기 때문입니다.

그리고 이 알아차림 때문에 볼 수 없었던 것을 볼 수 있습니다. 그래서 공을 아는 의식의 깨어 있음이라는 마음 소 발자국의 발견에서 온전한 마음 소를 발견할 수 있습니다. 사유의 힘에서 정념의 힘으로 넘어 오면서 공성에 대한 사유에 의하여 생긴 공성의 이미

---

39 以無言 至於無言者 禪也 以有言 至於無言者 敎也

지는 공성을 사유하는 의식을 발견함으로써 없어지고, 사유의 힘으로 공성을 아는 의식에 대해 공성으로 겨냥하는 것으로 익어져서 온전한 마음 소를 발견합니다. 사유에서 알아차림으로 자연스럽게 전환된 것입니다. 하지만 공성의 이미지는 둥지를 지나 사마타를 이루고 무분별지無分別智가 분명하게 나타날 때 비로소 완전히 사라집니다.

소의 발견은 마음 소 '하나인 상태'를 발견한다는 것을 뜻합니다. 이것이 내면의 마음 본성인 공을 깨닫는 첫걸음의 전환입니다.

가. 반조反照

알아차림(정념)은 관찰 대상(공을 아는 의식의 깨어 있음)을 붙잡고 기억하고 있으며, 집중 대상에 익숙하고, 산란과 태만을 막아서 마음을 대상에 붙잡아 두는 마음작용입니다. 특히 수행 체험을 기억하는 기능은 매우 중요합니다. 기억력이 없으면 일상생활을 할 수 없듯이 수행도 마찬가지입니다. 공을 아는 의식의 깨어 있음을 기억하고 놓치지 않는 것이 중요합니다. 정념이 그 역할을 합니다.

수행에서 강한 알아차림을 발달시키려면 생활의 모든 측면에서 알아차림을 향상시키는 것이 중요합니다. 예를 들면 음식을 씹을 때 밥알 하나하나 씹히는 감각을 알아차리고, 음식 맛도 그렇게 알아차리고, 목 넘길 때의 감각도 알아차리는 것입니다. 그리고 걸어갈 때도 발바닥 감각을 알아차립니다.

알아차림이 날카로워지기 시작할 때 자신이 하는 것(몸과 입과 생각)을 거울로 비춰보듯이 자기 스스로가 알게 됩니다. 이것을 반조

反照라고 합니다. 이 반조에 의해서 '없앴다는 생각' 또한 버릴 수 있습니다. 이것이 알아차림의 힘입니다.

그런데 반조에 의해서 '없앴다는 생각'을 또한 버릴 수 있는 이치는 무엇일까? 하고 반문할 수 있습니다. 그것은 '생기면 사라진다'는 것을 알아차림으로 알게 된 것입니다. 그러므로 '없앴다는 생각'마저 버릴 수 있습니다.

나. 발견 – 마음의 눈

반조에 의해서 사물을 있는 그대로 보지 못하게 하는 생각·감정·잘못된 기억 등의 장애를 없애고 마음 소의 발자국을 발견하게 합니다. 그래서 편안히 머무는 안주安住하는 마음의 경계는 망념, 잡생각에 오염되어 있는 검은 소를 발견합니다.

마음은 그 본성이 맑고 투명한 청정·자각·지혜의 빛·무자성 공입니다. 망념, 잡생각으로 오염된 마음 소는 검습니다. 그 검은 소를 발견하는 것입니다. 마음의 검은 소가 발견되는 것은 곧 오염된 마음이 비로소 보이는 것입니다. 이때 마음의 맑고 투명함과 스스로 아는 앎(자각)이라는 특성이 명백해집니다.

물론 번뇌에 검게 물든 마음이라는 검은 소의 발견은 생각한다고 되는 것이 아니며 의도를 가진다고 해서 되는 것도 아닙니다. 개념적 이해에서 실제 체험으로 들어가는 것을 뜻합니다. 체험은 대상을 직접 접촉하여 아는 것입니다.

발견은 직접 눈으로 보고 아는 것입니다. 눈을 가리고 있는 것이 있다면, 가리고 있는 방해물을 없앰으로 그 대상이 나타나는 것입니다. 그래서 정념으로 없앤 생각의 흔적이 남아 있으면 다시 주객이 상대하게 되는 불씨이며 개념적 이해가 생길 수 있습니다. 없앴다는 생각마저 '알아차림'으로 버릴 때 비로소 '소' 또는 '코끼리'라는 마음 하나만을 눈으로 사물을 보듯이 볼 수 있습니다.

'알아차림'은 크게 나타나는 물질적 현상을 쉽게 알아차립니다. 그리고 알아차리는 힘이 커지면 의도나 미세한 생각의 흐름과 흔적까지도 알아차리게 됩니다. 또한 대상을 알아차리면 생각이 멈추게 됩니다. 알아차림은 대상을 생각하고 판단하기 전에 대상을 즉각 아는 것이기 때문입니다. 이것이 알아차림 하면 생각이 사라지는 이유입니다. 그러므로 알아차림은 '보고 즉각 아는 것'입니다.

여러 장님들이 코끼리를 만져 보고 각자 생각하고 판단하여 코끼리에 대해 말한다고 해도 직접 눈으로 확인하지 못하므로 부정확합니다. 그러나 눈뜬 사람은 한 번 보고 코끼리라고 알 수 있듯이 우리도 마음의 눈을 떠야 합니다. 눈을 떠서 보는 것은 생각이 아닙니다. 발견입니다.[40]

'없앴다는 생각마저 버린다는 것'은 개념적 이해의 차원에서 벗어나 사물을 눈으로 확인하듯이 '마음의 눈'으로 보는 것이기도 합니다. 이 단계는 '마음의 눈'이 생겼다는 것을 뜻합니다. 다시 말하면, 머리로 생각하던 것을 눈으로 보고 확인하는 것입니다. 이 상

---

40 발견은 이미 존재하나 아직 찾아내지 못한 사물이나 현상, 사실 따위를 찾아내는 일입니다. 관觀은 가감 없이 객관적으로 본다는 뜻이 있습니다. 예를 들면 삼법인은 만들어 낸 것이 아니라 사물이나 현상의 본성입니다. 그래서 몸과 마음을 관찰하는 것은 이 삼법인을 보기 위한 것입니다. 발견은 관의 뜻입니다.

태가 생각이라는 것에서 벗어나서 감겨 있던 마음의 눈을 뜨는 것입니다. 이 단계에서는 '마음 소'를 발견했지만 발견된 소의 본성인 '비어 있음'이 오염된 말과 생각과 행위 속에 가려져 있습니다. 아직은 오염을 없앨 수 있는 힘이 없습니다.

그러나 마음 소가 발견됨으로써 마음 소에 초점 맞춤이 지속될 수는 있습니다. 산란해지는 원인은 '없앴다는 생각'이 남아 있을 때 생기는 것입니다. 없앴다는 생각이 남아 있다면 먼저 있던 흔적이 남아 있는 것이므로 생각 속에 자아에 대한 인식이 잔존하고 있습니다. 판단 이전의 판단의 흔적이 잔존하는 것입니다. 이것 때문에 마음은 마음 안에 계속 안주할 수 없게 됩니다. 따라서 없앴다는 생각마저 알아차림으로 없애고 공성에 초점을 맞추는 것을 기억하여 잊지 말아야 합니다. 발견된 마음 소는 마음을 평온하게 하고 집중 상태에 이르게 합니다. 이 상태는 마음 소가 안으로 편안히 머물고 있는 안주安住의 경지입니다. 이 방법의 효과는 분별심이 잠자듯 쉬게 된다는 데에 있습니다.

다. 화두를 발견하다

화두를 사유로써 붙들고 있는 힘이 좋아져서 사유를 버리고 조사의 언구를 통해 화두를 억념하게 되는 단계입니다. 화두를 억념한다는 것은 화두를 발견한 견우의 단계입니다.

원효의 『해동소』에서는 다음과 같이 강설합니다.

이어서 말한 '또한 없앴다는 생각마저 없앤다'는 셋째 안주하는 마음을 밝힌다. 앞에서 바깥 경계에 치달리는 마음을 모두 없앴으나 아직 안에 '없앴다는 생각'이 남아 있다. 마음 안의 생각이 사라지지 않으면 바깥 경계에 대한 생각이 다시 살아나 안의 마음에 안주할 수 없다. 그러므로 지금 다시 이 '없앴다는 생각'마저 없앤다는 생각을 안에 두지 않음으로 해서 바깥 경계를 잊을 수 있고, 바깥 경계를 잊고 마음이 고요하면 곧 이것이 안주安住이다.[41]

『람림』에서는 코끼리를 비유하여 다음과 같이 설합니다.

세 번째로 구부러진 길은 육력六力 중 정념의 힘을 나타낸다. 이 단계에서는 구주심 중에 세 번째 해주심解住心과 네 번째 전주심轉住心을 성취한다.

① 해주심은 마음이 산란해지는 것을 바로 알아차려 다시 감수경感受境으로 돌아가는 것을 의미한다.
② 토끼는 미세한 혼침을 상징하며, 여기에서는 거칠고 미세한 혼침을 따로 알아차리게 된다.
③ 토끼가 뒤돌아보는 것은 산란한 마음을 알아차려서 다시 대상에 집중함을 의미한다.
④ 바라 모양의 악기는 마음을 산란케 하는 들뜸의 다섯 가지 대

---

41 "次言亦遣除想者는 是明第三安住之心이니 前雖皆除外馳之想이나 而猶內存能除之想이라 內想이 不滅에 外想이 還生일새 是故於內에 不得安住어니와 今復遣此能除之想일새 由不存內하야 則能忘外니 忘外而靜이 卽是安住也니라.

안주安住하는 마음

상 중 '소리'를 상징한다.
⑤ 소라 속에는 향이 있으며 향은 마음을 산란하게 하는 들뜸의 다섯 가지 중 '냄새'를 상징한다.
⑥ 염念을 강하게 하여 감수경을 놓치지 않는 상태인 전주심의 단계이다.

『달라이라마의 불교 강의』에서 다음과 같이 강설합니다.

안주심安住心 : 산란 횟수가 줄어들고, 산란이 일어날 때는 산란을 신속하게 인식해서 마음을 다시 대상에게 돌려놓을 수 있다. 앞의 두 단계에서 정념력正念力을 발달시켰기 때문에 마음은 명상 대상에 쉽게 되돌아온다. 세 번째 단계부터 일곱 번째 단계까지는 정定이 계속적이지 않기 때문에 비연속성의 작의가 있다.

『람림1』에서는 다음과 같이 강설합니다.

안주심安住心 : 망념으로 말미암아 마음이 흩어져 밖으로 산란해진다면 그것을 알아차려서 다시 원래의 대상 자체에 묶어 두는 것으로 '산란을 속히 알아서 이전 대상에 다시 붙여준다'고 하였다.

『람림2』에서는 다음과 같이 강설합니다.

해주심解住心 : 옷의 해진 부분을 깁는 것처럼, 안주하는 것이 길어지는 상태에서 대상을 향한 마음이 산란해진 것을 바로 알아차려 다시 감수경으로 돌아가는 것을 말한다. 이 상태와 이전 상태의 차이는 산란심이 얼마나 긴가의 차이다. 이때는 육력六力의 네 번째인 정념력正念力이 생기는 것이다.

『티장 린포체 주석』에서는 다음과 같이 강설합니다.

3주심(해주심解住心)은 대상을 여전히 놓치기도 하지만 알아차려서 다시 대상에 마음을 붙드는 것이 가능하다. 놓치고 다시 붙드는 것을 반복하는 단계이며 분별이 완전히 쉬게 된다.

2) 근주近住-정념[憶念]의 힘2 - ③ 소를 발견함 2[見牛]

[論] 모든 것(법)은 본래부터 그 자체의 모습이 없어 생각들도 생겨나는 것도 없고 없어지는 것도 없다.

頌
마른하늘에 번개치고
물에 뜬 달 현혹하나
망념본공妄念本空이라
텅 빔 하나로 관통하여
눈 맞추어 보네

가. 생각을 끊는 것이 바른 수행은 아니다

넷째 단계의 근주하는 마음은 발견한 마음 소를 기억하여 알아차림 함으로써 마음 소를 보지 못하게 방해하는 생멸하는 감정, 생각들 또한 무생무멸의 공임을 알아차립니다. 그렇게 되면 이제부터의 알아차림은 일어난 생각을 다른 생각으로 이어지지 못하게 합니다. 왜냐하면 법의 모습이 실체가 없는 공空임을 알아차리기 때문입니다.

일어난 생각이 다른 생각으로 이어지더라도 새로 생겨난 생각은 반드시 사라집니다. 생각 자체가 자성이 없기 때문에 흔적조차 찾을 수 없습니다. 만약 자성이 없는 공성을 알아차리고 볼 수만 있다면 무자성인 공에 집중할 수 있습니다. 공에 대응하는 생각 즉, 생각이 사라져 흔적조차 없음을 아는 인식도 더 이상 일어나지 않습니다. 이때에 일어나고 사라지는 망념(생각, 감정 등)들이 생멸이 본래 없음을 알게 됩니다. 이것이 모든 망념(번뇌)을 끊는 기술입니다. 그렇다고 생각(사고작용)을 끊어버리거나 없애는 것을 수행이라고 생각해서는 안됩니다. 그것은 바른 수행이 아닙니다. 왜냐하면 생각은 그 자체가 자성이 없어 공하기 때문에 생각을 소유하거나 없애버릴 수 있는 것이 아니기 때문입니다.

그런데 왜 생각은 문득 일어날까요? 그리고 왜 사람들은 생각을 하고 그 생각대로 살아지기를 바라고 그 생각들에 집착하는 것일까요? 그것은 공성을 모르는 무지 때문입니다. 공성은 안팎이 없고 모양과 색깔이 없고 인식 대상이 없어 생기고 사라짐이 없습니다. 이러한 공성의 특성을 알면 마음의 움직임(반응, 業)이 멈추게 됩니다.

나. 무상즉공無常卽空 - 선수후오先修後悟

공성을 알면 마음 소를 보지 못하게 덮고 있던 무지가 사라집니다. 생멸하는 생각 자체가 공하므로 텅 빈 마음 소를 어디에도 숨길 수 없다는 것을 알게 됩니다. 그리고 검은 마음 소도 본래 공하다는 것을 알게 되며, 마음은 더욱 맑아지고 스스로 아는 힘도 좋아집니다. 이것이 마음 소 발견을 방해하는 산란심을 없애는 방법이며 검은 마음 소가 공하다는 것을 발견하는 방법이기도 합니다.

근주심의 코끼리 비유에서 검은 코끼리는 흰 코끼리로 본격적으로 전환되기 시작합니다.

마음 소 발견을 방해하는 산란심이 공하다는[妄念本空] 이치를 아는 것이 산란심을 없애는 방법임을 알았다면 이제 본래 공함을 아는 정념이 생멸하는 망념을 본공으로 어떻게 알아차릴 수 있을까요. 그것은 망념을 과거·현재·미래로 나누고 삼세가 본래 없음을 직접 보는 것입니다.

망념이 생멸하는 것을 알아차릴 때는 먼저 사유하여 생멸 없음을 이해로 확인합니다. 즉, 과거의 생각은 지나가서 현재에 없으며 지나간 과거의 생각 또한 그 과거 이전으로부터 이미 생겨져 있었던 것이 아닙니다. 미래에 할 생각은 그 미래가 현재에 오지 않았기 때문에 그 미래에의 생각이 미리 생기고 있는 것도 아닙니다. 현재의 생각도 과거와 미래가 없으므로 현재의 생각 또한 생기는 것이 아닙니다.

과거 생각은 현재에 없기 때문에 과거의 생각이 이미 멸滅한 것도 아니고 미래 생각은 현재에 오지 않았기 때문에 미래에 생각이 멸하는 것도 아닙니다. 현재 생각도 과거 생각과 미래 생각이 없기 때문에 현재에 생각이 멸하는 것도 아닙니다. 이렇게 과거·현재·미래의 망념이 그 자성을 찾을 수 없음을 이해하고 알아차리는 것입니다. 그리고 그 알아차린 앎도 생각[念]이기 때문에 자성이 없어 공함을 알아야 합니다.

이렇게 정념 그 자체가 공성임을 자각하여 지금껏 닦아 익힌 정념의 힘으로 과거로 지나간 생각은 지나가서 없고, 미래의 생각은 아직 오지 않아 없으며, 현재의 생각도 머물지 않아 흔적이 없음을 알아차립니다. 그리고 흔적 없음의 공성을 기억하여 잊지 않습니다. 그러면 생각이 머물지 않고 흐르면서 생각이라는 흔적을 남기지 않습니다. 예를 들면 일상생활에서 죽이고 훔치고 음행하고 거짓말하는 등의 심리가 일어나는 순간 그 일어나는 곳이 어디 있는지 알아차리고 살펴봅니다. 그러나 그 마음들의 움직임은 바람과 같이 머묾이 없어 흔적을 찾을 수 없습니다.[42]

마음이 일어나는 것은 무상입니다. 일어나는 곳은 비어 있어 공입니다(無常卽空). 이것이 무상을 닦고 공을 깨닫는 선수후오입니다. 선수후오를 통하여 망념이 본래 공함을 알아차립니다. 그래서 '모든 것(법)은 본래부터 그 자체의 모습이 없어 생각들도 생겨나는 것도 없고 없어지는 것도 없다'라고 하는 것입니다. 이렇게 망념본공을 알고 수행하는 것을 선오후수입니다.

다. 망념본공 - 선오후수先悟後修 - 수행의 방향 전환

공성을 보지 못하면 과거 기억, 앞서 지나간 감정, 생각들을 반연하여 새로운 생각과 감정이 일어납니다. 반연하여 일어나는 것은 마치 북을 치면 소리가 일어나는 것과 같습니다.

이것을 공으로 설명해 보겠습니다. 소리는 독립된 것이 아니므로 자성이 없습니다. 그래서 북소리는 들리는데 그 흔적은 찾을 수

---

42 청허당 휴정 지음, 일장 옮김 『禪家龜鑑』上 "諦觀殺盜淫妄 從一心上起 當處便寂 何須更斷" (불광출판사 2005년 p. 57)

않습니다. 마찬가지로 감정과 생각들도 일어나고 사라지고 흘러가지만 역시 흔적이 없습니다. 그래서 생멸하는 감정, 생각들의 흔적 없음을 '그 자체의 모습이 없다'라고 하는 무자성이며 무생무멸인 공입니다. 이 생각들의 흔적 없음이 본래 공입니다. 이것을 알아차리는 것이 근주심의 수행이며 모든 수행은 망념본공妄念本空의 이치를 알고 수행해 가는 것입니다. 망념이 본래 공하다[妄念本空]는 것을 알고 수행하는 것은 마음 소 발견을 방해하는 산란심을 없애는 방법입니다.

망념본공을 알고 수행해야 하는 이유에는 두 가지가 있습니다.

첫째는 망념본공의 이치를 모르고 알아차림의 힘으로만 망념을 없애는 경우입니다. 여기에는 없애고자 하는 의도와 힘이 들어가 있습니다. 마치 무거운 돌을 치워야 하는 목적이나 방향도 모르면서 무작정 맨손으로 무거운 돌만 들고 있으면 힘만 들 듯이 망념이 본래 공하다는 이치를 모르고 알아차림의 힘으로만 없애려 하면 힘만 들고 수행의 길이 명확히 보이지 않아서 수행하다 중도에 쉽게 포기하게 됩니다.

둘째는 망념본공의 이치를 알고 망념을 없애는 경우입니다. 생각이나 감정 등 망념은 본래 생멸이 없다는 이치를 안다 할지라도 생각이 일어나지 않는 것은 아닙니다. 그러나 생각 자체는 스스로의 성품[自性]이 없기 때문에 일어나고 사라지는 '자성 없음' 즉, 본래 생멸 없음을 알면 생각과 감정이 일어나고 사라져도 본래의 공성은 생멸이 없어 변하지 않습니다. 안주심安住心에서는 없애고자 하는 의도를 가지고 알아차림으로써 번뇌 망상을 없앴다면, 근주심近住心에서는 아예 생각 자체를 생멸 없음(공성)의 이치로 봅니다.

더 나아가 억념하는 기억조차도 무생무멸의 공성임을 알아차림 합니다. 모든 것(법)은 본래부터 그 자체의 모습이 없어 무생무멸하기 때문입니다. 알아차림이 익어져서 의도하지 않고도 저절로 알아차림이 되는 단계로 들어가는 것이 근주하는 마음입니다. 그래서 공성에 근거한 정념은 마음이라는 소를 잊지 않고 놓치지도 않고 작의作意하게 합니다.

라. 무상즉공 - 선수후오, 망념본공 - 선오후수의 상호연결 수행

이 둘의 수행법은 서로 연결되어 있습니다. 예를 들면, 소리가 일어나더라도 일어나는 곳을 찾을 수 없습니다. 소리가 일어나는 곳을 찾는 것은 먼저 닦는 것이고(수행), 소리의 흔적 없음[空]을 알게 되는 것은 깨닫는 것입니다(무상즉공의 선수후오). 흔적없는 것은 그 어떤 것도 끊을 것이 없는 본래 공임을 아는 것입니다(망념본공). 그리고 이 이치를 알고 소리가 일어나고 사라지는 순간순간의 소리가 본래 공함을 알고 수행하는 것입니다(선오후수).

이렇게 수행해 가면 무상즉공의 선수후오와 망념본공의 선오후수가 동시에 이루어져 망념을 끊는 순간순간 끊을 것도 없이 끊고, 닦는 순간순간 닦을 것도 없이 닦게 됩니다. 생각 생각이 일어나는 곳이 없어 본래 공함을 알아차리는 방법을 염기즉각念起卽覺[43]이라

---

43 청허당 휴정 지음, 일장 옮김 『禪家龜鑑』上 "斷斷而無斷 修修而無修 又云 念起

고 하여 생각이 일어나는 즉시 일어나는 생각이 흔적 없음[空-無生]을 깨닫는[覺] 것입니다.

이렇게 무상즉공과 망념본공으로 수행하게 되면 생각이 머물지 않고 흐르면서 흔적을 남기지 않게 됩니다. 이것이 무상無常과 공의 뜻입니다. 무상의 법칙 앞에서는 소유할 수 있는 그 어떤 것도 없고 소유할 만한 것도 없습니다. 소유할 원인이 없어서 즐겁고, 그렇다고 거기에 집착하지도 않게 됩니다. 그리고 이것은 동시에 고苦의 뜻이기도 합니다.

그리고 자신의 의도대로 할 수 있는 아我도 없고 실체로서의 아我도 없어 자아가 없으니 자아와 상대되는 무아도 없습니다. 본래 아와 무아가 둘 다 없음이 진정한 무아의 뜻입니다. 결국 있다고 할 수 있는 그 어떤 것도 없는 무소유無所有가 공의 뜻입니다. 그러므로 흔적 없음의 공성을 그냥 가만히 지켜볼 수밖에 없습니다. 지켜보기만 할 때, 모든 것을 조작하고 활동[業]하는 마음은 저절로 멈추게 됩니다. 이렇게 흔적을 남기지 않는 자리에 머물면 생각 자체가 '본래 생멸 없음'을 작의作意하는 것입니다.

문답으로 다시 정리해보겠습니다.

문 : 망념본공이라면 살생, 도둑질 등의 윤리적 문제를 일으켜도 망념본공이니까 면죄부가 되지 않겠습니까?

답 : 두 가지 이유에서 성립되지 않습니다. 첫째는 번뇌가 일어나는 순간순간 그것이 공성임을 알므로 번뇌가 일어나는 순간 끊게

卽覺"(불광출판사 2005년 p. 58 참조)

되어 윤리적인 문제가 생길 수 없습니다. 둘째는 망념본공의 이치를 알게 되면 공성이 드러나는 순간순간에도 의식은 깨어 있습니다. 공성은 과거와 미래가 없고 현재도 없음의 표현이므로 지나간 과거를 알아차릴 수 없고 오지 않는 미래를 알아차릴 수 없고 현재도 알아차릴 수 없습니다. 그래서 공성에는 깨어 있음만 있습니다. 의식의 깨어 있음은 눈을 뜨거나 감아도 보는 마음은 바뀌지 않습니다. 정념이 확립되었다고 할 수 있습니다. 마치 선천적으로 가지고 있는 것과 같습니다. 그래서 의식이 깨어 있을 때는 번뇌망상이 일어나지 않고[44] 윤리적인 문제가 발생하지 않습니다.

마. 마음 소 - 공적영지空寂靈知로 나타나는 마음 소

머물지 않는 이 순간에 머물 수 있을 때 과거와 미래의 생각은 존재하지 않습니다. 현재의 생각도 흔적이 없음을 알아차리고 지금 이 순간 깨어 있는 것입니다. 깨어 있다는 것은 마음이 과거로도 미래로도 가지 않기 때문에 '지금 이 순간의 마음으로 깨어 있다'고 합니다. 깨어 있음의 내용이 공성(텅 빔, 흔적 없음)입니다. 과거를 기억하고 그것을 잡고 있으면 마음속에서 형상이 만들어집니다. 미래를 추상하고 그 상相을 붙들고 있으면 없던 형상이 생깁니다. 그러나 과거의 기억도 미래의 추상도 무상임을 알면 아무런 형상 없이 오롯이 텅 빔으로 깨어 있습니다. 그래서 '깨어 있음'의 내

---

44   청허당 휴정 지음, 일장 옮김 『禪家龜鑑』 上 "正念不忘 煩惱不生 如云 眼若不睡 諸夢自除" (불광출판사 2005년 p. 74)

용이 텅 빔(공)입니다.

그런데 공성은 무소유입니다. 대상에 집중하여 머물 수 없습니다. 대상으로서 흔적이 없어 포착할 수 없기 때문입니다. 그러나 사실은 흔적 없음의 공과 마음은 동일합니다. 공을 알고 있는 마음이 곧 공이기 때문입니다. 공은 상호의존의 연기이며 연기는 모양이 있고 모양은 이름을 붙일 수 있습니다. 따라서 모양과 이름은 모두 마음이 만든 것입니다. 궁극에는 없기 때문입니다.

그래서 『화엄경』「범행품」에 "일체 모든 것이 마음의 성품임을 알면 지혜의 몸을 이룰지니 다른 것을 말미암아 깨닫는 것이 아니다." 또, 『대승기신론』에 "지혜의 본성이 곧 색色(물질)이기 때문에 법신이다. 색과 마음은 둘이 아니며, 색의 본성이 곧 지혜이다. 때문에 색의 바탕은 형상이 있을 수 없으므로 법신을 지혜의 몸이라고 하며, 지혜의 본성이 곧 색이기 때문에 법신은 어느 곳에나 있다."라고 설하고 있듯이 마음 밖에 법이 없고 법 밖에 마음이 없다는 것을 분명히 하고 있습니다. 이것이 구주심에서 발견되는 마음 소입니다. 이 마음 소는 안과 밖이 없는 공이면서 신령스럽게 아는 앎만 있는 상태인 공적영지空寂靈知의 모습입니다. 앞으로 진여 삼매 속에서 주객평등의 법계가 하나인 깨달음으로 탈각하는 마음 소입니다.

바. 공성을 자각하는 정념의 힘

그런데 흔적 없는 자리에 초점을 맞추고 있을 때 흔적 없다는 마음만이 있는 상태를 알아차릴 수 있습니다. 그 마음은 공성을 알고 있는 마음입니다. 공적영지의 마음이며 마음 소이기 때문입니다. 이 마음 소가 집중의 대상이며 여기에 초점을 맞추고 머물 수 있습니다.

초점을 맞추고 머물 수 있는 마음은 곧 정념입니다. 그런데 대상의 생멸에 따라 움직이면서 분별하는 마음으로는 공성을 아는 마음에 집중할 수 없습니다. 왜냐하면 공성을 아는 마음은 생멸이 없기 때문입니다. 그러나 공을 알고 내용으로 하는 정념은 생멸이 없는 마음 소에 초점을 맞추고 머물 수 있습니다. 이러한 공에 근거한 정념은 생멸하는 번뇌망상을 소멸시키는 힘을 가지게 됩니다. 정념의 내용이 공이기 때문이고, 정념 자체도 공성임을 자각하는 것입니다.

다시 말하면 공성을 자각하는 정념은 고정되어 있다거나 분리되어 있다거나 스스로 존재한다는 망념을 제거하는 힘을 가지고 있다는 것을 알게 됩니다. 그리고 제거하는 주관과 제거되는 객관이 없음을 알게 됩니다. 그러나 이 단계에서는 단지 마음 소가 발견되었을 뿐 그것이(마음 소) 스스로가 힘을 발휘하는 것은 아니기 때문에 번뇌 망상을 뿌리까지 없애는 것은 아닙니다.

생각들이 공함을 아는 정념과 검은 마음 소는 아직 주객으로 나뉘어져 있고 검은 마음 소의 본성이 삼매 속에서 공성으로 드러나지 않았기 때문입니다. 그러므로 정념 자체가 공성이 될 때 망념(잘못된 기억)을 제거하는 것이 더 쉽고 공성을 기억하는 힘이 그만큼 커지는 것입니다. 공성을 기억하는 힘이 커진 만큼 발견한 마음 소와 코드가 맞아서 더 가까이 보게 됩니다. 여러 가지 잡념이 현저히 줄어듭니다. 집중을 이어가는 작의作意의 힘이 더 커지고 그래서 마음 하나만 있는 마음 소 상태가 더 분명하게 됩니다.

사. 주객의 틈이 없어진 공 - 마음 한 덩어리의 마음 소

공성의 이해가 부족하거나 허공으로 잘못 이해할 때는 허무감이 밀려올 수도 있습니다. 그러나 공성을 제대로 알고 공성의 체험이 올 때는 오히려 외부의 대상에 집착하고 흔들리는 산란심이 없어지기 시작합니다. 공성의 체험이 많아질수록 의식은 거울같이 맑고 명료하게 깨어 있게 됩니다. 그래서 스스로 아는 힘으로 마음의 본성인 공성을 흘깃 보게 됩니다. 즉, 주관인 보는 내용에 따라 객관인 보이는 내용이 일치하기 때문에 공의 정념으로 보면 공의 '마음 소'를 보게 됩니다.

공을 이해하고 기억하는 마음이 산란해지거나 혼침이 올 때, 어떤 생각이든 생각 자체는 끊임없이 변한다는 공의 진실을 모르는 것은 허물이라는 인식을 가지고 모든 것이 공함을 자각하면 대상에 흔들리는 마음이나 혼침이 멈춰집니다. 흔들리는 마음이 멈춰지면 마음이 한 덩어리로 오롯하게 나타나고 여기에 집중해야 합니다. 만일 마음만 있는 마음 소의 공함을 보고자 한다면 그것을 보는 마음을 장애하는 망상 또한 공함(불생불멸)을 알아차리면 됩니다. 거울에 끼인 먼지를 제거하면 사물이 있는 그대로 밝게 비치는 것과 같습니다.

마음 소가 공하고 망상이 공함을 알면 알아차리는 정념도 공함을 알게 됩니다. 알아차림의 내용이 공이기 때문입니다. 즉, 관찰 대상인 마음 한 덩어리만 남은 상태와 이를 관찰하는 정념, 정념을 장애하는 망념이 모두 공의 마음임을 자각할 때 오롯이 남은 마음 덩어리와 마음 소, 정념 사이의 틈을 공 하나로 없애는 것입니다. 곧 주객이 없는 불생불멸의 공일 뿐입니다. 이것이 바로 적정으로 가는 길이므로 이 이치를 억념해야 합니다.

아. 마음 소에 어떻게 머물 수 있는가

이러한 이치를 알아 공함의 자각이 함께하는 현재 순간의 알아차림으로 마음 소를 정념하여 머물고 잊어버리지 않아야 합니다. 머문다는 의미는 마음의 움직임을 멈춘다는 것입니다. 보려고 하는 마음(의도)이 있으면 마음 소를 왜곡시킵니다. 마음 소의 마음과 공은 모양도 색깔도 없습니다. 그런데 마음 소를 본다면 보이는 마음 소는 내 마음의 투영일 뿐입니다. 그래서 보려는 마음을 불생불멸의 이치로 멈추고 움직이지 않게 하려면 마음 소의 공과 정념의 공이 본래 하나이므로 불생불멸의 마음을 지어 머물면 됩니다.[45] 이것이 마음 소에 머무는 방법입니다.

마음이 움직이는 즉각 움직임이 일어나기 직전의 상태로 돌아가야 합니다. 그렇지만 이는 불생불멸의 마음을 짓는 정도이지 아직 정념에 머무는 것은 아닙니다. 이와 같이 공 하나로 주객 없는 이치를 알고 마음 소에 정념하여 머무는 것은 공을 아는 깨어 있는

---

45 마음 소의 공은 마음입니다. 마음과 공을 분리시켜서 보면 마음 소에 집중하지도 머물지도 못합니다.

의식의 근원으로 들어가는 방법이며, 거친 의식이 미세한 의식으로 바뀌게 하는 원리이기도 합니다. 의식이 미세해져야만 공성을 깨칠 수 있기 때문입니다. 이와 같이 되려면 알아차림이 익숙하게 익어야 합니다.

공성을 아는 알아차림의 힘에 의하여 마음이 바깥으로 멀리 나가지 못하게 하기 때문에 근주近住라고 합니다. 이름 그대로 그만큼 적정의 마음자리에 가까워진 것입니다.

자. 화두를 방해하는 망념도 본래 공함을 깨닫다

화두를 방해하는 망념이나 잡념이 일어나는 순간 생각이 흔적 없음[本空]을 알아차리고[念起卽覺] 들고 있는 화두에 되돌아갑니다.

원효의 『해동소』에서는 다음과 같이 설합니다.

이어서 말한 '모든 법은 본래 어떤 모습이 없어 생각마다 불생불멸이고'는 넷째 근주近住하는 마음을 밝힌다. 앞서 닦아 익힌 염념이 머무는 힘으로 말미암아 안팎의 모든 법이 본래 능히 생각하는 주체나 생각되는 객체가 없다는 것을 분명히 안다. 생각마다 불생불멸임을 헤아려 자주 불생불멸의 마음을 지어서 멀리 여의지 않는다. 멀리 여의지 않고 머무는 이 마음이 곧 근주近住이다.[46]

---

46 次言以一切法이 本來無相이라 念念不生이며 念念不滅者는 是明第四近住之心이니 由先修習念住力故로 明知內外一切諸法이 本來無有能想可想이라 推其念念이 不生不滅하야 數數作意하야 而不遠離니 不遠離住 卽是近住也니라.

근주近住하는 마음

『달라이라마의 불교 강의』에서는 다음과 같이 강설합니다.

근주심近住心 : 정념正念은 명상을 시작할 때 일어나고, 주의注意는 명상 대상에게 더 쉽게 머물고 있고 산란은 갈수록 드물어진다. 거칠고 큰 도거掉擧와 혼침昏沈이 있어서 명상 대상에 대한 작의作意가 여전히 방해 받는다.

『람림1』에서는 다음과 같이 강설합니다.

근주심近住心: 『수차초편』에서 이르기를 '앞의 안주심이 산란해 짐을 알아서 차단하고, 근주심의 산란도 차단하여 그 대상 자체에 노력으로써 머무르게 함이다'고 하였다. 이것은 『반야교수론』에서 '마음이란 원래부터 넓고 큰 곳에서 거듭 수렴해서 점점 미세하게 하여 위로 향하여 머무르게 함이라고 했으며, 지혜를 갖춘 자는 끊임없이 향상하여 마음을 안으로 수렴하노라'고 말한 것과 일치한다. 「성문지」에서는 '먼저 억념을 가까이 하여 마음을 밖으로 움직이지 않게 하노라'고 하였다. 억념의 힘을 일깨워서 마음을 망념 밖으로 산란해지지 않게 하는 것이다.

『람림2』에서는 다음과 같이 설합니다.

전주심轉住心: 염念을 강하게 하여 마음을 감수경에 놓는 것을 말한다. 이 단계에서는 감수경을 놓치지 않으므로 앞의 세 단계보다 더욱 발전한 상태이다. 한편으로 감수경을 놓치지는 않으나 혼침과 도거가 오히려 강해져서 이에 대한 치료제를 사용해야 한다. 해주심과 전주심 이 둘은 육력에서 정념의 힘으로 성취한다. 그러나 여기 전주심에서는 이미 염念도 자라서 이제부터는 정념력을 치료제로 삼을 필요가 없어진다.

『티장 린포체 주석』에서는 다음과 같이 설합니다.

4주심(전주심轉住心)부터는 결코 대상을 놓치지 않는다. 그렇지만 거친 혼침과 도거가 있어서 대치법으로 다스려야 한다.

3, 4주심은 정념의 힘 혹은 억념의 힘으로 주력하는 단계이며 4주심에서 정념력의 쓰임이 다한다.[47]

3) 조순調順-정지正知의 힘1 - ④ 소를 얻음 1[得牛]

[論] 또한 밖을 좇아서 마음 밖의 경계를 생각해서는 안 된다.

곽암선사廓庵禪師 - 득우得牛

久埋郊外	오랫동안 교외에 파묻혀 있던
今日逢渠	그대를 오늘에야 만났네
由境勝以難追	뛰어난 경치 때문에 뒤쫓기 어렵고
戀芳叢而不已	아름다운 풀밭을 그리워하기를 그치지 않는다
頑心尙勇	완고한 마음 더욱 드세고
野性猶存	야성이 아직 남아 있네
欲得純和	순화시키고자 하면
必加鞭楚	반드시 채찍질을 가해야 하리

소를 얻다

---

47   4주심부터 대상을 알아차리는 힘이 익숙하게 됩니다. 그래서 대상을 놓치는 바가 없는 힘이 익어서 자연스럽게 된 것입니다. 이를 일컬어 '정념력의 쓰임이 다한다'고 하는 것입니다.

頌

알아차림의 밧줄로

공성의 텅 빔으로

콧구멍 없는 소 코뚜레 꿰었네

몸부림치는 소

텅 빈 눈으로 살펴보니

원숭이들 춤으로 유혹하나

無常의 화살로 쫓아버리네

정지의 힘은 혼침과 들뜸을 바르게 알고 제거하는 것을 말합니다. 다섯째 단계의 조순하는 마음은 들뜸을 제거하고 안으로 대상에 집중하는 방법입니다. 근주심의 소를 발견해서 조순심에서 소를 얻습니다.

마음 소를 얻었다는 것은 마음 소에 집중하는 것을 방해하는 생각들이 정념에 의해 본래 생멸 없음을 알았기 때문에 잔가지의 작은 마음들은 사라지고 마치 큰 덩어리 하나만 있는 것처럼 마음 하나만 있는 상태가 됩니다. 그만큼 작의하는 힘이 좋아진 것입니다.

마음 덩어리 하나만 있는 '마음 소' 상태가 집중 대상이 됩니다. 집중 대상을 놓치게 하고 머물지 못하게 하는 것은 혼침과 들뜸입니다. 또한 혼침과 들뜸은 작의하는 힘이 끊어지게 하는 방해꾼입니다. 혼침과 들뜸을 잡는 것은 함께 작용하는 정념正念과 정지正知입니다. 정념은 명상 대상을 붙잡고 기억하고 있으며, 또한 들뜸과 혼침이 일어나서 선정을 방해하는지 아닌지를 평가합니다. 정지

正知가 들뜸과 혼침에 대한 해결책이라고 말하지만 정지가 실제적인 해결책은 아닙니다. 정지正知는 해결책을 적용할 필요가 있다는 것을 알게 하므로 정定을 방해하는 과실들이 일어났는지 아닌지를 살피기 위해서 수색하고 도둑 잡는 형사와 같습니다.

그런데 혼침과 들뜸은 왜 생길까요? '혼침과 들뜸'은 공을 기억해 잊지 않고, 있는 마음 소에 집중하고 머물고 있을 때에 일어납니다. 공을 기억하고 머물고 있는 깨어 있는 마음(관찰 대상)은 모양과 색깔이 있는 것이 아니기 때문에 관찰 대상에 흥미를 잃을 수 있습니다. 흥미가 없으면 마음이 가라앉는 생활습관이 있으므로 마음이 안으로 가라앉아 혼침합니다.

또한 대상을 인식하고 생각과 감정을 일으키는 생활습관이 있기 때문에 인식 대상이 없으면 대상을 찾아 마음이 밖의 세속으로 눈을 돌려 탐애의 대상에 들뜨게 됩니다. 그래서 혼침과 들뜸을 바르게 알아 제거해야 합니다. 제거하는 것이 정지正知의 힘입니다. 이때 들뜸을 제거하기 위하여 수행의 방향이 생깁니다. '조순하는 마음'은 밖으로 대상을 사랑하고 탐하여 들뜨는 마음을 정지로 제거하는 것이 그 기술입니다.

정념에 의해 생멸하는 잡생각들이 공성으로 정리되었다면 이제 마음 하나만 있는 상태에서는 마음 자체로 수행의 방향이 진일보합니다. 집중이 이어지는 작의의 지속성도 늘어납니다. 첫째, 여기서의 마음 자체를 보지 못하게 방해하는 것은 잡다한 생각을 일으키게 하는 '들뜸'입니다. 들뜸은 마음 밖의 대상을 탐하고 사랑하기 때문에 일어납니다. 그래서 밖으로 움직이는 마음을 통제하면서 마음 자체의 지혜 본성을 드러내도록 해야 합니다. 둘째, 마음 하나만 관찰되는 이 마음의 움직임을 포착할 수 있습니다.

『대승기신론』에서는 바닷물을 마음으로 비유합니다. 파도치게 하는 바람은 무명으로, 파도는 탐애하는 번뇌 망상에 비유합니다. 곧, 잡생각들이 파도치는 파도의 주변과 파도 끝에 뿌려지는 물방울과 물안개이며, 이 물방울과 물안개를 정념으로 제거한 것은 바로 안주심과 근주심의 단계입니다.

조순하는 마음의 단계는 밖으로 파도치는 마음에 대한 것입니다. 파도치는 마음 바다는 경계의 바람(무명)에 영향을 받기 때문입니다. 무명의 영향을 받게 된 마음 바다는 실체가 있다는 잘못된 기억에 의해 대상을 탐애하는 마음이 파도치는 것입니다. 그러므로 파도의 움직임은 탐애하는 번뇌 망상입니다. 파도의 움직임을 통제하고 파도 자체의 본질을 파악하려는 조건을 만드는 단계가 조순심의 경계입니다. 이 경계에서 파도의 물방울과 물안개에 가려 있던 파도의 움직임이 보이기 시작합니다.

정념은 파도의 물방울도, 물안개도, 파도도, 바닷물도 모두 젖게 하는 같은 성질을 가지고 있다는 것을 알게 합니다. 그래서 『대승기신론』에서 '무명의 바람이 멈춘다면 파도가 일지 않아 잔잔해지지만 물이 가지고 있는 습한 성질은 없어지지 않는 것과 같다'[48]고 하

---

48   若風止滅이면 動相則滅이나 濕性不壞故이니라.

였습니다. 물의 젖게 하는 성질의 비유는 곧 마음이 공성이며, 공성을 아는 지성智性이고, 맑은 청정이며, 두루 비추는 거울과 같으며 불변不變임을 뜻합니다.

또한 마음 자체는 움직이는 것이 아닙니다. 그렇기 때문에 '무명의 바람이 사라진다면 번뇌의 상속은 소멸한다. 그러나 공성을 아는 지혜의 성품은 없어지지 않는다'[49]고 합니다. 다시 말하면, 물방울이라는 심리들이 정념에 의해 제거되면서 파도치는 바닷물의 심왕(의식) 전체가 보이기 시작합니다. 하지만 바닷물이라는 움직이는 심왕은 여전히 탐애하는 번뇌 망상의 움직임과 같이합니다.

이러한 심리들에는 선한 것도 있으며 악한 것도 있습니다. 정념으로 이 심리들이 무상하고 실체가 없는 공함을 알아차렸기 때문에 심리가 제거되었다면 심리에 가려 있던 전체를 비춰 보는 의식이 제 모습을 드러냅니다. 그것이 바로 마음 하나만 있는 상태입니다. 그러나 여전히 대상에 영향을 받아 마음이 파도를 칩니다. 들뜸이라는 장애가 집중을 방해합니다. 이 방해를 해결하는 해결사가 정지正知입니다.

번뇌의 공함을 청문과 사유의 힘으로 이미 알고 있고 정념함으로써 실제 체험으로 알았다 하더라도 파도치는 마음 자체의 공함은 아직 드러나지 않았습니다. 파도를 진정시켜야 바닷물의 본 모습을 알 수 있습니다. 그래서 밖의 경계를 탐애하는 영향으로 파도

---

49   若無明滅이면 相續則滅하나 智性不壞故이니라.

치듯 들뜨는 마음이라는 바닷물을 진정시키는 정지正知가 필요합니다. 그 방법은 마음을 안으로 거둘 수 있게끔 싫어하고 떠나고 싶은 사물을 생각하거나 관찰해야 합니다. 탐애하는 대상인 남녀나 모양과 색깔, 소리 등이 매 순간 변하는 무상이므로 소유할 수 없다는 생각을 가지는 것입니다. 이 생각으로 들뜸이 사라지자마자 원래의 관찰 대상인 마음 소(깨어 있음)에 마음을 머물게 해야 합니다.

이후에는 탐애의 대상 자체에 마음이 실제로 행하지 못하도록 해야 합니다. 방법은 반조하여 알아차리는 것(정념)입니다. 마음이 움직일 때 움직이기 직전의 마음을 알아차리는 것입니다. 즉, 움직임 이전으로 반조返照하는 것입니다. 만약 반조함을 놓치면 마음의 파도가 치는 것입니다. 이때는 마음의 파도가 자성이 없다는 것을 알아차립니다. 이렇게 알아차리면 움직이기 직전의 마음 소를 놓치지 않고 집중할 수 있습니다.

마음은 생주이멸生住異滅합니다. 생각이 지나가고 난 뒤에 반성하는 것은 범부의 깨달음입니다. 지금 순간순간의 마음을 알아차리고 최초의 한 생각이 일어나는 것을 알아차리면서 마음에는 처음의 모습이 없음을 알 때, 그 때가 궁극의 깨달음[究竟覺]입니다. 그렇게 깨달으려고 한다면 한 순간의 마음을 바로 직전의 마음에 집중하는 것입니다.

마음 소가 움직일 때마다 순간순간 알아차리면서 직전의 공한 마음 소에 집중하고 머물러 갑니다. 그렇게 하면 일어나는 생각들이 줄어들고, 마음 하나만 보이는 가운데 마음이 유리같이 투명해지면서 스스로 아는 마음의 특성들이 분명해집니다. 이런 방법으로 노력하는 것이 원래의 관찰 대상에 머무는 방법입니다. 조순하는 마음의 단계에서 정지正知로써 마음을 조순調順하겠지만 정념의 알아차리는 관觀이 멈춰진 것은 아닙니다.

이제, 십우도의 소와 구주심의 코끼리의 비유로 돌아옵니다. 마음 소를 발견하고 정념의 밧줄로 마음 소를 걸어 잡았다면 소가 밖으로 나가거나 움직이지 못하도록 하는 것이 중요합니다. 그렇게 하려면 먹이를 주고 길들여서 도망가지 않도록 해야 합니다. 마음 소가 도망가지 않도록 하려면 수행자의 의식이 공성에 깨어 있어야 합니다. 깨어 있지 못하면 소는 어느새 도망가 버리고 없습니다. 바로 혼침과 들뜸이라는 장애가 소를 잡았던 것을 놓쳐 버리게 합니다.

이럴 때 소를 놓치지 않기 위하여 혼침과 들뜸을 구분하게 해 주는 지혜, 즉 도끼 모양의 날카로운 칼에 비유되는 바른 앎正知이 필요합니다. 또한 소가 무엇을 좋아하고 싫어하는지를 아는 것도 바른 앎입니다. 이 바른 앎이 마음 소를 길들이는 방법입니다. 바른 앎에 의해서 부정적인 것과 긍정적인 것을 잘 구분하여 소가 밖으로 도망가려는 것을 막고 명상 대상인 마음 소에 머물 수 있도록 하는 것입니다.

원효의 『해동소』에서는 다음과 같이 설합니다.

무엇을 '조순'이라고 하는가? 온갖 모습이 마음을 어지럽게 하니, 말하자면 온갖 색깔·소리·냄새·맛·접촉의 경계와 탐욕·성냄·어리석음의 마음과 남녀와 같은 모습들이다. 그러므로 수행자는 먼저 저 모습들이 모두 근심이라는 생각을 가지고 근심이라는 생각을 키움으로 말미암아 저 모든 모습에서 마음을 꺾어서 흐트러지지 않게 하므로 이를 '조순'이라고 한다.'[50]

이것은 마음 소를 붙들어 밖의 경계에 흔들리지 않게 하는 것입니다. 또한 마음 소를 잡아 두고 밖에 먹이를 구하러 가지 못하게 하기 위해 맛있는 먹이를 주는 것이 중요합니다. 밖으로 먹이를 구하려는 의지를 꺾으려면 밖의 먹이가 결코 좋은 것이 아니라는 것을 환기시켜야 합니다.

밖의 먹이는 온갖 '색깔·소리·냄새·맛·접촉의 경계와 탐욕·분노·어리석음의 마음과 남과 여'와 같은 모습들입니다. 이 열 가지 모습의 공통점은 무상하게 변한다는 것입니다. 이때, 무상이므로 소유할 수 없고 소유할 수 없기 때문에 괴로움을 가져옴을 알게 합니다. 나아가 죽음과 윤회의 고통 등에 대해 숙고함으로써 마음을 더 냉철하게 만듭니다. 이것이 크고 거칠게 나타나는 들뜸에 대한 해결책입니다. 또한 무상에서 무상즉공無常卽空을 기억하여 그 기억에 머물고 있으면 마음 본성인 '공'으로 되돌아옵니다.

---

50   云何調順이오, 謂種種相이 令心散亂하니 所謂 五塵三毒 男女等相이라 故로 彼先應取 彼諸相爲過患想하고 由如是想 增上力故로 於彼諸相에서 折挫其心하여 不令流散케하니 故로 名調順이니라.

그렇다면 소의 맛있는 먹이는 무엇이 있을까요? 그것은 바로 삼매입니다. 삼매는 바른 지혜가 일어나게 하여 공성의 이치를 깨닫게 하는 바탕입니다. 삼매는 비록 번뇌가 있어도 번뇌에 시달리지 않게 합니다. 그러므로 열 가지 부정적인 번뇌를 일으키는 현상이 나타나서 번뇌를 일으키게 영향을 끼쳐도 번뇌가 일어나지 않습니다. 특히 『대승기신론』의 구주심 수행의 마지막 경계인 '등지等持'에 이르게 되면 마음이 오로지 하나의 경계에 머물러 집중하고 있어서 들뜸과 혼침 등 두 가지 병통에서 모두 벗어나 평등하고 고요한 상태를 나타내게 됩니다. 이 때 진여삼매에 들어가게 됩니다.

진여삼매는 무수한 붓다들과 법계의 차별이 없는 하나의 모습을 모두 알 수 있게 합니다. 그러므로 삼매의 이러한 공덕을 생각하고 마음 소가 밖을 생각하지 않게 해야 합니다. 또한 마음 소가 밖으로 먹이를 찾으려고 할 때 소에게 공성의 불생불멸이라는 이치의 먹이를 주어 지혜가 생기게 하여 밖을 생각하지 않게 하는 것도 마음을 조순하는 방법입니다.

원효의 『해동소』에서는 다음과 같이 설합니다.

이어서 말한 '또한 밖을 좇아서 마음 밖의 경계를 생각하게 해서는 안 된다'는 다섯째 조순調順하는 마음을 밝힌다. 모든 바깥 경계에 끌려서 마음이 산란한 것임을 알아차리다가 앞에서 닦아 익힌 안주安住와 근주近住를 의지하여 바깥 경계에 모든 허물이 있음을 깊게 안다. 곧 그 바깥의 상相을 취하는 것이 허물이 됨을 생각하여

조순調順하는 마음

그 생각하는 힘으로 말미암아 경계를 좇는 마음을 꺾어서 밖으로 산란하지 않게 하는 것이다. 그러므로 조순調順이라고 한다.[51]

『람림』에서는 코끼리를 비유하여 다음과 같이 설합니다.

네 번째로 구부러진 길은 육력 중 정지의 힘을 나타낸다. 여기에서 구주심 가운데 다섯 번째인 복주심과 여섯 번째인 식주심을 성취한다.
① 그동안 혼침보다 먼저 생겼던 들뜸이 뒤에 나타나기 시작하며 들뜸의 힘이 약해진다.
② 정지正知는 마음을 산란하지 않게 하여 삼매로 이끈다.

---

51 次言亦不得隨心하야 外念境界者는 是明第五調順之心이니 諸外塵相에 念心散亂이라가 依前修習安住近住하야 深知外塵이 有諸過患하고 卽取彼相하야 爲過患想이라 由是想力하야 折挫其心하야 令不外散일새 故名調順也니라.

③ 삼매의 공덕이 쌓여 거친 혼침과 들뜸이 사라지는 상태인 복주심의 단계이다.

④ 거울은 마음을 산란하게 하는 들뜸의 다섯 가지 대상 중 색깔色을 상징한다.

⑤ 미세한 혼침이 생길 위험이 사라진 상태인 식주심息住心의 단계이다.

『달라이라마의 불교 강의』에서는 다음과 같이 강설합니다.

복주심伏住心 : 마음이 길들여져서 방황하지 않는다. 계속해서 명상 대상에 머물 수 있다. 거대한 혼침과 거대한 도거掉擧는 더 이상 문제되지 않는다. 이제 마음은 대상에 너무 몰입되고 미세한 혼침이 일어난다. 미세한 혼침과 미세한 도거掉擧에 의해서 작의가 중단되지만 정지력正知力에 의해서 정定이 쉽게 복구된다. 정지력正知力은 감각적 대상들과 산란한 생각들과 부수적인 번뇌들에 의해서 주의가 산란해지는 과실을 보고 마음이 그 쪽으로 가지 못하게 막는다.

『람림1』에서는 다음과 같이 강설합니다.

조복심調伏心 : 삼매의 공덕을 사유하여 삼매를 즐거워하는 것으로 '그리하여 공덕을 보았으므로 삼매에서 마음이 조복된다'고 말하였다. 「성문지」에서 '색 등의 다섯 가지 경계 및 삼독과 남녀를 따르는 하나의 상相이 마음을 산란하게 하면 먼저 그것을 허물로 보고 십상十相으로써 마음을 산란하게 하지 말아야 한다'고 하였다.

『람림2』에서는 다음과 같이 설합니다.

복주심伏住心 : 전주심의 단계에서는 마음이 안으로 너무 많이 들어가서 미세한 혼침이 올 위험이 크다. 그러나 육력六力 중에서 정지력正知力에 의지하여 자세하게 살펴서 선정을 닦음으로써 생기는 이득을 생각하며 마음이 더 가라앉지 않게 올려 주거나 조금 띄워 주어야 한다. 전주심과 복주심의 차이는 거친 혼침과 도거가 생기는가 그렇지 않는가의 차이다.

『티장 린포체 주석』에서는 다음과 같이 설합니다.

5주심 복주심伏住心은 4주심에서의 절대로 대상을 놓치지 않는 단계를 거치면서 대상에 마음을 지극히 거둬들임으로 인하여 미세한 혼침이 발생한다. 대상에 지속적으로 머물게 되면 마음이 가라앉아 명징성이 떨어진 미세 혼침이 발생하기 쉽기 때문이다. 가라앉은 마음을 끌어올리기 위해서 붓다의 공덕이나 자긍심, 보리심의 이익 등을 사유하여 환희심을 일으켜서 그 환희심으로 마음을 끌어올릴 수 있다.

4) 적정寂靜-정지正知의 힘2 - ④ 소를 얻음 2[得牛]

[論] 그 뒤에 마음으로 마음을 제거한다고 했습니다.

頌
슬그머니 찾아오는 토끼
삼매의 여물을 빼앗으려
되새김질 소를 방해하네
허공을 가르는
빛의 그물로 포획하여
흔적 남기지 않으니
깨어나는 그대로
고요함을 즐기는 소
또록또록 하구나

여섯째 단계의 적정寂靜한 마음에 이르는 방법은 허물을 생각하는 마음의 힘으로 움직이는 마음을 제거하는 것이 기술입니다. 마치 도망가는 소를 밧줄로 묶어서 도망가지 못하도록 붙들고 움직이지 않게 하는 것과 같습니다. 적정의 마음은 정념에 의해 거의 심리들이 일어나지 않으므로 전체를 보는 심왕만 있는 상태입니다.

적정의 마음은 대상 따라 움직이는 마음 소가 움직임을 멈춘 상태입니다. 적정이 마음의 본성인 공성을 드러내는 조건입니다. 그러나 안으로 마음 소에 집중하는 힘 때문에 미세한 가라앉음(혼침)

이 옵니다. 이 가라앉은 마음을 일으키기 위하여 삼매의 공덕을 사유하여 가라앉은 마음을 끌어올림 때문에 미세한 들뜸이 생겨납니다.

이렇게 마음 소의 가라앉음과 들뜸을 바르게 아는 힘[正知力]에 의하여 미세한 흔들리는 마음을 가라앉힐 수 있습니다. 정지력은 지혜의 갈고리 힘이며, 바른 앎의 힘이며 이것이 길들이는 도구입니다. 정지의 힘으로 혼침이 제거될 때 작의 하는 힘도 그만큼 커집니다. 이 방법은 들뜸으로 해서 일어나는 부정적인 결과들을 관찰함으로써 들뜸을 가라앉히는 것입니다.

인생은 오래 머물 수 없다는 무상을 생각합니다. 그리고 태어난 것은 반드시 죽는다는 인식을 가지고 금생이 아니면 해결할 수 없다는 단단한 결의를 다집니다. 이것이 수행에 대한 자각하는 생각입니다. 이 자각이 강하게 되면 가라앉음과 흔들리는 마음이 안정되고 마음 소가 안정을 찾으면서 마음 소의 움직임이 없는 적정의 경계로 들어가는 것입니다. 이것이 바로 삼매의 공덕과 무상을 생각하는 마음으로써 흔들리는 마음을 제거하는 방법입니다. 이때도 정지의 대상은 들뜸과 혼침입니다. 밖의 경계에 탐애하여 들뜨는 것과 안으로 마음의 본성을 미혹하여 일어나는 혼침을 막는 것이 정지입니다.

'적정寂靜하는 마음' 단계에서는 혼침을 먼저 다스려야 합니다. 혼침昏沈의 '혼'에 대해서 『집학론』에서는 '무엇을 혼미라고 하는가. 어리석음[痴]의 부분에 속하는 마음의 무거움과 쓸모없음이며, 모든 번뇌와 수번뇌[53]의 조력자가 되는 것을 업으로 하는 것이다'

고 말합니다. 즉, 우치의 일부분이 몸과 마음을 무겁고 쓸모없게 하는 것입니다.

혼침의 '침'이란 마음이 대상에 대한 파악이 원만하지 못하고 아주 분명하거나 굳세게 이해하지 못합니다. 즉, 밝음은 있지만 대상을 이해함이 매우 분명하지 않다면 관찰하는 마음이 곧 침몰로 가는 것입니다. 『수차중편』에서는 '어느 때에 선천성 맹인 같거나, 사람이 어둠 속에 들어간 것 같거나, 혹은 눈을 감은 것처럼 마음이 대상을 똑똑하게 볼 수 없는 그 때는 이미 침몰이 되었음을 알아야 한다'고 합니다.

가. 혼침을 다스리는 여러 가지 방법

적정의 마음을 방해하는 것은 혼침입니다. 그리고 미세한 들뜸도 포함됩니다. 혼침과 들뜸을 알아차리고 대치對治하기 위해서는 바른 앎이 필요합니다. 정지正知를 일으키는 방법에는 두 가지가 있습니다. 첫째는 알아차림[正念]이며 둘째는 광명상이나 분석하는 방법입니다. 그리고 이 두 가지의 원인은 생각[思]이 인도합니다.

나. 정지를 일으키는 원인인 알아차림

혼침과 들뜸을 깨닫기 위해서는 정지가 필요합니다. 혼침과 들뜸이 생겨도 그것을 알아차리지 못하고 정지를 일으키지 않았다면

52　20수번뇌(유식유가행파) ①소수번뇌심소의 10가지 모두: 분·한·부·뇌·질·간·광·첨·해·교 ②중수번뇌심소의 2가지 모두: 무참·무괴 ③대수번뇌심소의 8가지 모두: 도거·혼침·불신·해태·방일·실념·산란·부정지

비록 오랫동안 수행했다 해도 혼침과 들뜸이 생기고 있는 것을 감지 못하기에 수행 효과가 없으며 여전히 미세한 혼침과 들뜸에 의해서 시간만 허비할 뿐이기 때문입니다.

정지正知를 일으키기 위해서는 알아차림이라는 정념이 원인이 됩니다. 알아차림은 '즉각 안다'는 뜻과 '잊지 않음'의 억념하는 뜻이 있습니다. '잊지 않음'의 억념하는 뜻은 집중 대상을 기억하고 잊지 않음을 지속시키고 상속하는 억념을 일으킬 수 있다면 집중 대상을 잊어버리거나 산란한 상태를 막을 수 있습니다. 그래서 대상을 억념하는 마음작용이 익숙하게 익어져야 할 것입니다. 억념을 닦는 방법은 흩어져 가는 망념을 막는 것이기에 대상을 잘 분별해야만 합니다. 분석이 없으면 다만 인고忍苦 정도를 견뎌내는 데에 희망을 두는 행태가 됩니다. 억념의 분석은 지혜를 얻는 방법입니다.

'즉각 아는 정념'은 대상을 신속하게 즉각 알아채는 힘이 특징입니다. 그래서 생기고 있는 혼침과 들뜸을 오랫동안 감지하지 못했다 하더라도 정념의 힘을 배양하면 재빨리 알아채고 혼침과 들뜸을 쉽게 저지할 수 있습니다.

또한 정념은 오관의 문과 마음의 문[意門 - 意根]을 지키는 수문장의 역할을 합니다. 즉, 들어오는 갖가지 정보를 즉각 알아채서 그 정보에 감정과 생각을 덧붙이지 않도록 하고 의미가 부여되지 않도록 하고 다른 것과 결부되지 않도록 합니다. 그리하여 문으로 들어오는 물질적·정신적 모든 것을 있는 그대로 알아채는 것입니다. 혼침과 들뜸도 예외가 아닙니다. 이렇게 민첩하게 알아차리는 정념의 힘으로 마음의 문을 지키는 것입니다. 이 즉각 아는 정념은 의식을 명료하게 깨웁니다. 비유하자면 번뇌의 도둑들로부터 마음의 공성인 청정이라는 보물을 지키는 것과 같습니다. 의식의 깨어 있음은 문을 지키는 수문장의 역할을 하고 그 상태에 머물게 되면 그때 정지가 오게 됩니다. 정념이 자연스러워질 정도로 익혀질 때 비로소 정지를 갖추게 되는 것입니다.

다. 정지를 일으키는 두 번째 원인

집중 대상인 마음 소를 억념하여 닦으면서 마음 소가 밖으로는 탐애하는 곳으로, 안으로는 혼침으로 흘러가는지 여부를 계속 살피는 마음을 지니는 것입니다. 이것이 정지의 역할입니다. 정지를 일으키는 원인은 앞서 경험한 맑고 명료함과 광명상光明相, 그리고 관찰의 지혜로 관찰 대상인 마음 소를 분석하는 것입니다. 여기서 마음의 혼침이라 함은 대상에 대한 집중이 너무 강하게 당겨져서 가라앉아 마음 소를 지켜보는 힘을 상실하는 것을 의미합니다.

마음이 밖으로 나오게 할 수 있는 원인이 되는 것에 대해 다음과 같이 마음을 일으켜야 합니다.

첫째, 마음이 맑고 명료한 깬 상태를 가지는 것입니다. 이것은 근주심에서 체험합니다. 체험이란 생각들을 무상 관찰하여 지금 순간에 머물러 공성으로 깨어나는 마음 상태가 되는 것입니다. 그래서 혼침이 올 때 현재 순간에 머물 때의 의식이 깨어 있음을 상기합니다. 또한 생각들의 불생불멸을 보고 즉각 마음 소를 반조합니다. 그리하여 마음 소의 자성 없음을 억념하여 일어나는 맑고 명료함을 상기합니다.

둘째, 혼침이 올 때 광명상을 짓는 것입니다. 즉, 집중하는 마음을 일으키는 내외의 대상이 분명하지 않고 마음 안에 암흑이 내려앉는 등 엷든 짙든 어떤 상으로 나타난다면 집중 대상이 명확하지 않게 됩니다. 그래서 집중하는 마음이 가라앉게 됩니다. 이때 태양빛이나 달빛, 전등 빛을 상상하여 혼침을 없애는 것입니다. 물론 잠이 쏟아지면 걷거나 찬물로 얼굴을 씻을 수도 있습니다. 혼침이 제거되었다면 그 즉시 대상을 세차게 쥐어 잡고 수행해야 합니다.

셋째, 혼침을 제거하기 위해서 관찰의 지혜로 분석하는 것입니다. 특히 마음 소를 분석하여 본성을 알게 합니다. 마음 소가 밖으로 향하는 탐애를 사라지게 하고 난 뒤 안으로 마음 소에 집중하는 것을 너무 강하게 하면 가라앉아서 혼침이 일어납니다. 미세한 혼침을 제거하기 위해서는 마음 소의 본성인 공성을 보아야 의식을 깨울 수 있습니다. 그러기 위해서 본성의 특성을 먼저 알아야 합니다. 다음으로 본성에 이르게 하는 생각[思]을 알아야 합니다.

『대승기신론』에서는 마음의 본성을 대지혜광명·법계를 변조함·진실식지·자성청정심·청량불변자재의 뜻이라고 설합니다. 즉, 빛이면서 거울같이 두루 비추고 진실하게 알고 청정하고 불변하면서 자재한다는 뜻입니다. 이 마음의 본성에 이르려면 마음의 심왕과 심소를 분석해 보아야 합니다.

혼침과 들뜸의 마음 작용은 심리 현상입니다. 심리 현상은 심왕이 소유하므로 심리 현상을 심소유법이라고 하며, 줄여서 심소라고 합니다. 의식이 왕에 비유된다면 의식의 심리 현상은 신하에 비유됩니다. 기능 차이도 있습니다. 예를 들면 항아리가 대상이라면 항아리를 보고 의식(심왕)과 심리(심소)는 같이 인식합니다. 의식이 그 항아리 전체를 인식한다면 심리는 항아리의 색상, 모양 등 부분적인 것을 인식합니다.

우리는 전체를 보는 것보다는 부분만을 인식하는 심리의 분별 습관이 강합니다. 그렇지만 심리 현상은 일상생활 속에서 보고 듣는 주객이 만나 관계하는 장場이 있어야만 그 가운데에서 일어납니다. 그 관계의 장은 심왕입니다. 그래서 『대승기신론』에서는 '마음이 일어나면 갖가지 현상이 일어나며 마음이 사라지면 갖가지 현상이 사라진다'고 하였습니다. 즉, 심리 현상은 그대로 모든 존재이며 심왕이라는 관계의 장이 그 근원이라는 뜻입니다.

심왕은 6근根과 6경境[53]이 함께 만나는 만남의 장입니다. 안식眼識·이식耳識·비식鼻識·설식舌識·신식身識의 전오식前五識과 제6의식意識을 이루고 있습니다. 이 여섯 식은 모두 심왕입니다. 유식학파에서는 말나식과 아뢰야식까지 모두 심왕이라고 합니다. 안식眼識을 예를 들면 눈과 형상은 다릅니다. 그래서 눈[眼]과 형상[色]은 별개라고 여기기 쉽지만 그렇지 않습니다. 눈이 없으면 형상을 볼 수 없고, 형상이 없으면 눈의 작용도 없습니다. 이 두 가지가 만나서 만드는 새로운 장이 안식이며 곧 심왕입니다.

주객이 만나면 그 장 가운데 여러 가지 심리 현상이 일어납니다.

---

53 6根은 眼·耳·鼻·舌·身·意根이며, 6境은 色·聲·香·味·觸·法境이다.

만남의 장이 없으면 심리 현상도 생기지 않습니다. 그러므로 관계의 장인 심왕이 중심이기에 관계[心王]는 있지만 작용[心所]은 일어나지 않을 수 있습니다. 자성이 없기 때문에 정념에 의해 심리 현상들이 무생무멸임을 알아차리면 갖가지 심리들이 사라집니다.

특히 심왕 가운데 의식은 가장 왕성한 심리 현상을 일으킵니다. 매 순간 의식에서 일어나고 사라지는 51가지 심리 현상이 그것입니다.[54] 그러나 공성을 아는 의식만 드러나 있는 상태를 분석해 보면 주객이 만나 관계를 이루는 장에는 자성이 텅 비어 있습니다. 그래서 텅 빈 의식 자체가 마음의 본성(대지혜광명·진실식지·자성청정심·변조법계 등)으로 들어가는 길입니다.

의식은 수행 주체로서의 심왕입니다. 의식에서 심리 현상이 일어나는 것은 자성自性이 없다는 것을 뜻합니다. 자성이 없는 의식은 곧 마음 소의 정체입니다. 이 경계는 안과 밖이 없는 마음 소만 있고 다른 경계가 없습니다. 또한 마음 소의 텅 빔에는 어떠한 견해도 없음을 뜻합니다. 이와 같이 마음의 본성을 분석하여 수행해 나가는 것은 혼미와 침몰을 물리칠 수 있는 훌륭한 방법입니다.

라. 정지正知를 일으키는 원인을 인도하는 생각

정지를 일으키는 원인인 알아차림[正念]과 맑고 명료하게 깨어 있음과 광명상, 그리고 분석통찰 하는 등의 방법은 모두 생각[思]이

---

54 『唯識三十頌』에서는 51심소, 『구사론』 46심소, 남방 『아비담마』에서는 52심소를 설합니다.

인도합니다. 이 생각은 의도입니다. 의도는 노력 정진할 수 있게 하는 원동력입니다. 반드시 몸과 말과 마음을 일으키기 때문입니다. 그래서 생각[思]을 '행함을 짓는 생각'이라고 하는 것입니다.

혼침과 들뜸이 일어나면 이를 물리치려는 의도를 일으키는 것이 중요합니다. 비유하자면 자석이 쇠붙이를 끌어들이는 것과 같습니다. 쇠붙이는 자기 힘이 없어 움직이지 못하지만 자석의 힘으로 움직입니다. 그래서 혼침이나 들뜸이 일어날 때 그것을 물리칠 생각을 일으키는 그 생각이 바로 자석과 같은 의도입니다. 이 의도하는 생각을 일으켜서 혼침을 물리치는 방도를 강구하게 하는 것입니다. 말하자면 알아차림과 깨어있음·광명상·분석하는 것 등을 움직여 혼침을 없애는 것입니다.

마. 마음의 본성에 들어가는 길

적정의 마음은 정념의 힘에 의해서 생각들이 자성이 없어 불생불멸임을 알아차립니다. 그리하여 밖으로 대상을 탐애하여 대상 따라 움직이는 마음 소를 정념과 정지正知의 밧줄과 갈고리의 지혜로 안으로 끌어당겨 멈추게 합니다. 안으로 끌어당김이 강하여 마음 소가 혼미와 침몰에 빠질 때는 이것을 방지하기 위하여 마음 소를 분석합니다.

주객이 만나 관계를 이루는 장은 심왕입니다. 관계의 장을 분석하면 자성이 없습니다. 자성 없음에 작의 하여 텅 비어 있음에 집중하고 머무는 것이 마음의 본성에 들어가는 길입니다. 이 방법이 마음 소의 적정 상태를 지속시키고 마음 소의 본성을 놓치지 않는 것입니다. 이것이 수행의 길에 상승하는 방법입니다.

원효의 『해동소』에서는 다음과 같이 설합니다.

이어서 말한 '그 뒤에 마음으로 마음을 제거하니'의 적정한 마음을 밝힌다. 모든 분별이 마음을 발동시키다가 앞에서 조순調順하는 마음을 의지하여 그 허물을 자각하고 허물이라고 생각하는 이 모습을 취하여 허물이 됨을 생각한다. 이 생각하는 힘으로써 발동하는 마음을 제거하는 것이다. 이 움직이는 마음이 일어나지 않으면 이것이 바로 적정이다.[55]

『달라이라마의 불교 강의』에서는 다음과 같이 강설합니다.

적정寂靜: '심일경心一境 명상'을 방해하는 것들은 정지력正知力을 통해서 모두 사라진다. 다섯 번째 단계 동안에 혼침을 없애기 위해서 집중을 단단히 했다. 지금은 집중이 지나치게 단단해서 미세한 도거掉擧가 일어날 수도 있다. 여전히 미세한 혼침昏沈이 때때로 일어날 수도 있기 때문에 미세한 도거와 미세한 혼침이 명상 대상에 대해 비연속성의 작의를 만든다. 이제 정지력은 도거와 혼침이 일어나기 전에 가끔 확인하고 대처한다.

---

55   次言後以心除心者 是明 第六寂靜之心 諸分別想이 令心發動이라가 依前調順하여 彌覺其患하고 卽取此相하야 爲過思想이라 由此想力하야 轉除動心이니 動心不起 卽是寂靜也니라.

적정寂靜하는 마음

　　미세한 도거에 대한 해결책은 선정의 강도를 조금 느슨하게 하는 것이지만, 너무 느슨해지면 명상 대상을 잃어버린다. 거칠고 큰 혼침에 대한 해결책은 명상 대상을 더 밝게 하고 세부 사항들을 상세히 묘사하여 크기를 확대하는 것이다. 거칠고 큰 혼침이 지속된다면 마음을 일시적으로 명상 대상에서 벗어나게 해서 마음을 고양시키고, 소중한 인간의 삶, 선정의 좋은 특성들, 보리심의 이익들, 삼보의 특성 등의 주제에 대해서 숙고해 본다. 미세한 혼침이 있을 때는 명상 대상을 마음속에서 더 단단히 붙잡아야 한다.

　　『람림1』에서는 다음과 같이 강설합니다.

　　적정심寂靜心 : 산란을 과실로 보고 삼매에 종사하지 않음을 쉬게 하는 것으로서 '산란을 과실로 봄으로써 이를 좋아하지 않고 쉬게 한다'고 하였다. 「성문지」에서는 '심사尋思 등 제악의 욕망을 따라

심사와 탐욕을 바라는 장애 등의 모든 수번뇌로 마음이 교란되면 처음부터 그것을 과실로 보고 모든 심사와 수번뇌가 마음을 산란하지 않게 해야 한다'고 한다.

『람림2』에서는 다음과 같이 설합니다.

식주심息住心 : 위의 복주심에서 가라앉은 마음을 올릴 때 너무 올리면 미세한 도거가 생기는 위험이 있다. 만일 미세한 도거가 생기면 이를 허물로 보고 육력六力에서의 정지력正知力으로써 막아야 한다. 식주심 때에는 복주심과는 달리 미세한 혼침이 생길 위험이 없다는 차이가 있다. 그리고 식주심과 복주심은 정지력으로써 성취한다. 여기서부터 정지력의 치료제는 그 역할을 마친다.

『티장 린포체 주석』에서는 다음과 같이 설합니다.

6주심(식주심息住心)에서는 5주심에서 일어난 미세 혼침의 대치법(가라앉은 마음을 격양시키는 것)으로 인해서 반대급부로 미세한 도거(들뜸)가 일어나기 때문에 또 이를 다스리는 대치를 써야 한다.
5, 6주심은 정지력으로 주력하는 단계이며 6주심에서 정지력을 쓰는 것이 끝이 난다.

5) 최극적정最極寂靜-정진精進의 힘1 - ⑤ 소를 길들임 1[牧牛]

[論] 마음이 바깥 경계를 따라 이곳저곳으로 치달리며 흩어진다면 곧바로 알아차려 안으로 거두어들여 정념正念에 머물게 해야 한다. 이 정념이란 오직 마음뿐 밖에는 경계가 없다는 것을 알아야 한다. 이 마음조차 마음 스스로의 모습이 없으며 생각도 실재하지 않으므로 얻을 수 없는 것인 줄을 아는 마음이다.

곽암선사廓庵禪師 - 목우牧牛

前思纔起	앞생각 일어나자마자
後念相隨	뒷생각 따르네
由覺故以成眞	깨달음으로 인하여 진실이 되고
在迷故而爲妄	미혹으로 인하여 미망이 생겨난다
不由境有	대상을 말미암아 있는 것이 아니라
唯自心生	오직 마음으로부터 생겨났을 뿐이다
鼻索牢牽	코에 꿴 밧줄을 단단히 끌고
不容擬議	의미부여하고 분별해서는 안 된다

소를 길들이다

頌

깨어 있는 텅 빔에 방해꾼들 놀라 도망가고
깨어 있음에 머물러 물러나지 않아
콧구멍이 사라져 밖의 경계도 본래 없는 모습이라

꿰었던 코뚜레 사라지니
구속하던 마음도 본래 없음 알았다네

두 날개 활짝 펴고 창공을 날도다
날개를 움직여 날려고 하지 말아야 하리
그냥 텅 빈 눈을 뜨고 편 날개로 허공에 맡겨 두게

가. 근원으로 들어감 – 마음이 마음을 보지 못한다

마음 소에 집중하여 머물던 마음은 거울같이 비추는 마음입니다. 그 이전까지는 정념으로 마음 소에 초점을 맞추고 머물렀다면 여기서는 마음 소에 머물던 집중이 대상에 흔들리면 이 흔들리는 마음을 정념으로 되돌려 머무는 것입니다. 이것이 최극적정심의 수행방법입니다.

마음이 바깥 경계를 따라 이곳저곳으로 치달리는 것이 망념입니다. 망념은 색色·성聲·향香·미味·촉觸·법法 육경六境의 차별상을 반연하여 생기는 것입니다. 이것은 미망에 의한 집착된 생각입니다. 그러나 망념 그 자체는 본래 공하여 자성이 없습니다. 망념을 끊을 만한 그 어떤 것도 없는 것[無自性]이 본래의 뜻입니다. 비록 생각하더라도 생각하는 주체와 생각할 대상의 차별이 없는 것입니다. 이 이치를 체득해 가는 길이 정념에 머무는 것이며 이것이 수행의 핵심입니다.

최극적정심까지 오면서 정념에 의해 생각들이 공인 줄 알아 생각들이 사라지고 정념과 정지에 의해 혼침과 들뜸도 제거되었으므로 마음 소가 전면에 드러납니다. 마음 한 덩어리인 마음 소와 정념의 사이에는 거리가 거의 없어진 상태에서 공성을 아는 정념에 머물면 봄만 있게 됩니다. 봄만 있는 그 내용이 안과 밖의 경계가 사라져 마음 소와 정념이 공 하나로 되는 것입니다.

정념에 머무는 방법은 마음이 대상을 따라가 망념이 되는 순간 즉각 알아차려 직전의 정념에 머물게 하는 것입니다. 그래서 마음 소의 공성과 공성을 아는 정념이 공성으로 하나가 될 때 비로소 심일경성이 일어나면서 등지를 이룰 수 있는 길이 열립니다.

간과할 수 없는 것은 마음 소의 마음과 마음 소에 집중하여 머물던 깨어 있는 마음은 같은 마음이라는 것입니다. 집중하여 깨어 있는 마음이 바깥 경계를 따라 치달리고 흩어지면 마음 소도 정념도 사라집니다. 알고 보면 마음 소에 집중하여 머물던 마음이 곧 마음 소이기 때문입니다. 그러나 정념이 확립된 상태에서는 경계에 따라 치달리고 흩어지면 즉각 알아차림이 일어나 직전의 정념에 머묾에 되돌아올 수 있습니다. 정념에 머문다는 것은 반문문자성返聞聞自性을 말합니다. 듣는 것을 돌이켜 자성을 듣는다는 것은 근원으로 들어가는 길이며, 자성은 불생불멸(화두)을 뜻합니다.

보조국사의 『수심결修心訣』에서는 다음과 같이 정념을 설명하고 있습니다.

"진리에 들어가는 길은 많지만 그대에게 한 길로 들어가는 문(방법)을 안내하여 그대가 근원으로 들어가게 하리라. 그대는 저 까마귀 우는 소리와 까치가 지저귀는 소리를 듣는가?"

"듣습니다."

"그대는 듣는 것을 돌이켜서 그대의 듣는 성품을 들어 보아라. 거기에도 많은 소리가 있는가?"

"거기에는 일체의 소리와 일체의 분별도 얻을 수 없습니다."

"기특하고 기특하구나. 이것이 바로 관음보살이 진리에 들어간 문이다."[56]

소리를 알아차리는 것은 정념이며, 돌이켜 소리를 듣는 성품을 듣는 것은 반조返照입니다. 반조란 소리를 듣는 정념에 집중하여 머무는 것이며 정념의 내용은 일체 소리와 분별이 없습니다. 밖의 소리를 얻을 수 없음은 삼매의 모습이며 분별을 얻을 수 없음은 생멸이 없는 화두이며 공성입니다. 마음 소의 공성과 공성을 아는 정념이 일치하면서 공성을 내용으로 하는 심일경성이 일어납니다. 그러나 완벽하지는 못합니다. 작의(주의함)는 아직 끊어짐이 있기 때문입니다.

최극적정심에서는 다음과 같은 상태가 됩니다.

첫째, 처음으로 주객이 하나 되어 무분별 상태가 일어납니다.

둘째, 심일경성의 시작이며 비로소 정진한다고 할 수 있습니다.

---

[56] 且入理多端. 指汝一門. 令汝還源. 汝還聞鴉鳴鵲噪之聲麼. 曰聞. 曰汝返聞汝聞性. 還有許多聲麼. 曰到這裏. 一切聲一切分別. 俱不可得. 曰奇哉奇哉. 此是觀音入理之門.

셋째, 그래서 마음 소를 길들일 수 있습니다.

넷째, 마음 상태는 평등한 평정 상태입니다.

다섯째, 『대승기신론』의 '오직 마음뿐 밖에는 경계가 없다는 것을 안다. 마음조차 마음 스스로의 모습이 없으며 생각도 실재하지 않으므로 얻을 수 없는 것인 줄을 아는 마음이다'는 가르침은 곧 '안과 밖이 없는 공성'을 뜻하며 공삼매空三昧[57]를 이룰 수 있게 하는 시작점입니다. 공삼매는 일체 모든 것의 자성이 공임을 깨닫는 지혜의 완성(반야바라밀)을 실현시키고 정각을 성취하는 바탕입니다. 또한 다른 수행을 섞지 않고 공삼매만을 닦은 것을 일행삼매一行三昧라고 합니다. 일행삼매는 한가지 모습의 평등 법계만을 관하는 진여삼매입니다. 진여삼매 속에서 무분별지가 드러나면서 깨달음을 이룹니다. 즉, 법신증득입니다.

여섯째, '마음이 마음을 보지 못한다[心不見心]'는 심체心體이기도 합니다. 이 단계부터 드러나는 심체는 전주일취-등지-심신경안-정사마타-지관쌍수-진여삼매-견도의 깨달음-수도-구경각인 불지佛地에 이르기까지 관통하는 공성이기도 합니다.

나. 수행정진 때 평등의 평정

안주심과 근주심 단계에서 일어나는 망념을 정념으로 대치하였고, 조순심과 적정심 단계에서 혼침과 들뜸을 방치하는 '생각[思]

---

57 공삼매는 모든 현상은 인연 따라 모이고 흩어지므로 거기에 불변하는 실체가 없다고 관조하는 삼매입니다. 즉, 이 삼매를 통해 모든 현상이 인연으로 일어나며 나와 나의 것이 모두 공함을 보는 것입니다.

짓지 않음'을 '실행하게 하는 생각'으로 대치하고, '실행함을 짓는 생각'으로 정지를 일으켜 혼침과 들뜸을 대치하였습니다.

최극적정심에서는 '실행함을 짓는 생각'을 대치하기 위해 평등의 평정이 필요합니다. 혼침은 안으로 가라앉는 마음이며 들뜸은 밖으로 뜨는 마음입니다. 안과 밖으로 흔들리는 마음이 평등하게 되는 현상이 평정 상태입니다. 평등의 평정은 마음에 전혀 번뇌가 없을 때 일어납니다. 번뇌는 공성이 드러나면 아침 이슬처럼 사라집니다.

앞서 적정의 경계에서 알고 있는 마음 소의 자성이 공함에 집중하고 있을 때 들뜸과 혼침이라는 마음 소의 몸부림치는 것을 정념과 정지로써 잡아매어 움직이지 않게 했습니다. 특히 마음 소를 분석하여 공성을 확인하면 이 순간에는 탐욕과 분노 등을 따라 일어나는 모든 수번뇌도 미세한 혼침과 들뜸도 사라지고 공성에 마음이 평등합니다. 이때 공성에 깨어 있는 평등한 마음이 정념입니다. 정념에 머무는 것이 최극적정심의 삼매를 얻고 유지하는 방법입니다. 그러므로 평등의 평정은 최극적정의 마음을 얻을 수 있는 조건입니다.

이러한 평정 상태를 장애하는 것에는 두 가지가 있습니다.

첫째, 최극적정의 삼매를 얻거나 유지하는 데 정지를 일으키는 생각[思]이 평정 상태를 장애합니다. 대치 방법은 도리어 마음의 평정으로 대치해야 합니다.

둘째, 평정 상태가 오면 게으름이 생길 수 있습니다. 마음이 정념에 머물 때의 조건이 평정 상태인데 너무 느슨하게 정념에 머문다면 게으름이 생길 수 있습니다. 크게 정진할 마음을 내어도 평정이 깨어지게 되어 정념에 머물 수 없습니다. 그래서 그렇게 크지 않는 정진력에 머물러야 합니다. 게으름을 대치하는 방법에는 신심·열망·정진·몸과 마음이 가볍고 편안한 경안輕安, 보리심을 발하는 것이 있습니다.

다. 공은 모든 견해를 용납하지 않음

공을 아는 힘을 가진 정념은 공을 분석하는 정지에 힘입어 더욱 성성하게 깨어납니다. 공은 안과 밖이 없습니다. 텅 빈 마음 소를 잊지 않고 붙들어 놓치지 않습니다. 집중하는 마음을 안으로 반조하여 정념에 머물면 곧 마음 소의 객과 정념의 주主가 통합됩니다.

통합의 내용은 공입니다. 공은 안과 밖이 없어 공 하나에 머물게 하는데, 여기서는 어떠한 견해도 없는 공한 자리입니다. 그러나 아직 공성과 일치하는 삼매가 아니며 주객이 하나 상태인 심일경성이 되더라도 공성이 완전히 드러나지 않습니다. 그래서 심일경성의 시작이며 무분별 상태가 됩니다.

목우牧牛의 뜻은 소에게 먹이를 주고 건강하게 길들이는 것입니다. 마음 소를 얻었다면 이제는 마음 소가 밖으로 나가지 않도록 공을 자각하게 하여 공이라는 최상의 먹이를 주어 공성에 머물도록 길들이는 것입니다.

이제까지는 정념과 정지의 힘으로 번뇌망상을 소멸해 왔다면, 지금부터는 공을 내용으로 하는 정념에 머물러서 허망분별과 수번뇌가 생기는 순간 소멸하게 합니다. 이것이 앞에서의 방법과 다릅니다. 이 때 마음 소는 공성에 익숙하지 않습니다. 번뇌를 저절로 사라지게 만들기에는 아직도 힘에 부칩니다. 그러나 마치 화롯불이 추위를 밀어내는 것과 같이 망상분별을 받아들이지 않습니다. 그래서 원효의 『해동소』에서는 '무엇을 최극적정이라 하는가? 정념을 잃게 되면 모든 나쁜 심사와 수번뇌가 잠깐 일어날 때는 일어나는 곳을 따른다. 그러나 이 번뇌를 받아들이지 않고 바로 토해냄으로 최극적정이라고 한다'고 한 것입니다.[58]

혼침과 들뜸 등이 삼매를 방해할 수 없으므로 연속해서 일어나는 삼매를 성취할 수 있습니다. 그러나 정념에 머무는 집중이 지속적이지 않고 끊어짐이 있습니다. 끊어짐이 있는 상태는 아직 집중력이 약하다는 것입니다. 공성의 지혜도 약할 수밖에 없습니다. 이것이 최극적정의 경지입니다.

'공'은 상相을 없애기 때문에 움직이는 마음이 정념에 머물면 각종 번뇌로 오염된 마음이 깨끗해집니다. 그래서 마음 소의 오염된 검은 색이 공성을 자각함으로 해서 흰색으로 바뀌어 가는 것입니다.

청정은 공성의 모습이므로 생멸이 없습니다. 오염은 상相을 가지므로 생멸합니다. 그러므로 정념에 머문 마음은 평등의 평정[捨]이며 부동이며 청정합니다. 이때부터 마음은 공성에 의해서 지혜가 나타날 수 있는 조건을 갖추기 시작합니다. 공성의 견해가 분명하고 더욱 단단해져서 투명하게 맑은 청정을 유지하고 청량하고 변

58 　云何名爲 最極寂靜이오. 謂失念故로 卽彼二種(諸惡尋思와 貪欲蓋等 諸隨煩惱) 暫現行時 隨所生起하나 然이나 不忍受하고 尋卽反吐하니 故로 名最極寂靜이니라.

하지 않습니다. 다른 경계가 없고, 마음 자체의 모습이 없으면서 깨어 있고, 두루 비추면서 온 세상을 거울같이 다 비춘다는 '마음의 본성'이 나타나기 시작합니다. 공을 아는 의식의 깨어 있음은 곧 지혜이고 지혜가 공이기 때문입니다.

하지만 이 경지에서 지혜의 힘은 제한적입니다. 삼매의 힘도 지속적이지 않습니다. 정념에 머무는 작의가 아직 끊어짐이 있기 때문입니다. 그래서 공성을 자각하므로 공성의 지견에 의지해서 무분별이 나타나더라도 공성에 대한 개념적 이해가 강합니다.

'공'은 비어 있음이므로 비어 있지 못한 것들을 모두 텅 비게 합니다. 오염된 말과 생각과 각종 행위들과 번뇌들은 '그릇된 관념화'에서 생겨납니다. 이 그릇된 관념화 자체는 실체가 있다는 개념을 허구적으로 꾸며내는 조작활동에서 생겨납니다. 이 조작활동은 곧 대상이 고정되고 독립되어 다른 것과 분리되고, 실체가 있으며 스스로 존재한다는 믿음을 갖거나 그렇게 생각하는 무명에서 비롯됩니다.

무명은 공성을 깨닫는 지혜의 반대 개념입니다. 무명 제거의 첫 출발은 조작활동을 멈추게 하는 것입니다. 음식을 토하듯이 받아들이지 않는 것입니다. 해결하는 방법으로는 개념적 조작활동이 오직 마음뿐이요, 자기 모습을 알려고 하여도 알 수 없는 무아, 공성을 잊지 않는 '정념'에 머무는 것입니다.

정념의 내용이 자비인지 화두인지 아니면 붓다인지에 따라서 수행 경계가 달라집니다. 여기서는 오직 마음뿐인 '공을 아는 의식의 깨어 있음'이 정념의 내용입니다. 그래서 이 정념이라는 장소가 마음 소를 길들이는 곳, 모든 분별을 쉬는 곳, 소멸되어 가는 곳입니다. 또한, 공과 닮은 무분별이 생기고, 공성이 체험적으로 와 닿고, 공의 지혜가 생기는 곳이기도 합니다. 정념에 머무는 이 방편에 의해 등지等持로 가고 진여삼매에 들어 법계가 하나인 줄 깨닫게 하는 것입니다.

라. 화두를 붙들고 있는 정념에 머물다

화두를 정념하고 있을 때 정념하고 있는 마음만 있는 그 마음을 발견하게 됩니다. 그리고 그 마음에 계속 머뭅니다. 그러면 주관과 객관이 한 덩어리가 됩니다. 이것이 심불견심心不見心입니다. 그러나 이런 상태가 되다가 안되다가 하므로 한 덩어리의 마음이 계속되도록 노력해야 됩니다. 이것이 화두라는 마음 소를 길들이는 것입니다.

마. 최극적정의 경계

최극적정에 이르는 방법은 첫째, 오직 마음뿐 밖의 경계가 없다는 것을 아는 것이며 둘째, 이 마음조차 마음 스스로의 모습이 없음을 아는 것입니다. 안과 밖이 없는 마음이며, '마음이 마음을 보지 못한다[心不見心]'는 경계입니다. 그리고 이러한 경계는 정념의 내용입니다. 따라서 정념에 머물러야 비로소 최극적정의 경계에 이르는 것입니다.

① 바깥 경계가 없이 오직 마음뿐

'바깥 경계가 없이 오직 마음뿐'이라는 경지는 안팎의 경계가 공하여 공을 아는 마음만 있기 때문에 오직 마음 뿐이라는 것입니다. 왜냐하면 보이고 들리는 등의 모든 것[法]은 찰나생 찰나멸하여 순간순간 변하기 때문입니다. 고정되어 보이고 분리되어 보이고 스스로 실체를 가지고 존재하는 것같이 보이는 것은 모두 마음이 만든 것이라고 할 수 있습니다.

밖의 경계가 없이 오직 마음뿐이기에 어디에 도달해도 다른 어떤 곳이 아닙니다. 그냥 '마음일 뿐'입니다. 그래서 사물이라고 생각되는 것은 모두 공하다고 한 것입니다. 마치 허공을 나는 새가 천 리를 가도 허공에 있는 것과 같습니다. 본연의 공을 아는 의식의 깨어 있음이 따로 있어서 도달할 수 있는 것이라면 이는 본연의 마음이 자기 자신의 마음이 아니고 밖에 있는 다른 어떤 곳의 마음일 것입니다. 그러나 이런 현상은 도저히 있을 수 없습니다. 밖의 경계가 환영과 같기 때문입니다. 이것은 법계가 '한마음'이라는 것을 말합니다. 그래서 진여삼매에 들어가면 법계가 하나인 줄을 깨닫게 되는 것입니다.

원효의 『해동소』에서는 다음과 같이 설합니다.

일곱째, 최극적정最極寂靜의 마음을 밝힌다. 이 가운데 두 가지 내용이 있다. 처음에 말한 '마음이 흐트러지면 곧 그 마음을 거두어 정념에 머물러야 한다. 이 정념이란 마땅히 오직 마음일 뿐, 밖에 다른 경계가 없다는 사실을 알아야 한다'는 정념을 잃어 잠시 밖의 경계로 마음이 흐트러졌으나 정념의 힘으로 말미암아 그 흐

트러진 마음을 받아들일 수 없다는 것을 밝힌다.[59]

② 마음 또한 자기의 모습이 없다

'바깥 경계가 없이 오직 마음뿐'이라는 경지는 보이고 들리는 모든 현상[法]이 공하다는 법공法空을 말합니다. 법이 있다고(법집) 생각하기 때문에 법을 인식하는 나에게도 자아가 있고 자성이 있다고(아집) 생각합니다. 그러나 밖의 경계는 없고 마음일 뿐임을 반조하여 자각할 때 마음 자체도 자성이 있다는 잘못된 견해를 버리게 합니다. 그래서 '이 마음 또한 자기의 모습이 없기 때문에 생각마다 얻을 수 없다'고 아공我空을 말하는 것입니다.

그렇지만 무분별 상태가 지속적이지 않고 무지를 잘라내는 날카로운 지혜가 아직 드러나지 않기 때문에 법공이 완전히 드러나지 않습니다. 사마타를 성취하고 무분별의 선정에 의지하여 오온을 분석하고 한 점의 의문도 없어야 법공이 분명해집니다. 이 법공의 지혜로 유아有我와 자성自性의 주장을 논파할 수 있는 것입니다. 그러나 이 단계는 공성에 대한 지혜 체험에 한발 더 다가선 것일 뿐입니다.

또한 최극적정의 '이 마음 또한 자기의 모습이 없기 때문에 생각마다 얻을 수 없다'는 뜻은 주객이 모두 하나의 마음인 상태이므로 안과 밖이 없어 무한정의 마음뿐인 경계가 있을 뿐입니다. 존재를

---

59 是明第七 最極寂靜之心니라 於中有二하니 初言 心若馳散이어든 卽當攝來로 乃至 唯心이라 無外境界者는 是明失念하야 暫馳散外塵이라가 而由念力하야 能不忍受也요.

한정할 수 있는 개념과 형상이 없어진 경계입니다. 생각과 마음 자체의 자성自性이 전혀 없는 상태입니다.

마음 자체가 마치 투명한 유리 또는 빈 하늘과 같이 아무리 찾아도 찾을 수 없게 됩니다. 또는 허공은 비어 있어 그 범위를 파악할 수 없으나 허공 자체가 없는 것이 아닌 것과 같은 이치입니다. 그래서 자성은 없으나 정념의 의식은 공과 닮은 무분별로서 깨어 있습니다. 이 깨어 있음도 작의가 끊어짐이 있기 때문에 흔들림이 있습니다. 깨어 있음의 상태는 어떠한 자극이 오더라도 흔들렸다가도 다시 제자리로 돌아오는 힘이기도 합니다. 왜냐하면 심불견심心不見心의 심체는 망념妄念을 떠나 있기 때문입니다. 이 심체는 청정하여 생멸이 없으므로 어떠한 번뇌[妄念]도 받아들이지 않습니다. 즉, 공성에 깨어 있을 때는 번뇌의 방해로 흔들리는 마음이 심체리념心體離念의 심체(마음바탕, 공성)로 저절로 되돌아옵니다. 이 단계는 아직 지혜의 힘이 약해서 번뇌를 끊을 수는 없고, 단지 심체가 드러났기 때문에 마음이 번뇌를 받아들이지 않고 저절로 밀어내는 수준입니다. 공간적으로 안과 밖이 없고 시간적으로 과거와 미래가 공하여 없는 줄 알아서 '현재 이 순간'에 깨어 있습니다.

원효의 『해동소』에서 다음과 같이 설하고 있습니다.

다음에 말한 '이 마음 또한 사기의 모습이 없기에 생각마다 얻을 수 없다'는 정념을 잃어서, 도리어 마음속에 자기의 모습이 있다가 수행한 힘으로 이것을 찾은 즉시 돌이켜 토해 내서 물리친다는 것을 밝힌다. 안과 밖의 경계를 받아들이지 않고 토해 내어 물리칠 수 있으니 이 때문에 최극적정最極寂靜이라 한다.[60]

생활 속에서도 마음이 마음을 보는 자각과 밖으로 향하는 마음을 공성으로 깨어 있는 정념에 머물게 해야 합니다. 주객의 마음을 떠나 고요함으로 일관하는 방편을 유지하는 정진을 계속할 때 진여삼매에 들어갈 수 있습니다.

『람림』에서는 코끼리를 비유하여 다음과 같이 설합니다.

다섯 번째로 구부러진 길은 육력 중 정진의 힘을 나타낸다. 여기서는 구주심 중 일곱 번째 멸주심과 여덟 번째 성주심을 성취한다.
① 혼침과 들뜸이 장애물이 될 수 없는 멸주심의 단계이다. 이때는 미세한 혼침, 들뜸조차도 생기기 어렵고 미세한 것이 생긴다 하더라도 작은 노력만으로도 바로 없어진다.
② 코끼리의 검은색이 사라지고 원숭이가 없어진 것은 처음에 정념과 정지에 조금만 의지해도 혼침과 들뜸의 산란함이 장애가 되지 않아 끊어지지 않는 삼매에 들어감을 나타낸다.
③ 처음에 치료제를 살짝 기억하는 것만으로도 미세한 혼침과 들뜸이 저절로 소멸되는 성주심의 단계이다.

60　次言卽復此心도 亦無自相하야 念念不可得者는 是明失念하야 還存內心이라가 而由修力하야 尋卽反吐也니 能於內外에 不受反吐일세 是故로 名爲最極寂靜이니라.

최극적정最極寂靜하는 마음

『달라이라마의 불교 강의』에서는 다음과 같이 강설합니다.

최극적정最極寂靜 : 미세한 생각들이나 산란한 감정들이 일어나더라도 그것들은 쉽게 진압된다. 미세한 혼침과 미세한 도거가 가끔씩 일어나서 여전히 작의가 쉽게 진압되기는 하지만 정진력이 그것들을 쉽고 빠르게 중지시킨다. 정념正念, 정지正知, 정진精進이 잘 발달되었지만 해결책을 미적용[作行]하는 일이 여전히 일어날 수도 있다.

『람림1』에서는 다음과 같이 강설합니다.

최극적정심最極寂靜心 : 탐심·번민·혼미·수면 등이 일어날 때 바로 단제斷除할 수 있기에 이를 '탐심과 번민 등이 일어날 때 이와 같이 단제한다'고 하였다.

「성문지」에서는 '망념이 일어나니 위에서 말한 심사 및 수번뇌가 일어나서 그에 따라 일어난 모든 것을 받아들일 수 없다면 포기해야 한다'고 하였다.

『람림2』에서는 다음과 같이 강설합니다.

멸주심滅住心: 이때는 정념력正念力과 정지력正知力이 모두 사라졌으므로 혼침과 도거가 일어나기 어렵지만 정진력精進力으로 미세한 혼침과 도거의 허물을 보아서 없앨 수 있는 만큼 최대한 없애야 한다. 이 단계와 앞의 식주심의 차이는 미세한 혼침과 도거에 빠질 수 있는 위험에 대하여 우려를 크게 해야 하는지 우려를 크게 하지 않아도 되는지에 대한 차이다. 여기서는 미세한 혼침과 들뜸 외에는 큰 위험이 없지만 지속적으로 이 두 가지를 버리는 방법으로 정진해야 한다.

복주심과 식주심 때에는 혼침과 들뜸이 해롭다는 것에 대한 우려가 있다. 하지만 멸주심에서는 비록 혼침과 들뜸이 생기더라도 정진하여 막을 수 있으므로 혼침과 들뜸이 크게 장애물이 될 수 없다고 하는 것이다.

구주심에서 세 번째인 해주심부터 일곱 번째인 멸주심까지의 다섯 단계는 삼매는 강하지만 혼침과 도거 등의 장애로 인하여 움직이는 마음을 거두어들여서 다시 그 목적에 안주하는 상태를 나타낸다. 이 상태는 끊어짐이 있는 주의함을 이어가는 상태[有間缺運轉作意]에 해당한다. 이 끊어짐이 있는 주의함을 이어가는 상태는 선정사작의 禪定四作意에서 두 번째에 해당한다. 이는 주의함이 일정하지 못함을 뜻한다.

『티장 린포체 주석』에서는 다음과 같이 설합니다.

7주심(멸주심滅住心)에서는 아주 미세한 혼침과 도거가 존재하지만 두 가지 요소가 마음에 방해되지 않는 상태이므로 대치법을 따로 쓰지 않는다.

3. 끊어짐이 없는 집중을 이어가는 상태
[無間缺運轉作意]
전주일취專住一趣 - 정진精進의 힘2 -
⑤ 소를 길들임 2[牧牛]

[論] 오고 가며 앉고 눕는 모든 삶의 행위에서 항상 방편(마음뿐 경계가 없다는 정념에 머무름)을 기억하여 놓치지 말고 관찰에 수순하여 오랫동안 하다 보면 그 마음이 정념에 머문다.

頌
하늘과 땅이 붙어서
떨어질 줄 모르니
시·공간 있는지 없는지

한 몸 두 날개라

깎아지른 절벽에서 뛰어내려도

허공 속 편하기만 하네

여덟째 단계의 '전주일취專住一趣' 하는 마음은 오래도록 익숙하게 익히는 방법입니다. 오직 마음뿐이라는 방편을 기억하여 잊지 않고 지속하는 것이 기술입니다. 이것이 정념에 머무는 방법으로 한 방향으로만 지속적으로 가는 것입니다. 열심히 수행하는 힘이 있어서 틈이 없이 마음의 집중이 이어지고 있으므로 '전주일취'라 합니다. 또는 심일경성心一境性이라고도 합니다.

심일경성은 화두話頭를 간看하여 마음이 타성일편打成一片을 이루는 것과 같습니다. 화두란 말과 생각을 떠나 주객이 사라진 공성입니다. 공성은 불생불멸입니다. 즉, 공성이 화두입니다. 화두를 본다는 것은 불생불멸을 반조하는 것입니다. 물론 눈동자를 사용하여 보는 것이 아닙니다. 타성일편이란 화두를 놓치지 않고 망념본공妄念本空의 이치로 혼침과 들뜸이 없이 화두와 한 덩어리로만 있는 상태입니다. 일상에서도 이 상태가 유지되어 가면 등지로 나아가게 됩니다.

집중이 끊어짐이 없는 심일경성은 보이고 들리는 모든 것들이 마음의 투영임을 자각하는 것입니다. 깨어 있음의 자각은 정념에 머물러 오직 마음뿐임을 아는 것입니다. 더 나아가 이 마음 또한 자기의 모습이 없어 비어 있음을 아는 것입니다. 그렇기 때문에 생각마다 얻을 수 없다는 내용을 가진 정념, 이 정념에 머무는 방법을 잊지 않는 것입니다. 이렇게 수행해 가는 동안 통찰하는 마음이 '마음 소'를 '공을 아는 의식의 깨어 있음'으로 길들입니다. 그리하여 '정념의 공성'이 번뇌 망상을 제거하여 주의함이 이어지도록 합니다.

정념의 공성은 화로와 같은 역할을 합니다. 뜨거운 화로 위에 눈이 떨어지자마자 녹아 버리게 하는 것처럼 번뇌의 침범이 없는 것이 전주일취의 체험입니다. 체험을 일상생활에서도 놓치지 말아야 합니다. 이렇게 인위적인 노력이 지속될 때 외부의 자극에도 동요 없이 '하나의 마음진여'로 머물 수 있습니다. 이것이 최극적정의 한 마음인 전주일취專住一趣의 경지이자 방편입니다.

원효의 『해동소』에서는 다음과 같이 강설합니다.

이어서 말한 '오고 가며 앉고 눕는 모든 삶의 행위에서 항상 방편을 기억하고 놓치지 말고 관찰에 수순하여 오랫동안 하다 보면 그 마음이 정념에 머문다'는 여덟째 전주일취專住一趣를 밝힌다. 이 전주일취는 수행에 힘을 더하고 공을 들이는 공용심이 있다. 그러므로 항상 '오직 마음뿐이라는 방편을 기억하여 관찰에 수순한다'고 말하고, 틈이 없이 선정의 힘이 이어지므로 '오래도록 익숙하게 익어서 그 마음이 오직 마음뿐임에 머무는 것을 얻는다'고 말한다. 그러므로 이것이 곧 전주일취專住一趣의 모습이다.[61]

---

61 次言若從坐起去來로 乃至淳熟하야 其心得住者는 是明第八專住一趣니 謂有加

전주일취專住一趣하는 마음

『달라이라마의 불교 강의』에서는 다음과 같이 강설합니다.

전주일경專注一境 : 명상 대상의 상세한 부분들을 구별하고 혼침과 도거를 경계하기 위해서 명상을 시작할 때 약간의 정진만 필요하다. 그 후에 정진력을 통해서 마음이 대상에게 머물 수 있어서 중단되지 않는 연속된 작의가 존재한다. 심일경心一境은 더 오랫동안 지속된다.

『람림1』에서는 다음과 같이 설합니다.

전주일경심專注一境心 : 자연스럽게 머물 수 있기 위해 노력하는 것

行有功用心일세 故로 言常念方便하야 隨順觀察也요 無間無缺하야 定心相續일새 故로 言久習淳熟하야 其心得住니 卽是專住一趣相也니라.

으로, '그리고 나서 율의에 근면한 자는 마음에 실제로 하는 작행으로써 자기 임의로 생김을 얻을 수 있다'고 하였다.

다른 한편으로 「성문지」에서는 '일을 실제로 작행과 함께 하여 중단하지 않고 끊어짐이 없이 항상 삼매에 연속으로 머물게 함이다. 이와 같은 것을 한곳에 몰입함이라 한다'고 했다.

이 여덟 번째의 마음에 이름을 붙이기를 '한곳에 몰입함'이라고 말한 것이다. 이름으로 그 뜻을 쉽게 알 수 있다.

『람림2』에서는 다음과 같이 강설합니다.

성주심性住心 : 처음에 치료제를 살짝 기억하는 것만으로도 미세한 혼침과 도거가 전혀 없이 관상에 들 수 있게 된다. 마치 적이 처음에는 우리보다 힘이 강했지만 계속해서 힘이 떨어져서 우리와 평등 상태에 이르는 것처럼, 혼침과 도거의 힘이 차례로 빠져 나가서 마침내 성주심부터는 정지력과 같은 치료제에 의지할 필요가 없어진다.

성주심에서는 관상에 드는 동안 작은 노력으로도 혼침과 도거 등의 장애물을 없앨 수 있다. 그러므로 마음을 다시 거두어들이는 노력 없이 그 대상에 안주하는 상태이다. 즉, 선정사작의禪定四作意에서 세 번째인 끊어짐이 없이 주의함이 이어지는 상태[無間缺運轉作意]에 해당한다. 이는 끊어짐 없이 마음을 짓는다는 뜻이다. 구주심 중에서 일곱 번째인 멸주심과 성주심은 정진력精進力으로 성취한다.

『티장 린포체 주석』에서는 다음과 같이 강설합니다.

8주심(성주심 性住心)은 삼매의 완전한 흐름이 생긴 상태로 정념과 정지의 용심을 쓰면 바로 삼매에 든다.
7, 8주심은 정진력으로 주력하는 단계이며 8주심에서 정진력의 쓰임이 끝난다.

4. 노력하지 않아도 집중이 이어지는 상태[無功運轉作意]
등지等持 - 관습의 힘 - ⑥ 소를 타고 집으로 돌아감[騎牛歸家] - 해방감의 여유

[論] 이 마음이 정념에 머물렀기에 점차 용맹스럽고 예리한 관찰로 '마음뿐'이라는 하나의 경계에 수순하게 되어 진여삼매에 들어간다.

곽암선사廓庵禪師 - 기우귀가騎牛歸家

干戈已罷　　　싸움은 이미 끝났네
得失還空　　　얻은 것도 잃은 것도 텅 비었구나
唱樵子之村歌　나무꾼 시골노래 부르고
吹兒童之野曲　목동 들녘 노래 피리 불고
身橫牛上　　　소 등에 누워

目視雲霄	저 하늘을 바라본다
呼喚不回	불러도 돌아보지 않고
撈籠不住	끌어당겨도 서지 않는다

頌

물속으로 떠밀어도 가라앉지 않고

날개로 허공에 머물러도 뜨지 않네

소를 타고 집으로
돌아가다

아홉째 단계의 등지하는 마음은 숙달의 힘이기도 합니다. 그러나 진여삼매에 들어가는 방법은 오직 마음뿐이라는 정념에 머물러 공을 아는 의식의 깨어 있음이 익어지게 하는 것이 최상의 기술입니다. 또한 원효스님은 "정념에 머무는 방편으로 인하여 등지等持가 생길 때 진여삼매에 들어간다."고 설명합니다. 곧, 공성에 대한 집중이 인위적인 노력 없이 진여에 그대로 머물러 유지하는 상태입니다. 혼침과 들뜸은 마음에서 벗어나 있어 전혀 동요가 없습니다. 그렇기 때문에 일상생활에서도 마음이 평등한 상태로 저절로 지속이 되는 공을 아는 의식이 깨어 있음의 상태가 유지됩니다. 그래서 공을 아는 의식의 깨어 있음이라는 소를 타고 집으로 갑니다.

물론 아직 집에 도착한 것은 아닙니다. 타성일편이 익숙하게 숙달되면 등지, 즉 고요함이 지속됩니다. 이때 고요함 속에서 화두에 어둡지 않아야 합니다. 그래야 영지靈知가 나타날 수 있습니다.[62] 하지만, 등지에서는 아직 욕념欲念(오욕락)이 남아 있으므로 영지에

등지等持하는 마음

대한 이해는 분명해지지만 아직 영지가 드러난 것은 아닙니다. 정사마타를 의지하여 오온이 공함을 관할 때 공적영지空寂靈知가 드러납니다. 공적영지는 무분별지입니다.

원효의 『해동소』에서는 다음과 같이 강설합니다.

무엇을 '등지'라고 하는가? 자주 닦아 익힌 습習과 자주 닦아 익힌 습의 인연 때문에 열심히 수행한다는 생각도 없이 힘들이지 않고 자기 뜻대로 움직여서 도道를 굴리므로 '등지'라고 한다.[63]

이어서 말한 '이 마음이 정념에 머물렀기에 점차 용맹스럽고 날

---

62   『太古和尙語錄』卷上「答芳山居士」 "寂中不昧話頭 謂之靈知"(韓佛全 6. p. 678a)

63   云何等持오. 謂數修數習 數多修習 爲因緣故로 得無加行無功用任運轉道하니 故로 名等持니라.

카로운 관으로 진여삼매에 들어가는 것'은 아홉째 등지等持의 마음을 밝힌다. 앞서 오래 익숙하게 수행한 힘으로 말미암아 수행에 힘들이지 않고 어떤 조작을 가하지 않아도 가라앉거나 들뜨는 마음을 멀리 떠나 애쓰지 않고 머물러 있기에 '등지' 라고 한다. '등지'의 마음이 진여에 머물러 있는 모습이기에 '진여삼매에 들어간다'고 말한다.[64]

『람림』에서는 코끼리를 비유하여 다음과 같이 설합니다.

여섯 번째로 구부러진 길은 육력 중에 관습의 힘을 나타내며, 여기서 구주심 중 아홉 번째 지주심을 성취한다. 노력 없이 선정에 들 수 있는 상태인 지주심의 단계이다.

『달라이라마의 불교 강의』에서는 다음과 같이 강설합니다.

평등주平等住: 이전 단계의 힘들과 익숙해진 힘인, 숙실친밀력熟悉親密力으로 인하여 마음은 저절로 삼매三昧 속에 머문다. 정념과 정지를 유지하기 위한 정진은 더 이상 필요하지 않다. 일단 정념이 명상 대상으로 놓여 있고 마음이 삼매에 들어갔다면 애쓰지 않아도 마음은 심일경에 머문다. 심일경心一境 명상은 자발적 작의가 있

---

64   次言에 以心住故로 漸漸猛利하야 隨順得入眞如三昧者는 是明第九等持之心이니 由前淳熟修習力故로 得無加行無功用心하야 遠離沈浮하고 任運而住라 故名等持니라 等持之心이 住眞如相일새 故로 言得入眞如三昧요.

고 저절로 오랫동안 계속된다. 명상하는 동안에 감각의 식識들은 완전히 몰입되고 더 이상 외부의 자극에 반응하지 않는다. 지止와 유사한 것이나 완전히 자격을 갖춘 지止는 성취하지 못했다.

우리가 이러한 삼매의 단계들을 통해서 정진할 때 마음의 힘과 명상의 힘이 상호 의존해서 증가된다. 명상의 힘에 상응하여 명확성과 안정성도 증가하고 평화와 행복을 가져온다. 안색은 생기가 넘치고 몸이 가볍고 힘차게 느껴지고 거칠고 큼직한 음식에 대한 의존이 감소한다.

『람림1』에서는 다음과 같이 강설합니다.

평등주심平等住心 : 마음이 평등하게 될 때, 평등사平等捨를 닦아야 한다고 『수차초편』에서 말하고 있다. '마음을 오직 하나의 대상에 향하고, 한 가지를 향하여 마음이 통일되는 것을 닦음으로써 자연 성취에 자기 임의로 들어갈 수 있고 자유자재를 얻는다'고 『반야바라밀다교수론』에서 말하였다. 또한 '이것은 닦음으로써 되는 것이 아니다'라고 하였다.

「성문지」에서는 등지等持라고 하였다. 이 뜻을 '항상 닦고 익숙케 함을 많이 수행하여 익숙함이 저절로 성취되고 자기 임의대로 되어가는 도를 얻는다. 실제로 행함이 없고 저절로 성취함 그 자체로써 마음이 흐트러지지 않는 삼매의 연속에 들어가게 된다. 그래서 이름을 등지等持라고 한다'라고 하였다.

『람림2』에서는 다음과 같이 강설합니다.

지주심持住心 : 노력 없이 선정에 드는 것을 말한다. 성주심의 단계에 자주 익숙해진 것을 바탕으로 하여 여기서는 노력 없이 저절로 되는 것이므로 작은 노력조차도 필요 없이 마치 염불에 아주 숙달된 비구가 염불하는 것처럼 모든 것에서 삼매에 든다. 이 단계는 육력六力 중에서 관습력慣習力으로 성취한다.

『티장 린포체 주석』에서는 다음과 같이 설합니다.

제9주심(지주심持住心)은 용심 없이, 애씀 없이 삼매에 저절로 본연으로 들어가는 단계이다. 제9주심은 수습력으로 성취된다.

제4장

몸과 마음의 경안과 사마타의 성취
── 자량도 資糧道

1. 선정에 들어가기 위해 계속 수행
— 경안과 지止의 성취

[論] 번뇌를 없애고 믿음을 키워서 수행에서 신속하고 물러나지 않는 마음을 갖는다. 이 수행은 오직 의혹과 불신과 비방을 한 죄 많은 사람들과 아만이 있거나 게으른 사람들만 제외한다. 이런 사람들은 삼매에 들어갈 수 없기 때문이다.

1) 진여삼매에 들어갈 때의 조건

진여삼매에 들어갈 때의 조건은 경안과 심일경성心一境性입니다. 공을 아는 의식의 깨어 있음에 집중된 상태에서 번뇌가 사라지거나 일어나지 않으면 마음에 기쁨이 생기고 몸은 가벼워집니다. 그렇지만 의혹과 불신과 비방을 한 죄 많은 사람들과 아만이 있거나 게으른 사람들은 번뇌 망상이 많습니다. 번뇌 망상으로 마음은 어지럽고 몸은 굳어지면서 무거워집니다. 마음은 몸에 영향을 줍니다. 억울하거나 오해를 받을 때 음식을 먹으면 체하는 것과 같고 면전에서 비난과 욕설을 받을 때 몸살 하는 것과 같습니다.

탐욕은 상대와 단절을 가져오며 분노는 상대와 충돌하고 심하면 모든 것을 파괴합니다. 그러므로 마음의 단절과 과격한 마음은 사람들과 환경으로부터 소외되고 고립되어 마음이 무거워집니다. 마음이 무겁기에 몸도 경직되어 몸속 기운의 흐름을 장애합니다. 그래서 몸은 조잡하고 무겁게 됩니다.

지止는 심일경성입니다. 경안이 아니면 심일경성의 지止를 이룰 수 없습니다. 경안 이전의 집중이 사마타를 수순하는 것이라면, 경안을 얻어 심일경성의 지를 이루는 것은 사마타를 이룬 것입니다. 전자를 수순사마타라고 하고 후자를 정正사마타라고 합니다.

경안은 내주심內住心부터 아주 미세하게 일어나서 등지부터는 심일경성과 심신의 경안이 점점 증장하여 서로 원인과 조건이 되어 정사마타 하나로 통합니다. 그러나 처음 발생은 감지하기가 어렵습니다.

제9주 등지에 이르게 되면 몸과 마음의 경쾌함이 마치 아주 부드러운 솜 가운데 머무르는 것과 같습니다. 그러나 아직 원만한 경안은 얻지 못한 것입니다. 반드시 이 등지에서 경안을 더욱 더 증장시켜서 마침내 보름달과 같이 원만한 경안을 얻어야 합니다. 이것이 최후에는 경안과 심일경성의 정사마타止가 되는 것입니다. 이와 같이 몸과 마음의 경안과 심신의 감당할 수 있는 능력[堪能]이 발생하는 것은 미세하여 자각하기 어렵고 나중에서야 알아차리는 것입니다.

2) 경안의 정의와 기능

경안의 정의는 용수보살의 『집경론』에서 '경안이란 몸과 마음의 조중粗重의 흐름을 끊음으로써 몸과 마음의 감능이 일체의 장애를 제멸하는 작용이다'고 하였습니다. 안혜安慧의 『유식삼십송소』에서는 '몸의 감능이란 몸의 행할 바의 업들에 대하여 경쾌함이 일어나는 것이며, 마음의 감능이란 여실하게 작의를 행하는 마음에 기쁨과 경쾌함을 일으키는 요인인 심소의 전이법이다. 이것이 있게 되면 소연에 막힘없이 들어가게 되므로 마음의 감능이라 한다'고 하였습니다.

몸과 마음의 경안이란 신심의 조잡함과 무거움, 두 가지를 여의어서 모든 장애들을 없애고 몸과 마음의 기능을 최대로 발휘할 수 있도록 합니다. 신체의 기능을 장애하는 것들은 선행善行을 할 때 몸을 무겁고 불편하게 만듭니다. 신체 기능을 장애하는 것은 번뇌입니다. 그래서 번뇌를 끊으려고 노력하지만 못된 습관을 가지고 있으면 '하면 안 된다'는 것을 알면서도 어느새 쉽게 불선업不善業을 저지르게 되고, 이것은 신체의 기능성이 장애를 받아 몸이 감당할 수 없게 되었기 때문입니다. 심리적 기능을 장애하는 것들은 번뇌들을 근절하는 것을 방해하여 즐겁게 번뇌들을 없애지 못하게 합니다. 그러나 경안을 얻게 되면 몸과 마음을 아주 쉽게 부릴 수 있게 되어 번뇌를 없애고 선한 일을 기꺼이 할 수 있습니다.

등지에서는 여러 가지 번뇌들이 공성의 마음에 의해 끊어지거나 일어나지 않습니다. 그 때 몸과 마음의 경안이 일어납니다. 경안이 일어나는 순서는 마음의 경안이 일어나고 몸의 경안이 일어납니다. 다시 몸의 경안을 통해 마음의 경안이 일어납니다.

3) 경안의 발생 과정과 감능堪能의 뜻과 공성

(1) 마음의 경안이 일어남

등지에서 정定에 대한 친숙함이 증가되면 감지하기 쉬운 심일경성과 몸과 마음의 경안을 일깨우는 조짐이 일어납니다. 먼저 수행자의 정수리에 묵직한 느낌이 일어납니다. 그것은 불편한 무거움이 아닙니다. 마음의 능력을 키우는 바람의 기[風氣]들이 정수리부터 자극하기 때문입니다. 이것이 생기자마자 즐겁게 번뇌를 끊는 마음을 방해하는 마음의 거칠고 무거움이 즉시 사라지고 거칠고 무거운 마음을 다스리는 마음의 경안이 발생합니다.

마음의 경안은 화두에 어둡지 않기 때문에 번뇌의 힘이 사라지고 생멸이 없어 깨어 있는 마음이 힘을 얻습니다. 그 뒤 마음의 능력을 장애하는 마음 상태들이 사라지고 마음으로 감당할 수 있는 능력[心堪能]과 경안이 일어납니다. 이것은 마음을 우리가 바라는 도덕성을 가질 수 있는 대상[眞如]에 고정시키고 들어가게 하는 능력과 결합된 가벼움과 명료성입니다. 자아自我와 자성自性을 주장하는 바르지 못한 견해는 반드시 부도덕을 행하게 되고, 바른 견해는 그 행위가 도덕적이고 바릅니다.

(2) 신身경안이 일어남

마음이 감능堪能을 얻게 되면 기氣가 마음 안으로 함께 가기에 기氣도 감능이 되며 이때 수승한 신경안이 미묘하게 생깁니다. 이것이 생기면 마음에 수승한 삼매가 일어날 것이며, 이것이 또한 수승한 기감능氣堪能으로 이뤄지기에 심신경안을 이끌어냅니다.

심감능心堪能의 경안이 일어나는 힘에 의지하여 신경안이 일어나는 원인이 되는 기氣가 몸 안에 퍼지게 됩니다. 이 흙·물·불·바람의 사대四大 요소의 기가 온 몸의 각 부분에 가득 차고 퍼져서 이 사대 요소의 기가 몸 안에서 운행될 때 번뇌 끊기를 즐거워하는 마음을 장애하는 여러 가지 번뇌로 인하여 생긴 몸의 거칠고 무거운 현상을 여의게 됩니다. 즉, 신체의 기능을 장애하는 것들은 격퇴됩니다. 몸의 경안이 온몸에 퍼져서 충만한 것과 같은 상태가 됩니다. 이것은 몸이 감당할 수 있는 능력과 결합된 경안이 온 몸에 퍼져 조절할 수 있는 기의 힘으로 가득 차게 되는 현상입니다.

여기서 신경안이라고 할 수 있는 감각적인 징표는 기에 의해서 일어나는 미묘한 희열과 안락감입니다. 심리 현상[心所法]은 아닙니다. 이것을 몸이 감당할 수 있는 능력[身堪能]의 경안이라 합니다. 신감능이란 그때 신체적 기능의 조잡과 무거움으로 뜻대로 할 수 없었던 것을 여의고 몸이 가벼워져 쉽게 선행을 행할 수 있습니다.

(3) 심일경성의 지止를 얻음

이와 같이 신경안이 최초로 일어날 때 기氣의 힘으로 인하여 몸의 감촉이 최대의 기쁨으로 일어나는데 이것을 의지해서 마음에 최고로 빼어난 기쁨을 일으키게 됩니다. 즉, 삼매가 계속될 때 우리는 신체가 명상의 대상 속으로 용해된 느낌을 갖습니다. 이때 마음 경안의 행복을 경험합니다. 마음은 매우 기쁘고 유연하고 정定에 대해서 확신합니다. 이어서 새로 삭발한 정수리에 찬 손을 얹어 놓은 것과 같은 시원한 느낌을 받습니다. 마음의 행복감이 조금 감소하고 그것이 안정되었을 때 정定의 변하지 않는 행복감과 변하지 않는 마음의 경안을 경험합니다.

그 다음에 경안은 처음에 일어났던 즐거움의 힘이 점점 줄어들게 되는데 그렇더라도 경안이 다 소멸하는 것은 아닙니다. 처음 바람의 기운의 강력함에 의해서 요동치던 마음이 점차 적어지면서 몸 안의 경안도 형체를 따르는 그림자처럼 엷어집니다. 동요가 없는 경안이 부동의 정定과 병행해서 일어납니다. 또한 마음의 빼어난 기쁨도 점점 가라앉고 난 뒤에 그 마음이 공을 아는 의식의 깨어 있음에 견고하게 머물면서 큰 기쁨에 의해 동요하던 적정하지 못한 상태를 벗어나서 마음이 사마타[止]를 성취하게 됩니다.

이 정定을 얻어서 비로소 색계色界 초선근본정을 성취할 수 있는 조건에 들어가는 것입니다. 이 시점에 초선근본정初禪根本定에 가까운 것으로서 섭렴한 정지定地를 갖추어 인간으로서 우리는 욕계의 존재들이지만 명상하고 있는 동안에는 초선근본정에 가까운 색계심色界心의 심일경성을 체험하는 지止를 이룬 상태입니다. 그래서

몸과 마음의 경안을 얻음

앞의 한 찰나는 오히려 욕계의 심일경성이며 지止를 수순隨順하는 상태입니다. 뒤의 한 찰나가 곧 색계의 심일경성입니다.

(4) 감능堪能의 뜻과 공성

감능에는 여러 뜻이 있습니다. 원만한 사회관계 형성과 타인의 말을 잘 이해함과 유력함 등입니다. 그래서 참회하고자 하면 바로 참회하는 힘이 생기며 복을 쌓고자 하면 즉시 복을 쌓는 힘이 생기는 것입니다. 비록 번뇌를 끊지는 못하였으나 번뇌를 끊는 힘은 존재하므로 평소와 비교해서 특별히 신속합니다. 만약에 이러한 감능과 경안을 얻게 되면 이 마음을 공성과 공견을 닦는 데로 돌리고자 하면 곧바로 상응하고, 마음으로 하여금 공성과 화합하게 하려면 마치 아교풀과 같이 섞이게 만듭니다. 만약에 이러한 감능과 경안이 없다면 비록 공성을 수습할지라도 마음이 안주하지 못해서 참된 공성의 깨달음이 아닙니다.

『람림』에서는 코끼리를 비유하여 다음과 같이 강설합니다.

① 흰 코끼리는 등지等持를 나타낸다.
② 흰 코끼리 위에 앉아 있는 모습은 마음의 경안을 나타낸다.
③ 하늘로 날고 있는 모습은 몸의 경안을 나타낸다.

2. 사마타의 성취
— 정사마타

1) 사마타 성취[正奢摩他]의 조건

사마타의 성취조건은 무회無悔와 희락喜樂과 경안을 얻어야 합니다.
첫째, 무회란 악惡을 짓지 않아서 후회가 없습니다. 그래서 피곤하고 싫어함이 없음을 말합니다. 욕계의 심일경성心一境性은 이 등인等引에도 오히려 미치지 못해서 아직 피곤하고 싫어함을 없애지 못합니다. 그러므로 반드시 마음이 원하는 대로 소연所緣(집중 대상)에 자재함을 성취해야만 비로소 무회라고 부르는 것입니다. 수행자가 바라는 대로 마음이 대상에 자유자재를 얻으면 즉 대상에 안주함에 자유를 얻을 때 그는 지止를 완성했다고 하는 것입니다. 마음이 바라는 대로 마음을 움직이게 될 때 지止의 원만함이라고 합니다.

둘째, 희락이란 마음의 기쁨과 몸의 안락을 말합니다. 제9주심의 등지等持에서도 갖추지 못하는 것입니다. 수승한 경안의 사마타를 얻을 때, 비로소 극도로 견고한 주분住分[不動性]이 있게 됩니다.

셋째, 몸과 마음의 조잡하고 무거움을 쉬게 하기 위해 몸과 마음을 뜻대로 할 수 있도록 모든 장애를 없애려 하는 업이 경안입니다. 하지만 수승한 경안을 얻기 전에는 비록 분별심 없이 자연스럽게 대상(所緣)에 집중하여 머무는 마음이 흔들리지 않고 모든 행동이 삼매[定] 안에 머무는 상태를 얻게 될지라도 다만 그때의 경안은 욕계의 심일경성일 뿐이며 수승한 경안이 아니고 정사마타가 아닙니다. 왜냐하면 욕계에서는 정법에 대한 바른 관찰이 없기 때문입니다.

2) 작의를 얻음과 경안의 증장

작의作意를 얻음은 곧 사마타의 성취입니다. 의지대로 분별이 없는 상태이며 인식 대상이 없다는 것을 뜻합니다. 작의는 한 방향으로 마음을 이끌어 주의를 주는 심리입니다. 특히 공성을 아는 의식의 깨어 있음을 대상으로 하는 작의입니다.

지止는 모든 경계에 대한 분별을 그치는 것입니다. 성취된 지止는 무분별입니다. 특히 수순사마타는 공성을 아는 의식의 깨어 있음을 대상으로 집중하여 무분별한 것이므로 성취된 지止는 작의가 그대로 무분별 지止입니다. 그래서 공성의 무분별 상태라는 것입니다.

이러한 사마타를 성취한 작의는 여러 가지 작의 중 하나로서 초선근본정에 가까운 것이며 정지定地를 갖추게 되는데, 이는 정지의 가장 적은 작의를 얻었기 때문입니다. 「성문지」에서는 '그런 다음에는 큰 발심의 수행자는 작의 있음[有作意]을 닦아서 비로소 유작의라는 행의 다양함[數]에 들어가게 된다. 왜냐하면, 이로 인하여 최초로 색계에서 적게 지은[少作] 정지定地의 조그마한 작의를 얻을 수 있기 때문이다. 이런 인연으로 이름하여 작의가 있다[有作意]라고 한다'고 설하고 있습니다.

작의를 얻음은 경안輕安을 얻었기 때문이고 경안이 곧 작의이며 작의란 곧 지止입니다. 그래서 경안, 작의, 지는 동일한 경계입니다. 작의를 얻음은 첫째, 색계지에 소속되는 마음[定心]과 심경안과 신경안, 심일경성의 조그마한 네 가지를 얻음과 둘째, 조정상도粗靜相道[65]와 제상도諦相道[66]에 의해서 번뇌를 끊는 힘을 얻음과 셋째, 입정하게 되면 곧바로 심신의 경안이 일어남과 넷째, 탐욕 등의 오개五蓋가 거의 일어나지 않음과 다섯째, 출정한 뒤에도 적잖은 심신의 경안이 잔존하는 것 등입니다.

이와 같은 징후를 갖춘 작의를 얻기에 지止의 도道는 아주 쉽게 청정하게 되어 갑니다. 심일경성의 지止에 정定으로 머물면 신속하게 심신의 경안이 이끄는 힘으로써 경안이 증장하게 됩니다. 경안이 증장하는 양과 함께 심일경성의 지의 양도 증장하게 되어 서로

---

65   욕계의 거친 상相과 색계의 고요한 상相의 길
66   사성제四聖諦의 십육十六단계의 깨달음의 길

간에 발전하도록 하기 때문입니다. 또한 「성문지」에서도 이 두 법은 이처럼 심일경성과 경안이 서로 의지하고 서로 간에 상속하게 되는 것입니다.

3) 정사마타와 자량도資糧道

위빠사나수행을 하는 데 있어서 정사마타에 의지해야 합니다. 여기서 무아에 대한 정견과 삼유三有(욕계·색계·무색계)의 허물과 고통을 여실히 보고서 윤회에서 벗어나고자 해탈을 희구하는 출리심을 가진다면 범부위凡夫位 가운데 수순해탈도가 되는 것입니다. 이것은 남방불교전승의 길입니다. 여기에 보리심을 함께 가지면 이것은 대승도가 되는 것입니다. 예를 들어 한 주먹의 먹이를 짐승에게 주고 살생하지 않는 계율이라도 지키는 것을 보리심으로 하는 것은 해탈도와 더불어 일체종지一切種智의 자량도를 성취하는 것입니다.

4) 정사마타의 무분별성

『해심밀경』에서는 '사마타는 무분별 영상을 대상으로 한다'고 설합니다.[67] 성취한 사마타는 무분별입니다. 그러나 공성을 닦는 무분별과 공성을 전혀 이해하지 못하는 무분별의 두 가지가 있습니

67　원측 지음, 지운 역주, 『원측소에 따른 해심밀경』, 연꽃호수, 2009, p.314.

몸과 마음의 경안을 얻고 사마타를 성취하다

다. 무분별의 사마타가 안락과 명징明澄과 무분별이 있다고 해서 그 전부가 공성을 닦는 것이라고 인정해서는 안 됩니다.

먼저 반야의 분별지로서 정견(아공, 人無我와 법공, 法無我)을 결택하고 나서, 그 위에 무분별을 안치하는 것은 공해탈문 또는 공삼매空三昧를 얻을 수 있게 합니다. 즉, 공성의 지견이 있는 수행자가 그 공성의 견해 위에 마음을 안치해서 무분별을 닦는 것은 심오한 공삼매의 수행이 되며, 공성의 이해가 없는 수행자가 단지 전혀 분별하지 않음을 닦는 무분별의 수습은 심오한 공삼매의 수행이 아닙니다. 그러므로 무소연無所緣과 무상無相과 공성을 닦는 수행자라고 해서는 안 되는 것입니다.

그들도 또한 선정의 상태에서 '이것이다, 이것이 아니다'는 분별을 조금도 일으키지 않고 그들이 체험한 무념과 무작의 모두가 공성을 닦는 것이라고 주장하더라도 그것은 공성을 닦는 것이라고 할 수 없습니다. 그들은 정사마타에도 미치지 못하는 무분별 정定

명상, 지혜를 논하다

을 가지고서 관찰 대상조차 없다고 하는 법만을 일으켜 생사 윤회의 근본을 잘라 없애는 위빠사나를 하는 것으로 착각하고 헛되이 세월을 보내며 자신을 속이게 됩니다.

『람림』에서는 코끼리를 비유하여 다음과 같이 강설합니다.

① 오른 쪽으로 방향을 바꾼 흰 코끼리는 사마타를 성취하였음을 나타낸다.

5) 정사마타와 위빠사나 - 모든 수행의 바탕

조정상도粗靜相道를 닦아서 번뇌의 현행을 끊고자하는 외도外道 수행자와 대소승의 수행자들도 역시 무아의 도리를 닦아서 번뇌의 근본을 끊는 것은 이 사마타奢摩他를 의지해야 합니다. 또 대승의 바라밀다승과 밀종의 모든 수행자들도 역시 이 정사마타를 얻어야 합니다. 정사마타는 모든 수행자들이 도에 나아가는 근본이 되는 매우 중요한 것입니다.

예를 들어 초선근분정初禪近分定에 소속되는 정사마타를 얻는다면, 그 이상의 색계선과 무색정을 얻지 않아도 그것에 의지해서 위빠사나를 닦음으로써 모든 윤회의 결박에서 벗어나는 해탈을 능히 얻기 때문에 정사마타는 매우 중요합니다. 말하자면 정사마타를 얻지 못하면 일체법의 여소유성如所有性 또는 진소유상盡所有相을 소연하는 위빠사나의 참된 깨달음이 발생하지 못합니다.

위빠사나는 번뇌의 뿌리를 잘라내는 지혜를 일으킵니다. 정定은 지혜를 얻기 위한 바탕입니다. 비유하자면 정은 바람막이고 지혜는 촛불입니다. 바람막이가 없다면 촛불은 꺼집니다. 사마타(정)가 필요한 이유입니다. 정定을 일으키는 것은 번뇌를 소멸하는 위빠사나를 일으키기 위한 것입니다. 정을 의지해서 위빠사나를 일으키지 못하면, 설령 그와 같이 닦아 익힐지라도 욕계의 번뇌들조차 멸하지 못합니다. 일체의 번뇌들을 소멸하지 못함은 더 말할 필요가 없습니다.

위빠사나에도 또한 번뇌의 현행만을 소멸하는 세간도로 나아가는 위빠사나와 번뇌의 종자마저 제멸하는 출세간도로 나아가는 위빠사나 두 가지가 있습니다. 이 둘을 떠나서 깨달음으로 가는 다른 길은 없습니다. 세간의 위빠사나는 욕계의 거친 상相과 색계와 무색계의 고요한 상相을 관찰하여 닦는 것입니다. 출세간의 위빠사나는 『유가사지론』「성문지」에서 설하는 사제四諦 중에 무상·고·무아의 열여섯 단계를 관찰하여 닦는 것이며,[68] 그 핵심은 인무아를 깨닫는 무아의 정견입니다.

요약하면 먼저 정사마타正奢摩他를 생기하고, 그 다음 그것에 의지해서 제법의 거친 상과 고요한 상[粗靜相]을 닦는 위빠사나에 의

---

[68] 권32 "由十六行於四聖諦證成道理已得決定°復於諸諦盡所有性°如所有性超過聞思間雜°作意一向發起修行勝解°此則名爲勝解作意°如是作意°唯緣諦境一向在定°於此修習多修習故°於苦集二諦境中得無邊際智°由此智故°知無常°發起無常無邊際勝解°如是了知苦等°發起苦無邊際 勝解°空無我無邊際勝解°惡行無邊際勝解°往惡趣無邊際勝解°興衰無邊際勝解°及老病死愁悲憂苦一切擾惱無邊際勝解°-------"

해서 유정천에 이르기까지의 도에 순차적으로 나아가고, 무아의 진실상을 닦는 위빠사나에 의해서 해탈 또는 일체종지의 오도五道 [資糧道·加行道·見道·修道·究竟道]에 나아갑니다. 어떠한 수행자도 이것을 벗어나지 못합니다.

6) 초선 근본정 - 지관쌍수의 7작의

색계色界의 초선근본정을 얻기 위해서는 욕계의 탐욕을 여의어야 하고 지止(정사마타)를 의지해서 관觀을 닦아야 합니다. 정사마타는 모든 성인들이 성도를 증득하는 위빠사나의 의지처가 됩니다.

첫째, 제9주심(등지)을 얻고 둘째, 수승한 경안을 일으키는 사마타를 얻으며, 셋째 그 사마타의 힘을 견고하게 하고 넷째, 그것을 위빠사나로 전환해서 거칠고 고요한 상相을 관찰합니다. 바로 이때가 처음의 요상작의了相作意인 것입니다. 욕망의 허물과 초선근본정의 공덕을 전도顚倒하지 않고 이해하며 특성의 완전한 이해[了相]의 올바른 견해를 견고하게 하는 것입니다. 요상작의란 바로 위빠사나인 것입니다.

그 뒤로 관觀을 행하고, 때로는 지止를 행하면서 하계의 조분상粗分相을 닦고, 상계의 세정상細靜相을 닦는 것입니다. 상하 양계의 공덕과 허물을 분별하여 그 성상性相을 잘 아는 것은 때로는 듣고 때로는 사유해서 얻습니다. 작의는 문사聞思의 혼합으로 이루어집니다. 이와 같은 수행으로 하계를 염오하고 상계의 공덕을 흠양하는 마음을 일으켜 일심으로 안주하여 조정粗靜의 뜻을 승해하는 것이

승해작의勝解作意입니다.

또 이로 인해 전전증장하고 지관止觀을 번갈아 닦습니다. 앞서 닦은 요상작의와 승의작의는 번뇌 등을 물리치는 대치법이라면 여기서는 조분번뇌粗分煩惱의 현행을 끊습니다. 상품번뇌를 멸하는 것입니다. 그러므로 이때가 셋째의 적정작의寂靜作意입니다. 원리작의遠離作意라고도 합니다.

또 이로부터 증장하고 지관을 번갈아 닦아서 상계의 공덕을 얻고자 하는 애락을 일으켜서 중품번뇌를 끊습니다. 이때가 넷째의 환희작의歡喜作意입니다. 섭락작의攝樂作意라고도 합니다.

또 욕계의 번뇌가 삼매에 머물 때나 삼매에서 일어날 때도 중품작의의 현행이 발생하지 않는다면 수행자가 과연 번뇌가 소멸되었는지의 여부를 관찰하기 위해서 아주 아름답고 사랑스러운 경계에 반연했을 때 탐욕의 일어남을 관찰하게 된다면 이것을 제거하기 위하여 기꺼이 수행하는 것을 다섯째의 심사작의尋伺作意, 또는 관찰작의라고 합니다.

또 아직 번뇌가 단절되지 않았음을 안 뒤 증상만을 꺾고 마음을 다스려서 정력을 닦고 길러서 하품번뇌의 현행을 멸합니다. 이때가 여섯째의 가행구경작의加行究竟作意입니다. 이때 초선근본정을 증득하는 것입니다. 제삼작의, 제사작의 제육작의는 번뇌를 제거하는 대치품입니다.

이와 같이 하품 번뇌를 제거한다면 일체 욕계 번뇌의 현행을 파괴하여 잠시 조금이라도 현행하지 않으나, 그 종자를 영구히 파괴한 것은 아닙니다. 마지막의 가행구경과작의加行究竟果作意가 욕계의 탐욕을 여의고 초선근본정初禪根本定에 들어가는 때의 작의이며 곧 이것이 닦아 얻은 선과善果이며, 나머지 여섯은 그것을 낳는 생인生因입니다. 이러한 방법으로써 무소유처無所有處 이하의 탐욕을 여읠 수 있지만 유정有頂[色究竟天]의 현행 번뇌는 막을 수 없어 생사윤회에서 벗어날 수 없습니다. 위빠사나의 관법觀法을 통해 무아의 견해를 얻어야 비로소 생사를 반복하는 괴로움에서 벗어납니다.

달라이라마는 지止 수행에 대해서 다음과 같이 말씀하셨습니다.

불법승 삼보에 대한 귀의에 의해 지지될 때, 불교 수행이 해탈하겠다는 결심과 공성을 깨닫는 지혜가 결합될 때 지止 수행은 해탈을 가져옵니다. 보리심과 공성을 깨닫는 지혜가 결합될 때 지 수행은 완전한 깨달음으로 이어집니다. 지 수행이 반드시 해탈이나 완전한 깨달음을 가져오게 하기 위해서 초심자는 다른 수행들을 배제하고 선정만을 추구해서는 안 됩니다. 초심자는 반드시 적절한 동기를 향상시키기 위해서 윤회의 결점들과 해탈을 성취할 가능성에 대해서 명상하고 관觀을 수행하기 위한 견고한 기반을 다져야 합니다.

제5장

지관쌍수
― 가행도加行道

1. 지관쌍수

1) 위빠사나가 필요한 이유

  삼매만을 닦는 것으로는 생사를 반복하는 괴로움에서 벗어나지 못합니다. 외도도 삼매를 닦아 무색정까지 이를 수 있지만 번뇌의 뿌리를 잘라낼 수는 없습니다. 왜냐하면 무아의 지혜가 없기 때문입니다.

  무아의 법을 관찰하여 무아의 뜻을 이해하면 지혜가 생깁니다. 그래서 위빠사나[觀]가 필요합니다. 무아의 견해를 듣고 사유하는 지혜를 지니고 위빠사나를 통해 몸과 마음, 그리고 사물을 분석하여 무아의 견해를 증득하면 반복하는 생사와 생존의 근본을 끊을 수 있기 때문입니다.

2) 지관쌍수와 가행도加行道

수행자의 수행 단계가 실제로 한 단계에서 다음 단계로 넘어가는 것은 수행자가 삼매에 들어있을 때입니다. 특히 사마타와 위빠사나를 쌍수하여 진여삼매가 일어날 때 비로소 견도와 수도의 모든 경계의 단계로 깨달음이 성숙해 가는 것입니다. 『반야심경』에서의 '색이 공과 다르지 않고 공이 색과 다르지 않으며, 색이 곧 공이요 공이 곧 색이니, 수·상·행·식도 그러하다'[69]는 가르침은 자량도와 가행도에 해당합니다.

자량도에서는 자비와 지혜를 배우고 깊이 생각하여 자비와 지혜의 식량을 비축하는 단계입니다. 특히 궁극적 보리심인 공성을 지성적으로 깊이 이해합니다. 그 다음에 자기가 배운 것에 대해서 구주심에 머무는 명상에 적용하기 시작합니다. 자량도에 해당하는 최극적정심부터 정념에 머물게 됨으로써 마음이 마음을 보지 못하는 상태가 되고 공성(화두)에 어둡지 않는 공삼매(화두삼매)를 닦아가는 조건을 갖추어 갑니다.

가행도 단계에서는 아직 공성을 직접적으로 통찰하지는 못하지만, 더 이상 지성적인 이해나 개념적인 이해에 머물지 않고 공성을 점진적으로 더 깊고 세밀하고 명료하게 보다 체험적으로 공성을 이해하게 됩니다.

가행도의 수행은 지관쌍수입니다. 정사마타를 의지하여 몸과 마

---

[69] 色不異空 空不異色 色卽是空 空卽是色 受想行識亦復如是.

음[五蘊]을 분석하여 공성을 드러내면서 공성을 이해하려고 개념을 매개체로 사용하는 일이 점점 사라집니다. 주관과 객관, 관습적인 존재와 내재하는 실재 등의 이원론적인 지각이 모두 사라질 때 견도의 단계로 들어갑니다. 이 단계에서는 주관과 객관이 분리되지 않습니다. 주관적인 경험과 그 대상이 섞여 마치 물에 물을 부은 것처럼 되고, 개념의 매개 없이 직접적으로 공성에 대해 명상하게 됩니다.[70]

3) 지관쌍수

원효의 『해동소』에서는 다음과 같이 이르고 있습니다.

지止와 관觀의 두 가지 수행은 반드시 서로를 완성시키는 것이다. 마치 새의 양 날개와 같고 수레의 두 바퀴와 같다. 두 바퀴가 갖추어지지 않으면 수레가 물건을 실어 나를 수가 없고, 날개가 하나 없다면 새가 하늘을 날 수 없잖은가. 그러므로 지와 관을 함께 닦지 않는다면 깨달음에 들어갈 수 있는 길이 없다.[71]

사마타[止]만으로는 무지와 번뇌를 없애는 바르고 청정한 지혜

---

70 텐진 갸초(달라이라마) 지음, 주민황 옮김, 『달라이라마의 반야심경』, 무우수, 2008, pp.163-164.
71 止觀二行은 既必相成이니 如鳥兩翼 似車二輪이라. 二輪不具이면 卽無運載之能이고 一翼若闕이면 何有翔空之勢리오. 故로 言에 止觀不具 則無能入菩提之道也라.

를 얻을 수 없습니다. 바람막이가 없으면 촛불은 바람에 꺼지는 것과 같이 사마타정을 의지해야 지혜가 발현되기 때문에 지관쌍수해야 합니다. 그러나 세간 위빠사나로 초선근본정을 성취한다고 해도 윤회에서 벗어나지 못합니다. 출세간 위빠사나 지혜를 통하지 않으면 안 됩니다. 지혜는 공성을 분석 사유할 때 가장 올바르게 성취됩니다.

제일의공第一義空은 진여입니다. 진여는 모든 사람과 현상의 자성을 공하다고 보는 것입니다. 그리고 그것은 반야 지혜에 의해 도달할 수 있습니다. 다른 것에 의해서는 불가능합니다. 빛이 있으면 어둠이 사라지듯이 지혜로써 모든 무지에서 벗어날 수 있습니다. 궁극적인 보리심인 공성을 깨닫는 지혜는 사마타와 위빠사나가 합일한 삼매의 상태에서 일어납니다. 이 공삼매가 진여삼매입니다. 진여삼매 속에서 주객평등의 무분별지를 성취합니다.

구주심을 통해 인식하는 마음이 공이라는 것과 그 마음의 인식 대상 역시 자성이 비어 있는 것[공]이라고 이해해야 합니다. 이러한 지식을 가지고 수행하는 사람은 최상의 수행의 길로 들어간 것입니다. 궁극적인(승의적인) 관점에서 물질과 같은 인식의 대상을 포함해서 모든 가탁된 현상들과 인식하는 마음은 모두 텅 빈 것입니다. 무분별지無分別智에 들어가기 위해서는 분석적인 방법을 통해야 한다는 점이 중요합니다. 반야의 지혜로 보면 가탁된 대상을 식별할 때 찾을 수 있는 것은 아무것도 없습니다. 무아를 이해한다는 것의 진정한 의미는 진상眞相을 올바르게 보는 것임을 충분히 인식하고 있어야 합니다.

4) 왜 분석이 필요한가

　삼법인의 지혜는 알아차림[正念]으로 직관합니다. 즉, 몸과 마음의 현상을 즉각 알아차림하여 정신현상과 물질현상을 구분하고 일어남과 사라짐을 구분합니다. 그리하여 무상·고·무아의 지혜를 얻습니다. 그러나 공성의 지혜를 얻기 위한 위빠사나는 오온과 자아의 관계 등을 철저하게 분석 사유하여 공성을 드러냅니다.
　구주심의 사마타 수행을 하기 전에 오온을 분석하여 공성을 드러내는 훈련이 숙달되어 공성의 지견을 갖추고 구주심 단계를 성취했다면 정사마타의 선정에 의지하여 오온을 분석하여 공성을 드러내지 않고 오온을 바로 공으로 관함이 가능합니다. 그리하여 바로 무분별의 상태로 들어가 공삼매 속에서 지혜가 드러나는 공적영지가 나타납니다.
　그런데 '왜 무아를 알기 위해서 사유하고 분석해야 하는가' 하는 의문을 제기할 수 있습니다. '사고작용이 없는 상태가 되면 무아가 되지 않을까?' '선정 속에서도 사고작용이 없다면 충분히 자아 없음을 체득하지 않을까?'라고 생각할 수 있습니다.
　사고작용이 없다면 일정 부분 자아에 대한 오해를 없앨 수 있지만 무아에 대한 앎(지혜)을 성취할 수는 없습니다. 예를 들면 깊은 잠에 빠졌을 때나 엄청난 고통이 있을 때, 미쳤거나 술에 취했을 때 또는 무기공無記空 상태에서는 자아가 없습니다. 이런 경우의 자아 없음은 진실이 아님에도 불구하고 '이것이 진정한 무아가 아님'을 가려내지 못합니다. 사고작용이 없다면 수행자 자신에게는 무아의 체득이 분명할 수 있지만 유아有我를 주장하는 사람에게는 그 잘못을 논파할 수 없습니다. 왜냐하면 사고작용이 없기 때문입니다. 이런 무아와 사고작용에 대한 분석은 무아에 대한 의심을 완전히 해소시켜주며 사고작용이 없는 수행으로는 무아의 지혜를 체득할 수 없어 바른 수행이 아님을 알 수 있게 합니다.

정사마타를 의지하여 오온五蘊을 분석하는 사고작용이 있을 때 비로소 인식하는 마음과 인식된 대상 모두 어떠한 자성도 진아眞我도 없다는 점을 이해할 수 있습니다. 능정사택能正思擇·최극사택最極思擇·주편심사周徧尋思·주편사찰周徧伺察하여 철저하게 꼬치꼬치 따지고 분석한 다음이라야 공삼매 속에서 무분별지가 가능합니다.

사마타를 통관이라 하면 위빠사나를 별관別觀[72]이라고 합니다. 반야 지혜에 의해서 개별 관찰하기 때문입니다. 궁극적 보리심인 공성을 깨치기 위해 위빠사나 수행을 하는 것은 무아를 이해하는 반야 지혜를 얻기 위해서입니다. 무아는 공성을 뜻합니다. 무아에는 인무아(아공)와 법무아(법공)의 두 가지가 있습니다. 인무아는 자아를 부정하고 법무아는 자성을 부정합니다. 인무아는 자비희사의 과정을 거치면서 무아의 지혜를 얻는다고 앞서 자비수관에서 설명했습니다. 여기서는 법무아를 분석 사유하고자 합니다.

---

72 『大乘起信論』의「修行信心分」'觀者 謂分別因緣生滅相'

5) 법무아

사람을 오온五蘊의 관계로 정의합니다. 색·수·상·행·식의 색은 몸만이 아니라 생명이 살 수 있는 환경까지 포함합니다. 오온은 몸의 근根과 환경의 경境과 마음의 식識의 세 가지가 결합된 것이고 둘로 나누면 색色과 심心입니다. 이것이 오온입니다. 오온은 곧 사람과 환경을 말합니다.

오온은 색수상행식으로 색은 경과 근이며 수상행식은 마음[識]입니다. 근·경·식 삼자가 접촉하게 되면 수상행식으로 이어지고 또다시 식과 경과 근이 접촉하게 되면 수상행식이 이어집니다. 이렇게 오온은 끊임없이 살아 움직이는 현실이고 오온에 대한 집착은 생사윤회의 괴로움으로 나타납니다.

『중론』에서는 '(중생은) 오온에 의존하거나 연緣하여 생사를 왕래하는 존재'라고 설합니다.[73] 이와 같이 오온은 무지와 번뇌망상이 생기는 근원입니다. 무지의 내용은 실체, 자아입니다. 자아라는 것은 고정 독립된 것이며 다른 것과 분리된 것이며 스스로 존재하는 것을 말합니다. 대부분의 종교에서도 자아를 영원하며 단일하고 독자적인 개체로 봅니다.

색심色心 즉, 사람과 현상의 공성에 대해서 투철하게 탐구하는 데 있어서 '나'라는 개념은 무척이나 중요합니다. 우리들은 저마다

73　龍樹菩薩 著, 靑目 釋, 鳩摩羅什 漢譯, 김성철 역주, 『中論』의 「觀涅槃品」, (경서원, 2012), p.438.

태어나면서부터 '나'에 대해 인식하고 있습니다. 이러한 자아는 몸과 마음의 결합인 오온에서 생긴 관념입니다. '나'라는 생각과 이미지의 결합이라 할 수 있습니다. 그러나 이것은 검증해야 합니다.

『중론』에서 공성의 체득과 깨달음은 인연과 무상으로 분석 사유하는 방법을 보여줍니다.[74] 즉, 인연즉공因緣卽空, 무상즉공無常卽空이라는 것입니다. 그러므로 색심에 실체로서 자아가 있는지를 인연과 무상으로 검증합니다. 인연은 연기緣起의 다른 이름입니다. 연기는 원인과 결과, 상호의존, 언어 문자에 의존함으로 분석합니다. 무상은 과거·현재·미래로 분석합니다. 생멸生滅·일이一異·유무有無의 잘못된 견해를 사구분별四句分別[自生·他生·自他生·無因生]하여 공성을 드러내거나 내용이 다른 형식의 사구분별[定立·反定立·肯定綜合·否定綜合]하거나 또는 『능엄경』의 칠처징심七處徵心의 방법으로 타파하여 무아를 드러내고 자아와 관련되는 갖가지 견해를 버립니다.

분석 사유하는 순서는, 첫째는 연기와 무상으로 색과 심 즉, 마음과 물질을 분석하고 둘째는 물질, 셋째는 마음을 분석 사유합니다. 이러한 분석 과정을 통하여 오온을 떠나서 자아가 존재할 수 없음과 인식되는 대상은 마음이 인식한 것과 동일하다는 것, 그러므로 외부의 존재는 환영과 같다는 것, 모든 현상은 마음에 의해 붙여진 이름에 불과하다는 것, 인식하는 마음도 환영과 같다는 것, 그러므

---

74 『중론』은 분석에 대한 논파법을 설하는 것으로 생각됩니다. 그러나 논파법도 논리이며 또 하나의 분석법입니다.

로 색심이법色心二法이 공함도 공하다는 분석에 도달하면서 더 이상 분석할 것이 없는 데까지 이르게 되면 무분별정無分別定의 삼매에 들어갑니다.[75]

즉, 분석의 힘만으로도 몸과 마음에 경안이 생기면 위빠사나가 성취[76]되는 것입니다 그러면 위빠사나 삼매[觀三昧]가 일어나 사마타정의 삼매[止三昧]와 하나가 됩니다. 이때의 삼매가 공삼매(일행삼매), 진여삼매입니다. 이 삼매 속에서 일체법의 진여를 반연하고 주객의 차별을 끊고 공성과 지혜가 하나가 되어 분별이 없습니다. 마치 두 나무를 서로 비벼 생긴 불이 그 불을 만들어 낸 나무를 다 태워 나무가 재와 연기로 사라지듯이, 지혜의 불이 일어나면 분별의 나무는 타 버리고 진여삼매 속에서 무분별지로 들어가는 것입니다.

6) 무분별지의 조건

무분별지라고 할 수 있는 다섯 가지 조건이 있습니다.

첫째는 수면 등 무작의無作意, 둘째는 제2선禪 이상의 유심유사지有尋有伺地, 셋째는 무심정無心定의 상수멸정想受滅定, 넷째는 색법, 다섯째는 진실의眞實義에 대한 분별계탁 등을 떠나는 것입니다.

---

75 달라이라마 지음, 이종복 옮김,『달라이라마의 수행단계』에서 카말라실라의『수습차제修習次第』에는 다음과 같이 나와 있습니다. "이렇게 해서 그와 같이 수행자가 현상의 실체는 승의적으로 파악할 수 없다는 것을 분명히 알 때, 반야에 의해서 개별관찰하고 무분별정의 삼매에 들어간다. 그리하여 모든 현상의 자성이 없는 것도 이해한다."

76 정正위빠사나

『섭대승론석』권12에서 다음과 같이 말하고 있습니다.

[論] 무분별지의 자성은 다섯 가지 상을 떠나는 것임을 알아야 한다.
[釋] 다섯 가지 상을 모두 여의면 무분별지가 되지만 다섯 가지 상 중 하나라도 여의지 못하면 무분별지가 아니다.

[論] 다섯 가지 상이란 첫째, 사유 아님을 떠남이고 둘째, 각관지 아님을 떠남이고 셋째, 멸상수정滅想受定의 적정을 떠남이며 넷째, 색의 자성을 떠남이다. 그리고 다섯째, 진실의眞實義에 대한 다른 분별을 떠났기 때문이다.
[釋] 이 지혜가 사유를 여의므로 무분별지라고 한다면 깊은 잠에 빠진 것, 방일하는 것, 미친 것, 술에 취한 것 등도 모두 사유를 여읜 것과 같다. 응당 무분별지를 얻어야 한다. 각관지覺觀地[有尋有伺地]를 여의었으므로 무분별지라고 한다면 제2선禪 이상은 이미 모두 각관지를 지나갔으므로 무분별지를 얻어야 한다. 만약 이 두 가지 뜻에 의거한다면 범부도 무분별지를 얻어야 한다. 그러므로 상수멸정 등과 같이 심·심수법을 여의어야만 무분별지라 할 수 있다. 그러나 어떤 사람이 이 지위에서 무분별지를 얻는다면 여기서는 지혜가 성립되지 않는다. 왜냐하면 멸진정 등에서는 심心·심수법心數法이 없기 때문이다.

또 색의 자성처럼 지혜의 자성도 이와 같다고 한다면 색은 둔하여 무지하니 지혜도 둔하여 무지여야 한다. 만약 진실의에 대하여 분별로 말미암아 현현한다면 이 분별은 무분별지를 이루어야 한다. 왜냐하면 이 분별은 진실의 뜻을 분별하여 진실의는 분별을 떠났는데도 불구하고 '이 뜻[第一義空]이 진실이다'고 하기 때문이다.

[論] 이것이 5상을 떠난 지혜이다. 이 가운데 이것이 무분별지임을 알아야 한다.

[釋] 지혜가 다섯 가지 상을 떠난 것은 진실의를 반연하여 일어난 것이다. 진실의를 분별하는 것과 다르지 않다는 것은 이 법이 진실임을 이른다. 다만 진실의를 반연하는 것은 마치 안식이 분별로서 자성을 삼지 않는 것과 같다. 이것을 무분별지의 모습이라 한다.[77]

근본 초선정에서는 사유하여 무분별지를 얻을 수 없습니다. 또한 선정禪定이라도 욕계의 오욕락이 있으면 공성을 사유하기 어렵습니다. 그러나 근본초선정이 아니면서 욕계를 떠나 색계심의 삼

---

77 『대정장』31, p.239 b4, '論曰 無分別智自性 應知離五種相 釋曰 若具離五相 則是無分別智 若不具離五相 則非無分別智 論曰 五相者 一離非思惟故 二離非覺觀地故 三離滅想受定寂靜故 四離色自性故 五於眞實義離異分別故 釋曰 此智若由離思惟故 名無分別智 熟眠放逸狂醉 同離思惟 應得無分別智 若由過覺觀地故 名無分別智 從二定以上 已過覺觀地 應得無分別智 若依此二義 凡夫應得無分別智 是處能離心及心法 應說名無分別智 謂想受滅定等 若人在此位中 得無分別智 此則不成智 何以故 於滅定等位 無心及心法故 若言如色自性 智自性亦如此 如色鈍無知 此智應鈍無知 若於眞實義 由已分別顯現 是分別應成無分別智 何以故 此分別 能分別眞實義 謂此義眞實 論曰 是五相所離智 此中應知是無分別智 釋曰 若智離五相 緣眞實義起 若不異分別眞實義 謂此法眞實 但緣眞實義 如眼識不以分別爲性 是名無分別智相.'

매를 의지하여 사유가 가능합니다. 색계의 마음은 오욕락이 없으므로 오온을 분석하여 공성을 드러낼 수 있습니다. 그리고 색계심의 삼매는 곧 정正사마타입니다. 그래서 정사마타의 삼매에 의지하여 오온을 공성으로 분석할 수 있는 것입니다.

7) 위빠사나의 장애에 대한 대치

(1) 지관쌍수하는 이유
[論] 또 사람들이 지止만 닦으면 마음이 가라앉거나 혹은 게을러져 좋은 일들을 즐기지 않고 큰 연민을 멀리하기 때문에 관觀을 닦는다.[78]

이는 사마타와 위빠사나를 함께 닦아야 함을 뜻합니다. 그 이유는 큰 연민 때문입니다. 큰 연민은 수행의 핵심이며 수행의 목적이기도 합니다. 깨달음을 추구하는 것은 중생을 생사의 괴로움으로부터 벗어나게 하기 위한 것입니다. 그 마음이 바로 큰 연민입니다.

(2) 법상관法相觀
[論] 관觀을 닦아 익히는 자는 모든 세간의 생멸하는 법은[79] 오

---

78 復次 若人唯修於止이면 則心沈沒하고 或起懈怠하여 不樂衆善하고 遠離大悲하니 是故로 修觀이니라.
79 유위법은 무위법의 상대적 개념이다. 인연으로 말미암아 생멸하는 온갖 법을 말하는데, 여기에는 반드시 生·住·異·滅의 형태가 있다. 俱舍의 75법 중 72법과 유식의 100

래 머물 수 없어 금방 변하고 사라지며, 모든 마음이 생각마다 생멸하기 때문에 괴로움이라고 보아야 한다. 과거에 기억한 모든 법이 황홀하여 꿈과 같음을 보아야 한다. 현재 생각하는 모든 법이 번개와 같음을 보아야 한다. 미래에 생각할 모든 법이 구름이 홀연히 일어나는 것과 같다고 보아야 한다. 세간의 모든 몸뚱이가 모두 다 깨끗하지 못하고 온갖 더러움으로 가득 차 하나도 즐거워할 것이 없다는 사실을 보아야 한다.[80]

법상관이란 '법의 모습을 보는 관觀'입니다. 무상無常과 고苦와 유전流轉과 부정不淨을 말하고 있습니다. 법상관法相觀이 필요한 것은 오온과 자아에 대해 분석하는 데 명확하지 못하고 다른 대상에 마음이 이끌리고 있을 때입니다. 이때는 분석의 날카로움이 약해지고 혼침이 일어납니다. 또한 외부의 대상을 탐애하는 마음으로 들뜸이 일어납니다. 이러한 장애물들이 수행에 방해되는 것에 대한 조치로 외부의 부정적인 면과 무상함과 괴로움에 대해 명상해야 합니다. 그것이 법의 모습이 무상하고 괴로우며 부정하며 유전하는 원인들을 관하는 법상관입니다.

법 중 94법이 여기에 해당한다.
80　修習觀者는 當觀이니 一切世間有爲之法이 無得久停이어 須臾變壞하고 一切心行이 念念 生滅하여 以是故로 苦라. 應觀 過去所念諸法이 恍惚如夢이라. 應觀 現在所念諸法이 猶如電光이라. 應觀 未來所念諸法이 猶如於雲이어 忽爾而起라. 應觀 世間 一切有身이 悉皆不淨 種種穢汙이어 無一可樂이라.

(3) 대비관大悲觀

[論] 모든 중생이 무시 이래 무명이 훈습한 것으로 인해 마음이 생멸하게 되어 이미 몸과 마음의 큰 고통을 받았고, 현재도 헤아릴 수 없이 많은 핍박이 있으며, 미래에 받을 고통이 끝이 없으며 버리고 떠나기가 어려운데도 이를 깨닫지 못하니 중생이 이와 같이 참으로 불쌍하다는 사실을 잊지 말아야 한다.[81]

이와 같이 대비관이 수행에 물러서는 마음이 생기거나 작은 결과에 안주하려는 마음을 각성시킵니다. 중생의 괴로움을 자각하므로 중생을 구제하고자 하는 마음을 일으키고 보다 효과적으로 돕고자 하는 마음을 일으킵니다. 즉, 보리심을 발하게 하고 궁극적인 보리심인 공성에 대하여 날카롭게 분석할 수 있는 동력을 일으키는 것이 대비관입니다.

(4) 서원관誓願觀

[論] 이런 생각을 하고 곧 용맹스럽게 '바라옵건대 내 마음이 분별을 떠나 시방세계에 두루 하고 모든 선한 공덕을 수행하며 미래가 다 하도록 헤아릴 수 없이 많은 방편으로 괴로운 모든 중생들을 구제하여 그들에게 열반의 즐거움을 얻게 하고자 합니다'고 큰

---

81 如是當念 一切衆生이 從無始世來로 皆因無明所熏習故로 令心生滅케하여 已受一切身心大苦하고 現在卽有無量逼迫하며 未來所苦 亦無分齊일새 難捨難離인데도 而不覺知이니 衆生 如是 甚爲可愍이라.

서원을 세워야 한다.[82]

서원관은 보리심을 일으키는 것입니다. 수행의 동기를 상기시키는 것은 수행의 동력이면서 꾸준히 지속적인 힘을 가지게 하며 완전한 깨달음을 이루게 합니다. 혼침·들뜸·게으름·무기력 등 수행의 장애를 넘어서게 합니다.

(5) 정진관 精進觀

[論] 일체시 일체처의 모든 삶이 있는 곳에서 모든 좋은 일들을 자기가 감당할 수 있는 능력에 따라 그 일들을 처리하고, 배우고 익히는 일을 버리지 않아 마음에 게으름이 없어야 한다.[83]

정진이 필요한 이유는 무기력하게 될 때입니다. 이때 노력하지 않는다면 마음은 장님처럼 깜깜해서 공성을 분석할 수 없습니다. 그러나 무기력과 흥분 없이 마음이 공성에 자연스럽게 들어가 평정을 유지한다면 그 상태로 그대로 놓아두고 노력을 줄여야 합니다. 만일 마음이 평정한 상태일 때에도 노력한다면 마음은 산란하게 됩니다.

---

82 作此思惟하고 卽應勇猛立大誓願하여 願하옵건대 令我心이 離分別故로 徧於十方하고 修行一切諸善功德하며 盡其未來에 以無量方便으로 救拔一切苦惱衆生하여 令得涅槃第一義樂이니라. 以起如是願故로

83 於一切時 一切處 所有衆善에서 隨己堪能하고 不捨修學하여 心無懈怠니라.

(6) 지관쌍수의 균형

　지와 관의 쌍수는 균형감각이 필요합니다. 법상관·대비관·서원관·정진관의 위빠사나를 통해 분석적인 명상의 장애를 없애고 막아가면서 무아에 대한 올바른 이해를 얻을 수 있고 이 앎의 힘이 삼매를 보완해 줄 수 있습니다. 그러나 지나친 분석은 과다한 지혜를 증득하지만 집중을 방해하여 사마타의 힘이 약해집니다. 마치 바람 앞에서 촛불이 흔들리듯 마음이 산란하게 될 것입니다.

　산란심 때문에 공성을 매우 명확하게 보지 못하게 될 경우 그때는 사마타를 수행합니다. 사마타의 지나친 정신집중은 분석적인 지혜의 활동을 방해합니다. 이때는 위빠사나의 지혜를 수행해야 합니다. 이렇게 사마타와 위빠사나의 쌍수하는 방법을 마치 새의 양날개처럼 조화롭게 균형을 유지하면서 수행하는 것이 중요합니다. 이렇게 수행해 가면 차츰차츰 위빠사나와 사마타 명상의 결합을 얻을 수 있을 것입니다.

(7) 일상에서 지관쌍수

　[論] 수행자는 일상생활에서 모두 지止와 관觀을 함께 수행해야 한다. 이른바 모든 법의 자성이 생겨나지 않는다는 사실을 생각하더라도 다시 인연화합을 통하여 선악의 업과 괴로움과 즐거움 등의 과보가 사라지지 않는다는 것을 생각하고, 비록 인연화합을 통한 선악의 업보를 생각하더라도 또한 그 자성을 얻을 수 없다고 생각한다. 지止를 닦는다면 세간에 대한 범부의 집착을 다스려 이승의 약한 생각을 버릴 수 있고, 관觀을 닦는다면 대비를 일으키지 않

는 이승의 좁은 마음을 다스려 좋은 일을 하지 않는 범부의 마음을 떠날 수 있다. 이런 의미에서 지止와 관觀은 서로 돕고 떨어질 수 없다. 지와 관을 함께 닦지 않는다면 깨달음에 들어갈 수 있는 길이 없다.[84]

2. 일행삼매·진여삼매 - ⑦ 소는 없고 사람만 있음[忘牛存人]

[論] 다시 이 삼매에 의지하기에 곧 법계法界가 하나의 모습인 줄 안다. 이는 모든 붓다의 법신이 중생의 몸과 평등하여 다를 게 없음을 말하니 이를 일행삼매一行三昧라고 한다. 마땅히 알아야 한다. 진여가 삼매의 근본이니 사람들이 이를 수행하면 점차 헤아릴 수 없이 많은 삼매를 능히 낼 수 있다.[85]

소는 없고 사람만 있네

---

84 若行若住 若臥若起에서 皆應止觀俱行이라. 所謂 雖念諸法 自性不生이라도 而復卽念 因緣和合하여 善惡之業 苦樂等報가 不失不壞이고 雖念因緣 善惡業報라도 而亦卽念 性不可得이니라. 若修止者면 對治凡夫 住著世間하여 能捨二乘 怯弱之見하고 若修觀者면 對治二乘 不起大悲 狹劣心過하여 遠離凡夫 不修善根이라. 以此義故로 是止觀二門 共相助成하고 不相捨離니라. 若止觀不具이면 則無能入 菩提之道니라.

85 "復次 依是三昧故로 則知法界一相 謂 一切諸佛法身 與衆生身 平等無二 卽名 一行三昧 當知眞如 是三昧根本 若人修行 漸漸 能生無量三昧."

원효의 『해동소』에서 다음과 같이 설합니다.

둘째는 지止를 닦은 결과로 나타난 뛰어난 공능을 밝힌다. 이는 앞의 진여삼매에 의하여 능히 일행一行으로 평등하게 모든 삼매를 낼 수 있는 사실을 밝힌다. 일행삼매란 『문수반야경』에서 '무엇을 일행삼매라고 합니까?'고 물으니, 붓다께서 '법계는 하나의 모습인데 이 법계를 매어 인연한 것을 일행삼매라고 한다. 일행삼매에 들어간 자는 갠지스 강 모래알만큼 많은 모든 붓다의 법계에 차별이 없는 모습을 다 안다. 아난이 붓다의 법을 듣고 모든 것을 다 기억하여 변재와 지혜가 모든 성문 중에 가장 뛰어나더라도 오히려 분별에 머물러 있으니 한계와 장애가 있다. 일행삼매를 얻는다면 모든 경의 법문을 하나하나 분별하여 모두 다 알고 조금도 걸림이 없이 아침저녁으로 늘 설하는 지혜와 변재가 끝이 없다. 아난이 많이 듣고 말 잘하는 것을 여기에 비교하면 수천분의 일도 미치지 못한다'고 자세히 설한 내용과 같다. 진여삼매가 평등하게 한량없이 많은 삼매를 낼 수 있기에 '진여가 삼매의 근본이다'고 말한다.[86]

---

86 第二는 明 修止勝能이라. 是明 依前眞如三昧하여 能生一行 等諸三昧니라. 所言 一行三昧者는 如文殊般若經 言에 云何名一行三昧오하니 佛言에 法界一相인데 繫緣法界 是名一行三昧니라 入一行三昧者는 盡知 恒沙諸佛法界 無差別相이니라 阿難이 所聞佛法을 得念總持하여 辯才智慧가 於聲聞中에 雖爲最勝이라도 猶住量數이니 卽有限礙니라 若得一行三昧라면 諸經法門을 一一分別 皆悉了知하여 決定無礙이어 晝夜常說하는 智慧辯才는 終不斷絶이니라 若比阿難의 多聞辯才이면 百千等分 不及其一이라 乃至廣說하니라. 眞如三昧가 能生此等無量三昧 故言眞如是三昧根本也라.

1) 방편을 버림

곽암선사廓庵禪師 - 망우존인忘牛存人

法無二法	법에는 두 법이 없는데[87]
牛且爲宗	소를 잠시 으뜸[宗]으로 삼았네
喩蹄兎之異名	올가미와 토끼의 다른 명칭에 비유하여
顯筌魚之差別	통발과 물고기가 차별되는 것을 나타낸다
如金出鑛	황금이 광석에서 나오는 것과 같고
似月離雲	달이 구름에서 벗어난 것과 같다
一道寒光	한 길 차가운 빛은
威音劫外	위음겁 밖의 것이다

頌

콧구멍 없는 소를 타고 고향본각에 돌아오니

주객 평등, 아법 평등, 중생부처 평등함에 사무치네

그 놈의 소 홀연히 사라지니

쓸쓸한 집, 텅 빈 방안

달빛을 벗 삼아 평등 차를 마시니

---

87 一心에 心眞如와 心生滅이 있습니다. 그래서 하나 가운데 둘이 모든 현상과 존재의 진실입니다.

우주법계 하나로 꿰뚫는 일미一味 차 맛
시간 가는 줄 모르고 취하기만 하네

'소'라는 텅 빈 마음은 사라지고 소 주인은 남았습니다. 텅 빈 본각本覺의 고향에 이르기 위해 길 따라가면서 드디어 고향의 문 앞인 진여삼매에 들어갑니다. 그래서 도가망우到家忘牛라고도 합니다. 그 결과 고향본각은 주객이 사라지고 중생과 부처가 평등하고 법계가 하나임을 알았습니다. 사마타의 선정에 의지하여 붙들고 있던 사람과 현상에 실체로서 불변의 자아가 있다는 견해를 분석이라는 날카로운 반야의 칼로써 뿌리까지 잘랐습니다. 더 이상 인아人我와 법아法我도 없고 아我와 법法을 상대하는 반야의 칼마저 필요 없습니다. 진여삼매 속에서 모든 견해가 소멸하고 일없이 한가합니다. 단지 법계가 하나인 줄 아는 앎만 남았습니다. 즉, 공적하면서 불변의 영지만 있습니다. 진리를 체득했다는 향기가 남아 있습니다. 그래서 소는 없고 사람만 있다는 것입니다.

2) 사람만 남음

이제 마음 소는 자아가 공하여 평등 공을 아는 의식의 깨어 있음만 남았습니다. 그 마음은 인식 대상이 없으므로 대상으로부터 마음이 일어나지 않습니다. 무분별의 고요함, 즉 공삼매입니다. 이 진여삼매에 의해서 법계가 하나의 모습인 줄 안다고 했습니다. 법계의 하나 된 모습은 망념을 여읜 것이며, 아我와 법法이 공하여, 물에 물을 타면 무경계가 되듯이 주객이 사라진 평등공의 법신입니다. 평등공은 삼매 속에서 드러나기 때문입니다. 그래서 공삼매인 동시에 일행삼매이며 진여삼매입니다.

진여삼매는 곧 반야지혜이며 깨달음의 바탕입니다. 즉, 진여는 마음의 본성인 어떠한 견해도 없는 공空과 어떠한 견해도 소멸시키는 불공不空이기에 내재하는 그 어떤 것도 없으므로 깨달음 자체[覺體]이고 공과 지혜는 같기 때문에 진여삼매 속에서 제일의공第一義空인 진여가 현현하면서 깨달음이 일어납니다.

'소를 타고 고향에 돌아오니 소는 사라지고 주인만 남았네'라는 표현은 소를 타고 있을 때는 주객이 하나 된 상태로 고요한 사마타정의 심일경성의 상태를 가리킵니다. 마치 두통이 생기면 머리가 인식되면서 머리만 따로 부각됩니다. 두통이 사라지면 머리도 인식에서 사라집니다. 그러나 두통이 생기기만 하면 분리현상이 생깁니다. 따라서 처음부터 두통이 없다면 머리는 인식되지 않습니다.

사마타정의 심일경성은 두통이 일어나지 않는 상태의 머리와 같습니다. 두통은 언제나 일어날 수 있습니다. 그러나 사마타정의 심일경성에 의지하여 반야의 칼로 두통의 법아를 공하게 했습니다. 이제는 영원히 두통이 일어나지 않습니다. 상대되는 머리도 인식되지 않습니다. 그래서 아공법공, 주객평등 중생과 부처의 평등하여 법계가 하나임을 안다고 한 것입니다. 그러면 소 주인도 없어야 합니다. 그런데도 남아 있는 것은 무엇이겠습니까? 깨달음의 향기라고 해야 할 것입니다. 그러나 깨달음의 향기마저 없을 때 진정한 깨달음으로 견도라고 할 수 있을 것입니다.

3) 무분별지無分別智 - 도도와 과과의 원인

무분별지는 분별을 여읜 지혜입니다. 무분별지는 공적영지空寂靈知이며 지관쌍수의 결과입니다. 보살이 견도見道에 들어갈 때 일체법의 진여를 반연하여 주와 객의 차별을 끊고, 공성과 지혜의 사이에 경계가 사라져 하나가 되어 분별이 없습니다. 무분별이 생기는 것은 공성과 공을 아는 지혜의 소연所緣과 능연能緣이 모두 평등하기 때문입니다.

『섭대승론석』권12에서는 다음과 같이 말하고 있습니다.

무분별지에는 세 가지 종류가 있다. 첫째, 가행무분별지는 심사尋思 등의 지혜로서 도道의 원인이 된다. 둘째, 무분별지는 도의 정체正體가 된다. 셋째, 무분별후득지이니 관지觀智로부터 나온 것으로서 도의 과果라고 한다.[88]

진여삼매의 경계는 소는 없고 사람만 있는 가행무분별지에 해당합니다. 『대승기신론』의 '삼매에 의지하기에 곧 법계法界가 하나의 모습인 줄 안다'는 상태입니다. 즉, 의지하기에 안다는 것은 가행(가행도)이고, 아공과 법공의 깨달음의 향기가 나는 것은 무분별지

---

88 『대정장』31, p.238 c20, 此無分別智 有三種 一 加行無分別智 謂尋思等智 卽是道因 二 無分別智 卽是道正體 三無分別後智 卽是出觀智 謂道果

수행의 목적지

苦는 고가 없고
集은 집이 없고
道는 도가 없고
滅은 멸도 없다네[89]

선정과 지혜를 함께 하여 진여삼매를 이루다

이기 때문에 가행무분별지라고 합니다.

또한 삼매에 의지하여 아공과 법공의 지혜가 분명해집니다. 아공과 법공의 바른 견해가 확립되고 갖추게 되었기 때문입니다. 마치 물결이 일지 않는 고요함과 물의 맑아짐은 분리될 수 없듯이, 달의 이지러진 부분과 달 자체가 하나인 것처럼 진여삼매에 들어가는 것이 무분별지에 들어가는 것입니다.

『람림』에서는 코끼리를 비유하여 설합니다.

---

89 청허당 휴정 지음, 일장 옮김 『禪家龜鑑』下 '보살은 오직 생각 생각으로 중생을 삼나니 생각 자체가 공함을 체득해 아는 것이 중생을 제도함이요 생각이 이미 공적하므로 실로 멸도를 얻은 중생이 없다고 한 것이다.'(菩薩 只以念念者 爲衆生也 了念體空者 度衆生也 念旣空寂者 實無衆生得滅度者也) (불광출판사 2005년 p. 67)

① 수행자가 손에 불타오르는 칼을 들고 있는 것은 공성을 목적으로 한 선정과 지혜를 함께 갖추었음을 상징한다.

제6장

깨달음
— 견도見道

1. 깨달음 - ⑧ 아와 법이 공함을 깨달음·사람과 소 모두 잊다[人牛俱忘]

[論] 앞에서 말한 바, 각의 뜻이란 심체가 염념을 떠난 것을 말하니 염념을 떠난 모습은 허공계와 같아서 두루 하지 않는 바 없어 법계의 하나 된 모습이며 바로 여래의 평등한 법신이니 이 법신을 의지하여 본각이라고 이름한다. 왜냐하면 본각의 뜻은 처음 깨침의 뜻[始覺義]에 대응하는 말이다. 이는 처음 깨침이 바로 본각과 같기 때문이다.[90]

1) 깨달음의 뜻과 내용

---

90 所言覺義者 謂心體離念 離念相者 等虛空界 無所不徧 法界一相 卽是如來平等法身 依此法身說名本覺 何以故 本覺義者 對始覺義說 以始覺者 卽同本覺.

깨달음은 인무아(아공)와 법무아(법공)의 바른 견해를 깨닫는 것을 말합니다. 공성의 지혜는 근본무분별지이며 도道의 정체正體가 또한 근본무분별지인 심지心智이며 심지는 심체心體이며 심체心體는 소멸하지 않습니다. 심체 자체가 바로 공이자 지혜이기 때문입니다. 번뇌 망상들은 마음에 내재하지 않는다는 것입니다. 죽지 않는 마음은 시공간의 제약에서 벗어나 있습니다. 공성의 지혜가 모든 번뇌들을 소멸시킨 후에도 마음은 계속해서 상속하는 것입니다. 그래서 『대승기신론』에서는 '마음 자체는 움직이는 것이 아니다. 그렇기 때문에 무명의 바람이 사라진다면 번뇌의 상속은 끊어진다. 그러나 공성을 아는 지혜의 성품은 없어지지 않는다'고 설하고 있는 것입니다.

소도 사람도 없어지다

『반야심경』에서는 깨달음의 뜻을 다음과 같이 설합니다.

> 모든 현상은 공이다
> 생겨나지도 않고 소멸하지도 않고
> 더럽지도 않고 깨끗하지도 않고
> 감소하지도 않고 증가하지도 않는다[91]

---

[91] '諸法空相 不生不滅 不垢不淨 不增不減'

원효의 『해동소』에서는 다음과 같이 설합니다.

세 번째 증거를 끌어오는 데서 '본래 상주하여 열반과 깨달음의 법에 들어가 있다'고 말한 것은 『대품경』에서 '지혜로 모든 번뇌를 끊고 무여열반[92]에 들어가는 것은 원래 세속의 법이니 제일의第一義가 아니다. 무엇 때문인가. 공空 가운데 멸할 것이 없고 또한 멸하게 할 자도 없기에 모든 법이 필경에 공空이어서 열반이기 때문이다'고 하고, 또 '무슨 뜻으로 깨달음이라 하는가. 공空의 뜻이 깨달음의 뜻이고, 여如와 법성法性과 실제實際의 뜻이 깨달음의 뜻이다. 또한 모든 법의 실상이 속이거나 달라지지 않는 것이 깨달음의 뜻이기 때문이다'고 말한 내용과 같다.

마땅히 알아야 한다. 이 가운데에서는 성품의 맑은 깨달음과 본래 청정한 열반을 기준하기 때문에 모든 중생이 본래부터 열반과 깨달음에 들어가 있는 것이다.[93]

2) 곽암선사廓庵禪師 - 인우구망人牛俱忘

---

92 생사의 괴로움을 완전히 여읜 열반을 뜻합니다.
93 第三中 言에 本來常住 入於涅槃菩提法者란 如大品經 言에 以是智慧로 斷一切結使하여 入無餘涅槃은 元是世俗法이니 非第一義라 何以故오 空中에 無有滅이고 亦無使滅者이어 諸法이 畢竟에 空이어서 卽是涅槃故이니라하고 又 言하되 何義故로 爲菩提오 空義가 是菩提義고 如義法性義實際義가 是菩提義며 復次 諸法實相의 不誑不異가 是菩提義故니라.當知하라. 此中에 約於性淨菩提 本來淸淨涅槃故로 諸衆生이 本來入也니라.

凡情脫落	범부의 정도 떨어지고
聖意皆空	성인의 뜻도 모두 공하네
有佛處不用遨遊	붓다 계신 곳에는 노닐지 않고
無佛處急須走過	붓다 안 계신 곳에는 급히 지나가는
兩頭不着	이 둘 다 집착하지 않으니
千眼難窺	천개의 눈이라도 엿보기 어려워라
百鳥啣華	온갖 새가 꽃을 물고 오니
一場懡㦬	한바탕 부끄러워 쓴 웃음 짓네

頌

말하자니 혀 잘리고
생각하자니 머리 없고
감정 올려도 가슴 없어
텅 빈 허공 햇빛 찬란하오

눈썹 같은 초승달이 회복되면서 둥근 보름달이 되는 것과 같이 마음 또한 바뀔 수 없음을 깨닫게 되고, 달이 구름에 가려져 보이지 않는다고 없는 것이 아닌 것과 같이 깨달은 이 마음에는 더 이상 미혹이 없습니다.

부언하면 모든 견해가 빈 마음은 보름달처럼 원만해지고 원만해진 이후에는 어떠한 경계가 닥쳐도 원만히 깨어 있어 바뀌지 않습니다. 일상생활의 갖가지 경계가 닥쳐도 이지러지지 않고, 번뇌의 구름에도 가려지지 않고, 꿈속에서도 꿈에 속지 않으며, 깊은 잠에 들어도 마음 달은 환히 깨어 있습니다. 도리어 그 원만한 공을 아는 의식의 깨어 있음에 의해 세상의 모든 진실이 밝혀집니다. 마치 보름달이 뜨면 어두운 밤이 환하게 밝아지고 삼라만상의 본래 모습이 적나라하게 나타나는 것과 같습니다.

2. 깨달음과 견도見道[통달위通達位]

주객이 사라진 깨달음의 경계에 이른 수행자를 법신보살이라고 합니다. 원효의 『해동소』에서는 다음과 같이 설합니다.

'법신보살들'은 초지初地 이상 십지보살이니[95] 깨달을 수 있는 사람을 말한다. 아리야식을 자아로 집착하여 머무는 모습을 알아차리고 깨달았다는 것은 '자아를 집착하여 머무는 모습' 가운데서 비록 마음 밖에 경계가 있다고 생각하지 않더라도 인人과 법法을[96] 집착하고 안으로 반연하여 머무르게 된다. 그러나 법신보살은 아공我空과 법공法空을 통달했다는 것이다. 이는 소상所相의 심체心體가 '마음이 달라지는 모습'을 깨달았으나 아직 '자아를 집착하여 머무는 모습'의 꿈에 잠들어 있기에 지금 '무분별지無分別智'와 상응하여 '자아를 집착하여 머무는 모습'의 꿈에서 깨어났다는 사실을 밝히려는 것이다. 그러므로 '아리야식을 자아로 집착하여 머무는 마음을 알아차리고 깨달았다'[97]고 하니 이는 깨달은 모습이다.

달라이라마는 『반야심경』 강설에서 다음과 같이 말합니다.

초지初地는 견도의 경계입니다. 견도見道에 들어간 사람은 모든 사물들과 사건들이 독립적인 실재를 전혀 갖고 있지 않다는 것을 직접적으로 지각합니다. 공성뿐이라는 것을 직접 지각한다는 말입니다. 그 상태를 『반야심경』에서는 무색·무수상행식無色無受想行識이라고 설합니다. 물질적으로 다양한 현상들과 감각도 표상·의지·판단작용도 경험하지 못합니다. 지관쌍수하는 과정에서 궁극적인 분석을 통하여 내재하는 그 어떤 것도 없다는 공성을 직접 체험하는 그 상태에서는 공성만 있습니다. 그 외에는 아무것도 인식하지 못합니다. 공성과 공성을 아는 지혜 사이에 경계가 무너지면서 마음속에는 주체와 객체는 사라지고 없습니다.[97] 여기서의 견도는 보살견도입니다.[98]

---

94 十地 보살은 차례대로 歡喜地·離垢地·發光地·焰慧地·難勝地·現前地·遠行地·不動地·善慧地·法雲地.를 말한다.
95 人我執과 法我執을 말한다.
96 法身菩薩等者는 初地以上의 十地菩薩이니 是能覺人也라. 覺於念住者란 住相之中에 雖不能計 心外有塵이라도 而執人法內緣而住하니 法身菩薩은 通達二空이라. 欲明 所相心體가 前覺異相이나 而猶眠於住相之夢일새 今與無分別智相應하여 從住相夢에서 而得覺悟니라. 故로 言에 覺於念住라하니 是所覺相이니라. 念無住相者란 四種住相이 滅而不起일새 是覺利益也라. 以離分別麤念相者는 人我執을 名分別하여 簡前異相之麤分別일새 故로 不名麤이니라. 法我執 名爲麤念은 異後生相之微細念일새 故로 名麤念이니라. 雖復已得 無分別覺이라도 而猶眠於生相之夢일새 故로 名隨分覺이니 是覺分齊也니라.
97 텐진 갸초(달라이라마) 지음, 주민황 옮김, 『달라이라마의 반야심경』, p.149. 참조.
98 달라이라마·툽텐 최된 공저, 주민황 옮김, 『달라이라마의 불교 강의』에서 보살견

1) 법신法身과 해탈신解脫身

해탈신과 법신의 구분은 보리심이 있느냐 없느냐에 둡니다. 보리심 없이 수행하여 출리심을 일으키고 열반에 머무는 것은 해탈신입니다. 그러나 보리심으로 수행하면 법신을 성취하고 색신色身을 나타내어 지각 있는 존재들을 구제하게 됩니다. 법신은 무분별지에 의해 성취되고, 무분별지는 세간에 머물지 않게 합니다. 왜냐하면 세간은 생사生死가 있고 환영과 같기 때문입니다.

또한 보리심에 의해서 열반에도 머물지도 않습니다. 왜냐하면 열반에 머물면 중생을 구제할 수 없기 때문입니다. 이때 법신에서 색신이 나올 수 있는 것은 물질[色]의 본성이 지혜이기 때문이며, 중생을 구제하고자 하는 열망이 보리심이기 때문입니다. 이와 같이 보리심이 색신을 얻게 하는 강력한 마음으로 작용합니다.

'색신이 왜 필요한가?'라고 묻는다면 법신은 물을 부어도 젖지 않고 불로 태워도 타지 않습니다. 모양과 색깔이 없기 때문입니다. 그래서 중생은 법신을 알 수 없습니다. 그러나 색신은 모양과 색채

도를 설하길 : 공성을 대상으로 수행하지 아니했을 때 몸과 마음의 경안을 얻고 삼매를 얻었다면 그것은 색계色界 초선정初禪定입니다. 대승의 구주심 수행은 공성을 깨닫는 통찰[觀]을 향상시키기 위해서 굳이 색계 사선정四禪定과 무색계 사선정 도합 8선정이 반드시 필요하지 않습니다. 해탈뿐 아니라, 지관쌍수止觀雙修도 지止에 기반을 둔 관觀을 향상시킴으로써 성취할 수 있습니다. 하지만 근행정으로 성문의 견도見道를 성취할 수 있는 성문승聲聞僧과는 달리, 보살은 공성을 처음으로 직접적으로 지각하고, 제4선第四禪에서 명상하고 있는 동안에 보살견도菩薩見道에 들어갑니다. 보살은 수련하고 있는 동안 언젠가 자신의 정정定 유연성을 강화하기 위해서, 색계와 무색계의 8정定을 모두 발달시킬 것입니다.

가 있으므로 중생이 알아봅니다. 그래서 중생구제는 색신이 있어
야 합니다.

몸이여

작다고 하자니
온 우주 감싸고도 넉넉하고

크다고 하자니
그 자취 찾을 수 없네

마음이여

그대는 몸 타고 삼라만상 우주로
봄 여름 가을 겨울 봄 여름 가을 겨울로 나타나네

2) 아집의 두 종류와 번뇌 – 견도 이후

『해심밀경』 원측소에 의하면 아집我執에는 두 종류가 있습니다.
첫째는 선천적으로 일어나는 아집입니다. 이 아집은 아득한 옛
적부터 허망하게 훈습한 내부 원인의 세력이기 때문에 항상 신체
와 함께 합니다. 삿된 가르침과 삿된 분별을 기다리지 않고 자연히
일어나기 때문에 선천적으로 일어나는 것이라고 이름합니다.

정념과 정지로써 정견을 찾다

둘째는 후천적인 분별에 의해 일어나는 아집입니다. 이 아집은 현재의 외부 조건에 의지하고 영향을 받기 때문에 신체와 함께하지 않습니다. 반드시 삿된 가르침과 삿된 분별을 만난 후에 비로소 일어나기 때문에, 후천적인 분별에 의해 일어나는 아집이라고 이름합니다.

견도에서는 '선천적인 것이 아닌 모든 현행의 번뇌'는 단멸됩니다. '선천적인 번뇌'는 여섯 가지 식(前五識과 의식)에 상응하고 수도修道에서 단멸됩니다. 견도의 지위 이전에는 선천적인 아집과 후천적인 아집이 서로 수반하여 현행하다가, 이제 견도 이후에는 견혹見惑을 없애서 (후천적인 아집은 사라지고, 선천적인 아집만 남아서) 선천적

으로 수반하지 않습니다.[99]

그리고 견도부터 번뇌의 성격이 달라집니다. 궁극적 보리심을 일으킨 견도의 수행자는 초지 중의 선정에서 모든 법의 법계에 대해 이미 잘 통달하였기 때문에 번뇌를 알고서 일으킵니다. 모르고 일으키지 않습니다.[100]

말하자면 초지에서 일체 제법을 모두 진실 그대로 보기 때문에 염오상이 없습니다[無染汚相]. 그래서 수행자의 마음에는 번뇌가 있을 수 없고, 번뇌가 없다면 윤회를 할 수 없습니다. 그러나 대승 보살들은 중생구제를 위해 일부러 번뇌를 냅니다. 이 번뇌는 무명에 의한 번뇌가 아니기 때문에 번뇌는 있으나 고苦를 불러올 수 없습니다. 오염이 없기 때문입니다. 즉, 보살들은 일체 제법의 법계를 통달하여 번뇌가 일어나지 않아야 되지만 중생구제를 위해서는 고의로 번뇌를 내는 것입니다. 법계에 통달하지 못하여 번뇌가 생기는 것이 아닙니다.

그리고 견도 이후부터 불지佛地에 이르기 직전까지는 깨달음의 향상일로向上一路는 모두 진여삼매 속에서 이루어집니다. 그리고 금강金剛에 비유되는 선정(금강삼매)을 통해서 불지에 이르게 됩니다.

---

99 『원측소에 따른 해심밀경』, p.666.
100 『원측소에 따른 해심밀경』, p.676. 何以故. 是諸菩薩 於初地中定. 於一切諸法法界 已善通達. 由此因緣 菩薩要知方起煩惱 非為不知.

『람림』에서는 코끼리를 비유하여 다음과 같이 설합니다.

① 정념과 정지로써 바른 견해[正見]를 찾은 상태이다.

제7장

산은 산, 물은 물
— 수도修道

1. 있는 그대로의 세계, 지혜의 몸 – ⑨ 근원으로 돌아옴[返本還源]

근원으로 돌아올 때 전생부터 선정과 지혜를 닦았다면 돈오돈수 頓悟頓修가 되지만 그렇지 않으면 돈오를 한 다음에도 점수漸修를 해야 합니다.

1) 곽암선사廓庵禪師 – 반본환원返本還源

本來淸淨　　본래 청정하여
不受一塵　　한 티끌도 받아들이지 않는다
觀有相支榮枯　현상세계의 영고성쇠를 보면서
處無爲之凝寂　무위의 정적에 머문다
不同幻化　　실체가 없는 환상과는 같지 않으니
豈假修治　　어찌 닦고 청정하게 할 필요가 있는가

| 水綠山靑 | 물은 파랗고 산은 푸른데 |
| 坐觀成敗 | 앉아서 세상의 성패를 본다 |

頌

닦고 보니 닦을 것 없었고
깨닫고 보니 새로운 깨달음 본래 없었네
꿈속에서 온갖 나라 유랑하다가
꿈에서 깨고 보니 침상에서 한 발자국도 옮긴 적 없도다

산은 산 물은 물

세속의 관습에 따라
너니 나니 분별하더라도 마음에는 걸림이 없고
사랑과 연민의 마음 크게 일어나
궁극의 보리심 실천할 마음 크게 다지도다

『화엄경』「범행품」에서는 다음과 같이 설하고 있습니다.

일체법이
곧 마음의 자체 성품인 줄 알면
지혜의 몸을 성취하되
다른 것을 말미암아 깨닫지 않는다[101]

---

101 知一切法이 卽心自性하야 成就慧身호대 不由他悟하리라.

산 그대로 물 그대로 삼라만상 온 우주 그대로 지혜의 몸[法身]이 아님이 없습니다.

2) 산은 산이요 물은 물이다

『금강경』 여리실견분如理實見分 야부 송頌

山是山 水是水	산은 산이요 물은 물이로다
佛在甚麼處	붓다는 어디에 계시는고
執有執無	'있음'에 집착하고 '없음'에 집착하는 것은
俱成邪見	모두 함께 삿된 소견이 되니
有無無二	'있음'과 '없음'에 집착하는 것이 둘 다 없어야
一味常現	한맛으로 법신이 항상 드러나리라[102]

'산은 산이요 물은 물이다'의 뜻을 다음 네 단계의 경계로 볼 수 있습니다.

산은 산이요 물은 물이다
산은 산이 아니고 물은 물이 아니다
산이 물이고 물이 산이다

---

102 원순 옮김, 『야부스님 금강경』(법공양, 2011), pp.151-153. 참조.

산은 산이고 물은 물이다

'산은 산이요 물은 물이다'는 이 네 단계의 경계 가운데 네 번째의 경지입니다. 첫째, '산은 산이요 물은 물이다'는 경계는 보이고 들리는 모든 것이 실체라고 보는 경계입니다. 둘째, '산은 산이 아니고 물은 물이 아니다'는 경계는 개체의 부정을 뜻합니다. 셋째, '산이 물이고 물이 산이다'는 경계는 자타 전체를 부정합니다. 넷째, '산은 산이고 물은 물이다'는 경계는 말과 생각에 해당되는 것은 없다는 것입니다. 그러나 이러한 경계로는 삶을 영위할 수 없습니다. 세상은 혼자 사는 것이 아니기에 세간의 일반적인 관습에 따라 사는 수밖에 없습니다. 즉, 세상은 말과 생각에 의존한다는 뜻입니다.

밖에 보이는
'산은 산이요 물은 물이다'로 세상과 다투다가
삭발염의하고 선방으로 피신하였네

선방 마루에 앉아 하릴없이 산을 보다가 홀연히
'산은 산이 아니고 물은 물이 아니다'
자신의 마음임을 알았네
기쁨 솟아나 벌떡 일어났는데
'아니다'는 그 마음이 무상 속에 빠져
과거와 미래의 삶이 사라져 찾을 길 없고

지금 이 순간을 되돌아보는 찰나
'나'라고 하는 놈 쑥 둘러빠져 텅 비어 버렸네

몸과 마음 가벼워 날마다 즐거워
좌선하길 좋아하다가 선정에 들었더니
'산이 물이고 물이 산이다'는 경계 맞닥뜨려
마음의 자성 찾아 헤맬 때에
자성 공과 지혜가 만나 서로의 경계 허물어 한 몸 이루네

공성의 즐거움 마루에 앉아 흐르는 물 보다가
'산은 산이요 물은 물 그대로' 지혜의 몸이라
삼라만상 우주 마음 자체 성품이로다
중생 향한 일편심, 화신 나투려 하네

3) 성정본각性淨本覺의 법출리경法出離鏡

『대승기신론』의 「성정본각」에서는 다음과 같이 연기법성을 설하고 있습니다.

연기법성緣起法性은 물들 수 없는 본래 깨달음이다. 연기법을 깨친 각성은 '모든 집착을 벗어난 거울'과 같다. 연기법은 불공不空의 법을 말한다. 불공의 법 그 자체로 번뇌에 의한 장애와 지혜를 막는 장애가 없고 집착으로 생긴 생멸심과 집착이 없는 불생불멸심

이 화합하고 있는 상태인 아리야식을 떠났다. 순수하고 깨끗한 밝은 지혜이기 때문이다.[103]

　인식의 장애들[所知障]을 근절하는 데 필요한 정定의 깊이는 번뇌의 장애들[煩惱障]을 없애는 데 필요한 것보다 훨씬 더 깊습니다. 왜냐하면 사물을 고정시키고, 독립시키고, 분리시키고 실체를 주장하는 고정관념에 의거하는 갖가지 잠재적 성향이 있어서 그렇습니다. 그런 이유로, 보살들은 놀랄 만한 선정의 상태들을 발달시킵니다.
　달라이라마에 의하면 7지七地 보살은 공성에 대한 불이不二의 선정으로 순식간에 들어갔다가 나올 수 있다고 합니다. 7지 보살의 마음 경안은 너무 위대하기 때문에 하나의 명상 대상에 대한 심일경心一境에서 순식간에 전환해서 다른 명상 대상에 동일한 깊이로 집중할 수 있습니다. 다른 수행자들은 이것을 그렇게 빨리, 그렇게 쉽게 할 수가 없습니다.

4) 진여삼매 속에서 수도修道

　수도는 선정 속에서 이루어집니다. 견도에서 의식상의 모든 번뇌가 소멸하지만 잠재의식 속에 있는 미세한 번뇌는 제거된 것이 아니므로 이 번뇌를 제거하기 위하여 선정 속에서 체계적으로 제

103　『대승기신론』의 「성정본각」 "三者 法出離鏡 謂不空法. 出煩惱礙智礙 離和合相 淳淨明故"

거하는 것입니다.『반야심경』에 나오는 '공 가운데는 5온도, 12처도, 18계도, 12연기도, 사성제도, 지혜도, 수행결과의 얻음도, 성취하지 못함도 아무 것도 없습니다. 그것들에게 내재하는 실재가 없다'는 뜻과 같습니다.

다시 말해 삼매 속에서 '없다'는 뜻은 첫째, 지각될 수 있는 어떤 것도 없다, 둘째, 자성이 없다는 이 두 가지 뜻이 같습니다. 그러므로 수도修道에서 수행하는 사람은 진여삼매眞如三昧 속에 머물러야 합니다. 진여 삼매 속에서는 형상 등의 개념을 생각하는 것과 같은 이원적인 번잡한 생각들이 완전히 멈춥니다. 진여삼매 속에서 체계적으로 무지와 번뇌의 잠재적 성향을 없앱니다. 이것으로써 마음이 성숙해 가면서 깨달음의 단계가 올라가고 마침내 금강삼매金剛三昧를 이루고 불지佛地에 이릅니다.

2. 큰 연민의 실천 - ⑩ 세상에 들어가 유정들을 구제[入鄽垂手]

보리심에 의해서 지각 있는 존재를 도울 수 있습니다. 붓다도 보리심을 일으킵니다. 그러나 붓다는 이미 완전한 깨달음을 성취했기 때문에 깨달음을 구하는 마음은 없습니다. 붓다가 일으키는 보리심은 중생에 상응하여 자연스럽게 일어나는 것이며 보리심을 바탕으로 중생들을 구제할 때는 상황에 맞게 다양한 모습으로 색신을 나투어서 구제합니다. 그리고 붓다의 길을 가는 보살들도 지각 있는 존재들을 구제하기 위해서 보리심을 증장시켜 번뇌를 조금 남겨 두었다가 시기가 되면 번뇌의 힘을 타고 중생(지각있는 존재)의 세계로 와서 지각 있는 존재를 구제합니다.

1) 곽암선사廓庵禪師 - 입전수수入廛垂手

柴門獨掩	울타리 문 몰래 닫으니
千聖不知	여러 성인도 알지 못하고
埋自己之風光	자기의 풍광을 감추고
負前賢之途轍	옛 성현들이 간 길도 등져 버렸다
提瓢入市	표주박 차고 저잣거리로 들어가고
策杖還家	지팡이 짚고 집으로 돌아오고
酒肆魚行	술집도 생선 가게에도 들어가
化令成佛	교화하여 성불하게 한다

頌

귀 막혀도 중생의 소리 듣고
눈 망가져도 중생 고뇌 모두 보네
흙투성이 거지꼴에도 계율의 향기 천지를 물들이고
저잣거리 고함 속에도 적정의 향기 막을 수 없고
시시비비 험악한 속에도 지혜의 향기로 절로 평화가 오네

사람들에게 권위를 내세우면 권력의 힘 때문에 잠깐은 복종하

겠지만 교화되는 사람은 아무도 없습니다. 깨달은 자는 가장 낮게 가는 자라고 합니다. 중생구제는 중생의 눈높이에 맞춥니다. 그 근거는 중생과 부처와 마음이 차별이 없이 평등함을 깨달았기 때문입니다. 관세음보살은 중생의 근기에 따라 서른두 가지의 몸을 나투어 중생 구제하는 경계입니다. 관음보살의 이러한 경지에

중생을 구제하다

이른 것은 반문문자성返聞聞自性의 수행으로 깨달음을 얻었기 때문이라고 『능엄경』에서 이야기합니다.

  이는 또 『대승기신론』의 「성정본각」의 연훈습경緣熏習鏡의 경계와 같습니다. 이 경계는 인연 있는 중생에게 좋은 영향을 끼치는 거울과 같다는 뜻입니다. 연기법은 번뇌에 의한 장애와 지혜를 막는 장애가 없기 때문에 중생의 마음을 잘 헤아려 그들이 선근을 닦게 하고 중생의 마음 따라 가르침을 시현하기 때문입니다.[104] 이것은 자비심의 실천이며 자비심은 보리심이 자라도록 하는 뿌리입니다. 공성의 지혜는 자비심과 보리심을 보완하는 중요한 역할을 하며 중생구제는 자비심과 보리심의 실천입니다.

---

104 四者는 緣熏習鏡이니 謂依法出離故로 徧照衆生之心하여 令修善根케하니 隨念示現故이니라.

2) 수행 진전이 없을 때

수행에 진전이 없으면 먼저 수행동기를 살펴보아야 합니다. 수행동기가 수행의 동력입니다. 그리고 열반에 만족하지 않고 보살의 길로 가려면 보리심 수행을 해야 합니다. 보리심은 연민심에서 일어나고 연민심은 중생의 고통에 대한 자각에서 일어납니다. 지각 있는 존재들의 근원이 공성이므로 무한한 가능성을 가진 유정有情임을 이해하고 보리심을 수행하는 것입니다. 보리심 수행은 불법승 삼보에 깨달을 때까지 귀의하겠다는, 곧 붓다가 되겠다는 의지입니다. 무한한 능력을 가지신 붓다도 지각 있는 존재들을 위하여 보리심을 일으키기 때문입니다.

수행을 시작할 때 삼보께 귀의하면서 사홍서원을 입으로 말하고 마음으로 발원하는 원보리심과 육바라밀을 실천하는 행보리심이 필요합니다. 또한 삼보에 귀의하고 자비심을 잊지 않기 위해『자비경』을 읽거나 암송하여 보리심을 일으키는 것으로 명상을 시작하면 좋습니다. 명상을 끝마칠 때는 지각 있는 모든 존재의 행복을 위해서 공덕을 회향해야 합니다.

〈회향게〉
강물이 흘러 바다에 이르듯
초생달이 둥근 달이 되듯
지각있는 모든 존재들이 평안하기를
행복하기를 기원합니다.

세상의 강물이 모두 다른 맛이지만 바다로 흘러가면 짠맛 하나가 되듯이 모든 진리는 한맛[一味]입니다. 또한 모든 강물이 바다에 이르면 그 강들의 이름은 없어지듯 모든 사람은 일미의 바다에서 평등합니다. 초생달이 둥근 보름달이 되듯이 수행을 통해 깨달음이 원만해집니다. 일미를 추구하고 깨달음을 추구하는 것은 중생들의 평안과 행복을 위해서입니다. 이것이 수행의 동기이고 수행의 최종 목적입니다.

자비다선
慈悲茶禪

제4편

행다行茶 알아차리기 명상
색·향·미 감로차 마시기 명상
깨침의 다실 꾸미기의 뜻 새기기 명상
연꽃 찻잔 일곱 가지 뜻에 들어가기 명상
네 가지 명상의 통합명상

기본 네 가지 차茶명상과 통합 명상

　자비다선의 기본 네 가지 차명상은 행다行茶 알아차리기 명상, 색·향·미 감로차 마시기 명상, 다실 꾸미기의 뜻 새기기 명상, 연꽃 찻잔 일곱 가지 뜻에 들어가기입니다. 통합명상은 이 네가지 명상들을 총 아우르는 명상입니다. 이 명상들은 다선일미茶禪一味 차명상을 깊게 체득할 수 있도록 해주는 명상들입니다. 뿐만 아니라 자비수관과 자비공관을 도와주는 명상이기도 합니다. '행다 알아차리기 명상'은 일상생활에서 차나 커피를 마시면서도 알아차림하여 의식 깨우고, '감로차 마시기 명상'을 통해 내면을 보면서 심안心眼을 쉽게 열며, '다선실 꾸미기 명상'을 통해 수행의 길을 분명하게 보게 됩니다. '연꽃 찻잔 일곱 가지 뜻 새기기 명상'을 통하여 집중과 지혜가 생기게 하여 모든 속박에서 벗어나는 깨달음을 이루게 합니다.

제1장

행다行茶
알아차리기
명상

1. 들음으로 얻는 지혜와 사유하여 얻는 지혜

순간순간 깨어 있으리

행다하는 순간순간 모든 동작 알아차려
감정과 생각 덧붙이지 않으면
현재 순간에 늘 깨어 있으리니
과거와 미래로 마음 흘러가지 않으리라
없는 과거를 회상함은 죄책감 생기어
미혹에 빠지는 무지 일어나며
있지도 않은 미래를 생각함은 불안감 생기어
무명의 바람에 흔들려 생명 위태하네

눈을 뜨자

과거를 기억하는 그 회상은 현재이며
미래를 생각하는 그 추상도 현재이니
알아차림을 통해 현재 순간에 깨어 있으라

현재 순간이 무시간의 영원이며
머리 없고 꼬리 없어 불생불멸이며
잡을 만한 모습 없어 무상이며
너 나 경계선 사라져 무경계, 무분별이니
삶과 죽음의 모든 속박에서 해방되리라

2. 행다 알아차리기 명상

◎ 시작을 알리는 죽비를 세 번 치고 좌종을 한번 울린다.

1) 좌종소리 따라 주시하기 - 긴장완화

▷ 좌종소리에 따라 허리를 펴고 숨을 들이쉬고 내쉬면서 어깨에 힘을 빼고 척추를 곧추 세웁니다. 눈은 반쯤 감고 시선을 코끝에 잠시 둡니다.(10여초)
▷ 자신의 몸을 주시하고, 또 앞에 놓인 차 도구도 주시합니다.

2) 찻잔잡기의 행다 알아차리기

○ 좌종을 한번 칩니다.

① 모든 동작 알아차리기
▷ 모든 동작의 감각을 알아차리고 다관에 차를 넣고 물을 붓습니다.
▷ 차를 우려내어 찻잔에 찻물을 조심스레 따릅니다. 이때 찻물이 떨어지는 소리와 찻물이 찻잔 바닥에 닿을 때의 느낌을 알아차립니다.

② 찻잔과 차 색깔 보기
▷ 찻잔에 차를 다 따르고 난 뒤 가만히 앉아 찻잔의 모양과 찻잔 바닥에 있는 연꽃문양을 주시하고 찻물의 모양과 맑고 투명한 빛깔을 주시합니다.

③ 찻잔 잡으러 가기
▷ 이제 천천히 손을 뻗어 찻잔을 잡으러 갑니다. 손을 움직이는 동작마다 느낌의 변화를 알아차리면서 찻잔에 손이 닿았을 때의 촉감을 알아차립니다.

3) 차의 색·향·미를 보고 맡고 음미하기

○ 좌종을 한번 칩니다.

④ 찻잔 들고 주시하기
▷ 잔을 들어 올릴 때의 무게감을 알아차리고, 몸 쪽으로 잔을 가져오는 동작마다 그 움직임 하나하나를 알아차리면서 주시합니다.

⑤ 찻물이 잔잔해질 때까지 움직이지 않기
▷ 찻물의 움직임이 잔잔해질 때까지 가만히 있습니다.

⑥ 찻잔 입으로 가져오고 찻물 색 주시하기
▷ 잔을 입으로 가져오면서 잔 속에 담긴 연꽃문양을 바라보고 찻물의 맑고 투명한 찻물 빛을 주시합니다.

⑦ 촉감 알아차리기
▷ 잔이 입에 닿을 때의 촉감을 알아차립니다.

⑧ 차향과 차 맛 음미하기
▷ 천천히 차향을 느끼고, 차를 조금씩 마시면서 차 맛을 감지합니다.
▷ 몸에 일어나는 반응, 생각, 감정의 움직임이 있는지 알아차립

니다.

4) 찻잔 내려놓기

○ 좌종을 한번 칩니다.

⑨ **찻잔 내려놓기**

▷ 이제 잔을 서서히 내려놓으면서 역시 움직이는 순간순간을 알아차립니다. 잔이 바닥에 닿을 때의 느낌, 무게감, 소리 등을 알아차리며 잔에서 손을 거두어들이는 동작까지 매 순간 변하는 동작들을 자각합니다.

▷ 이제 행다를 마치면서 시선을 코끝에 두고 다시 한 번 자기 몸과 마음의 반응을 가만히 약 10초 동안 주시하고 살핍니다.

▷ 마음속으로 나와 참석한 모든 사람들이 상호연결된 하나임을 인식하면서 차의 물빛처럼 맑은 자비심을 담은 차가 지구의 모든 강물에 흐르고 그 강물이 흘러 바다에 이르면 모든 강물의 맛이 바다의 맛과 하나[一味]가 됩니다. 이제 그 일미를 참석한 모든 사람들에게 하나씩 하나씩 시각화하여 다시 보냅니다.

◎ 끝남을 알리는 죽비를 세 번 칩니다. 합장합니다.

3. 행다 알아차림의 효과 살펴보기

① 대상을 있는 그대로 알 수 있습니다. - 착각과 왜곡을 줄이고 없앱니다.

② 생각하고 판단하기 전에 직접 인식합니다. - 직관력이 생겨서 있는 그대로 바로 볼 수 있게 됩니다.

③ '나'라는 생각에서 벗어납니다. - 망상증이 줄어들고 없어집니다. 건망증과 치매를 예방합니다. 기억력이 증강합니다.

④ 자기가 하는 모든 행위를 스스로 압니다. - 자각·반조·자기의 감정과 의도·생각을 알 수 있습니다. 자기의 마음을 챙기면서 보호합니다. 의식이 깨어납니다. 스트레스에 대응하는 능력이 생깁니다. 순간 집중력이 생깁니다. 집중력이 생긴 결과로 성격이 부드러워지며 전체를 보는 힘이 좋아집니다. 집중력 때문에 불안증세가 호전되고 없어집니다.

⑤ 생각과 감정을 끊어줍니다. 접촉하게 되면 느낌이 생깁니다. 좋은 느낌, 나쁜 느낌, 무덤덤한 느낌이 있습니다. 좋은 느낌은 쾌락으로 흐르고 나쁜 느낌은 혐오로 흐르고 무덤덤한 느낌은 어리석음으로 흐를 수 있습니다. 그런데 감각을 알아차림 하게 되면 좋은 느낌은 좋은 느낌에서 끝나게 합니다. 나쁜 느낌이나 무덤덤한 느낌 등 모든 느낌을 다른 감정과 생각으로 이어지지 않게 하여 마음의 안정을 줍니다.

⑥ 그리하여 대상과 동일시하는 정신현상, 똑같은 생각을 반복하는 정신현상, 잡생각을 많이 일으키는 정신현상, 분노조절

이 어렵거나 탐욕의 힘을 자제하기 힘든 정신현상도 해결합니다.

⑦ 자제하는 힘이 생깁니다.
⑧ 사고가 민첩해서 큰일도 쉽게 해결하는 힘이 생깁니다.
⑨ 마음이 쉬어지면서 의식의 공간이 넓어집니다.

제2장

색·향·미
감로차 마시기
명상

1. 들음으로 얻는 지혜[聞慧]와 사유하여 얻는 지혜[思慧]

'감로'는 불생불멸의 열반을 비유한 말입니다. 또한 불사不死의 뜻이 있습니다. 감로수는 불사의 약입니다. 열반은 공성입니다. 따라서 감로차를 마실 때 감로차를 공성으로 직관하면 깨달음으로 갈 수도 있습니다.

공空을 아는 방법은 『중론』에서 '무상즉공無常卽空'과 '인연즉공因緣卽空'이라고 하였습니다. 찻물이 목을 타고 내려갈 때 찻물을 무상無常으로 관하여 공성으로 들어가면 됩니다. 또한 찻물의 색·향·미는 내 안의 몸을 의존합니다. 그러므로 색·향·미 찻물은 인연즉공입니다. 인연을 관찰하면 공성을 체득할 수 있습니다. 색·향·미 찻물이 몸에 흡수될 때 바로 무상즉공, 또는 인연즉공으로 분석 사유하고 관찰하면 됩니다. 익숙해지면 직관하여 바로 공성의 지혜를 얻고 체득할 수 있습니다.

2. 색·향·미 감로차 마시기 명상
- 수혜 修慧

◎ 시작을 알리는 죽비를 세 번 치고 좌종을 한번 울린다.

▷ 좌종소리에 따라 허리를 펴고 숨을 들이쉬고 내쉬면서 어깨에 힘을 빼고 척추를 곧추 세웁니다. 눈은 반쯤 감고 시선을 코끝에 잠시 둡니다.(10여초)

▷ 미리 준비한 찻잔을 듭니다.

▷ 찻잔을 들어 올릴 때의 무게감을 알아차리고, 찻물의 움직임이 잔잔해질 때까지 가만히 있습니다.

▷ 잔을 입으로 가져오면서 잔 속에 담긴 연꽃문양을 바라보고 찻물의 맑고 투명한 찻물 빛을 주시합니다.

▷ 찻잔을 들고 마십니다. 숨을 들이쉬고 내쉬면서 빛깔과 향기, 그리고 맛을 음미합니다. 색·향·미를 기억하기 위해 다시 한 모금 음미합니다.

▷ 찻잔을 내려놓고 상상 속에서 찻잔을 들고 차를 마시고 숨을 들이쉬고 내쉬면서 차향과 차 맛을 음미합니다. 찻물이 목으로 넘어갈 때 부피감과 무게감을 느낍니다.

▷ 색·향·미를 머금은 찻물의 맑고 투명한 백색의 미세한 알갱이를 안개같은 이미지로 시각화하여 그 안개가 온몸을 감싸고 마치 모래에 물이 스며들 듯이 온몸의 세포에 스며들게 합니다. 좌종을 한번 칩니다.

○ 좌종의 울림이 끝나고도 잠시 동안 온 몸 스며들기를 합니다.

▷ 의식을 발가락 끝에 두고 찻물이 온몸의 세포에 스며들게 합니다. 좌종을 한번 칩니다.
○ 좌종의 울림이 끝나고도 잠시 동안 온 몸 스며들기를 합니다.

▷ 의식을 손가락 끝에 두고 찻물이 온몸의 세포에 스며들게 합니다. 좌종을 한번 칩니다.
○ 좌종의 울림이 끝나고도 잠시 동안 온 몸 스며들기를 합니다.

▷ 의식을 머리끝 정수리에 두고 찻물이 온몸의 세포에 스며들게 합니다. 좌종을 한번 칩니다.
○ 좌종의 울림이 끝나고도 잠시 동안 온 몸 스며들기를 합니다.

▷ 의식을 동시에 발가락, 손가락, 머리끝에 두고 찻물이 온몸의 세포에 스며들게 합니다. 좌종을 한번 칩니다.
○ 좌종의 울림이 끝나고도 잠시 동안 온 몸 스며들기를 합니다.

▷ 천천히 눈을 뜨고 앞에 있는 찻잔을 들고 한 모금 차 맛을 음미합니다. 찻물이 목을 타고 내려가면서 온몸에 스며드는 것을 지켜봅니다.
▷ 차의 물빛처럼 맑고 투명한 자비의 마음으로 차의 색·향·미

가 온몸에 스며드는 흐름을 지켜봅니다. 그리고 그 흐름이 지구의 모든 강물로 흐르고 그 흐름이 흘러흘러 바다에 도달함을 떠올립니다. 우리 몸의 부분부분들에서 흘러내린 갖가지 이름을 가진 모든 강물들이 흘러 바다를 만나면 바다라는 하나의 맛[一味]이 되어 이 세상 모두가 평등해짐을 생각합니다.

◎ 죽비를 세 번 치고 합장하고 끝마칩니다.

3. 몸속 다섯 가지 기운의 흐름

차는 커피와 다르게 흐르는 기운이 있습니다. 열매는 갈무리하는 성격이 있는 반면 차 잎은 발산의 성품이 있어서 차 잎을 차로 법제해도 그 성격이 사라지지 않습니다. 발산하는 차의 기운은 명상을 도와주고 다선일미의 깨달음을 성취하게 하는 조건이 됩니다. 화가 나면 화의 불기운으로 얼굴이 붉어집니다. 화의 불기운은 목, 혀, 눈, 머리에 악영향을 주어 갖가지 병을 일으킵니다.

그러나 차를 마시면 물의 청량한 기운이 머리로 올라가게 되고 불의 뜨거운 기운은 아래로 내려갑니다. 좋은 차는 마시면 마실수록 차의 그 기운으로 몸과 마음이 가벼워집니다. 차의 기운이 의식을 각성시키고 집중과 분석에 도움이 되기 때문입니다.

우리의 마음과 기운은 분리되어 있지 않습니다. 우리가 신체의 어느 부위에 마음을 두게 되면 자연히 기운의 흐름이 마음을 둔 신체부위로 흐르게 됩니다. 그러므로 발가락이나 손가락, 정수리에 의식을 두고 찻물 스며들기를 할 때에 의도적으로 마음을 일으켜 기운을 발가락으로 내리거나 손가락으로 내리거나 정수리 쪽으로 올리면 안됩니다. 의식이 있는 곳이면 바람(에너지)이 그쪽으로 저절로 흐르는데 의도적으로 기운을 움직이면 몸에 결절이 생겨 기공병氣功病에 걸릴 수 있습니다. 바람은 기운이며 에너지입니다. 우리 몸에 흐르는 기운들을 잘 알고 명상할 때 명상의 효과를 더 높일 수 있습니다.

몸속의 다섯 가지 기운의 흐름은 다음과 같습니다.

첫째, 생명유지의 바람[持命氣=持命風]은 정문 뇌에 위치하고 있으며 가슴에도 있습니다

둘째, 상승하는 바람[上行氣=上行風]은 가슴과 흉부에 위치하고 있습니다. 가슴에서 기운이 상승하여 말하고 호흡하고 생각할 수 있으며 그 말과 생각, 호흡으로 인해 기운은 더 위로 상승합니다.

셋째, 편재의 바람[遍行風=遍行氣]은 가슴에 위치해 있습니다. 심장에서 온 몸으로 피를 보낼 때 기운도 함께 흐릅니다. 기운의 흐름으로 인해 온 몸으로 피가 돈다고 볼 수도 있습니다.

넷째, 머무름의 바람[等住風=等住氣]은 위장과 복부에 위치해 있고 음식을 소화시키는 작용을 합니다.

다섯째, 하향하는 배설의 바람[下行風=下行氣]은 직장, 창자, 회음부에 위치하고 있습니다. 노폐물을 배설하고 다리를 움직이기 때문에 기운이 아래로 움직입니다.

4. 감로차 마시기 효과 살펴보기

① 집중력이 생깁니다. 마음의 근육이 생겨 불안감이 사라지고 밖에서 들어오는 스트레스에 마음의 동요가 현저히 줄어들며 대처능력이 생깁니다.
② 전체를 보는 힘이 생깁니다. 부분에 집착하여 걱정이 많고 매사가 불만스러우며 부정적인 감정에 휩싸이는 현상이 완화됩니다. 탐욕과 분노가 줄어들거나 해소됩니다.
③ 심안이 생깁니다. 몸 안 뿐만 아니라 감정과 생각을 보고 무상, 고, 무아, 공을 볼 수 있기 때문입니다.
④ 지혜가 생깁니다. 지혜가 부족하거나 없으면 착각과 왜곡이 일어납니다. 즉, 자신의 처한 현실과 목표치 사이의 간극을 극복하지 못하여 자신과 사회에 대한 왜곡된 시선을 가집니다. 또한 왜곡된 시선으로 사회현상을 보게 되면 잘못된 인식으로 받아들여 현실과 일치하지 않는 비합리적인 인식을 확산시킬 수 있습니다.
⑤ 몸이 건강해집니다. 몸이 가볍고 기운이 왕성해지며 머리가 맑아집니다. 갈등과 집착의 부정적 에너지를 사랑, 연민, 용서, 베품, 희망 등 긍정의 에너지로 전환시키는 치유의 힘이 생기고 건강해집니다.
⑥ 몸과 마음이 가볍고 기쁨이 생기며 의식이 명징해지면서 편안해집니다(경안輕安).
⑦ 마음의 고요가 옵니다(삼매).

⑧ 지구의 모든 강물이 흘러 바다에 이르면 모든 강물의 맛이 바다의 맛 하나[一味]로 되듯이 나를 포함한 일체 모든 것이 일미임을 이해합니다.

제3장

깨침의 다실 꾸미기의 뜻 새기기 명상

1. 들음으로 얻는 지혜와 사유하여 얻는 지혜

'깨침의 다실 꾸미기 뜻 새기기'는 수행의 결의를 다지게 하는 동력이며 출발과 목적지에 이르는 길을 미리 아는 깨달음의 지도地圖로서의 의미를 가집니다. 모든 명상에도 활용할 수 있는 명상법입니다. 마음속의 잠재력을 이끌어내고 가능성을 현실화하는 하나의 용광로와 같아 마치 무지가 섞인 광석을 마음순금을 축출해 내는 것과 같습니다. 이 지도는 잠재되어 있는 무한 가능성의 마음[阿梨耶識]에 자극을 줍니다. 즉, 모든 존재와 모든 것의 근원인 심광명心光明으로 들어가게 영향을 줍니다. 그리하여 삶과 죽음의 괴로움을 일으키는 무지와 번뇌를 소멸하게 하고, 밖에서 안으로, 형상에서 무형상으로, 현상에서 본성으로 들어가게 하는 길입니다.

깨달음의 지도는 깨달음의 속에 있으면서 깨달음을 추구한다는 뜻입니다. 깨치고 나면 원래 깨달을 것이 없음이며, 진리를 추구하지만 진리 아닌 것이 없어서 진리에서 벗어난 적이 없음을 뜻합니다. 이러한 이치를 모르고 수행하는 것은 바른 길에서 벗어서 삿된 깨달음을 이룰 수 있기 때문에 위험합니다. 깨달음은 꿈에서 깨는 것에 비유할 수 있습니다. 꿈이란 번뇌로 인한 괴로움에 둘러싸인 현실세계이고, 깨고 나면 실체가 없습니다. 꿈에서 깨어나려는 노력이 바로 수행입니다.

꿈에서 깨어나는 비유를 통하여 인생의 긴 꿈에서 벗어나는 방법을 몽관夢觀이라 합니다.

몽관은 4단계의 깨달음의 과정을 가집니다.

첫 단계 ; 꿈속에서 자기의 몸이 큰 강물에 떠내려가는 것을 봅니다. 이것이 꿈속의 마음이 만든 것임을 알지 못하고 실제로 물에 빠져 떠내려가는 것으로 알아 크게 두려워합니다. 꿈속에서 물에 떠내려간다고 두려워하는 이것이 꿈인 줄 깨닫지 못하는 것은 불각不覺입니다. 그리고 물속에서 필사적으로 벗어나려고 노력하는 것은 범부의 깨달음입니다[凡夫覺]. 생사의 긴 꿈에서 인간세계의 모든 고통인 팔고八苦[105]에 빠져 돌고 돌아 헤어나지 못하는 것입

---

[105] 팔고八苦는 생로병사의 사고四苦에, 사랑하는 것과 헤어지는 고통인 애별리고, 싫어하는 것과 만나는 고통인 원증회고, 구하여도 얻지 못하는 고통인 구부득고, 오음 즉 오온에 대한 집착에서 생기는 고통인 오음성고 등 사고四苦를 추가한 것입니다. 뒤의 사고四苦 중 삼고三苦는 외부관계에서 비롯되었고, 오음성고는 자기 자신에게서 발생하는 고통으로서 육신과 정신에 대한 집착에서 기인합니다. 팔고八苦는 결국 인간세계의 모든 고통을 뜻합니다.

니다.

　두 번째 단계 ; 꿈속에서 물속에 빠진 것이 꿈인 줄 알아서 물속에서 벗어나려고 허우적거리는 것을 멈추고 두려워하는 마음을 내지 않습니다. 꿈속에서 다른 꿈을 꾸면서 내가 보는 바가 꿈이요 현실이 아님을 아는 것은 범부에서 벗어나는 작은 깨달음[相似覺]입니다. 성문과 연각, 초지初地에 이른 초발의初發意 보살의 경계입니다. 생사의 긴 꿈에서 보면 모든 부처님의 훈습과 대비大悲의 힘에 의해 믿고 이해하는 마음[信解心]을 내는 것입니다.

　세 번째 단계 ; 꿈속에서 아직 스스로가 침상에 누워 있음을 알지 못하고 있습니다. 그러나 머리를 움직이고 손을 흔들어 완전히 꿈에서 깨어나려고 합니다. 꿈을 깨려고 몸을 움직이는 것은 어른 수준의 큰 깨달음[隨分覺]으로 법신法身보살의 경계입니다. 생사의 긴 꿈에서 보면 모든 것을 꿈과 같이 보는 몽관夢觀으로 여몽삼매如夢三昧를 얻는 경지입니다. 여몽삼매如夢三昧를 이룰 때 무생법인無生法忍을 얻게 됩니다.

　네 번째 단계 ; 완전히 잠에서 깨어났을 때에 앞의 꿈 인연을 자세히 살펴보면 물과 떠내려가는 나의 몸이 모두 꿈속의 일이라 꿈에서 깨고 보니 존재하지 아니하고, 처음부터 고요히 침상에 누워 있다는 사실을 알게 됩니다. 생사의 꿈에서 깨어난 것은 구경각究竟覺으로 붓다의 지위地位입니다. 생사의 긴 꿈에서 보면 오직 마음뿐 다른 경계가 없는 일심一心이 자성이 공한 일여一如의 상床에 누워 있음을 아는 것입니다.

　깨달음의 자리에 비유되는 차실茶室은 상상력으로 차실을 시각화하여 생생하게 꾸미는 것입니다. 마치 꿈속에서는 시간과 공간을 초월하듯이 상상의 세계도 이와 같습니다. 즉, 유마거사의 방같이 상상의 신통력으로 깨달음의 다실을 꾸미는 것입니다.

1) 전체 이미지 시각화하기

○ 집에서부터 깨침의 다실에서 차를 마시기까지의 그 모든 과정은 법계가 하나의 모습임을 말합니다. 깨침의 다실 꾸미기는 우리가 깨달음 속에 살고 있으면서도 그를 알지 못하고 생사의 괴로움에 빠져 있으므로 그 깨달음을 회복하는 과정을 의미합니다.

명상을 시작하기 전에 전체 이미지 떠올리기를 하는 이유는 '깨침의 다실 꾸미기 뜻 새기기' 시각화 명상을 잘 하기 위한 첫 출발입니다. 먼저 전 과정의 뜻을 이해하고 난 뒤 집에서부터 깨달음의 방으로 이어지는 전 과정의 이미지를 한 눈에 들오게끔 시각화해봅니다.

시각화가 잘 되지 않을 때는 반복해서 해봅니다. 반복하는 것은 번뇌를 잠재우고 집중력을 키우며 깨달음의 이치와 그 과정을 이해하게 해 줍니다. 그래서 시각화가 이루어지면 명상의 시작인 집에서부터 출발을 합니다. 만약 반복해서 연습을 해도 시각화가 이루어지지 않으면 그냥 바로 집에서부터 명상을 시작해도 됩니다.

2) 명상정원에서 오솔길을 지나 정자다실로 가는 이미지

○ 눈을 감고 상상 속에서 자신의 집을 떠올려봅니다. 그 세속의 집은 몸과 마음과 환경이 결합된 사람(五蘊)입니다.
○ 아름다운 정원으로 들어갑니다. - 수행의 출발을 뜻합니다.
○ 자기가 좋아하는 꽃들과 나무들을 떠 올립니다. 꽃은 반드시 열매를 맺기 때문에 수행하게 되면 깨달음이라는 결과를 얻는다는 것, 그 깨달음으로 지각 있는 존재를 돕는다는 뜻을 동시에 가집니다.
○ 정원에서 앞을 바라보면서 아늑하고 아름다운 한옥을 그려 봅니다. 한옥은 수행의 목적입니다.
○ 정원에서 정자 같은 한옥으로 가는 길은 오솔길이며 그 오솔길은 수행의 길입니다. 오솔길은 고요함의 표현으로 고요함은 수행의 길을 열어주는 것입니다.
○ 오솔길을 걸어갑니다. 그 수행 길에는 방해꾼도 있습니다. 정원에 있는 탐스런 과일과 정원에서 살고 있는 새들과 토끼와 원숭이들입니다. 행선行禪, 또는 걷기선禪 명상[鏡禪]으로 산란심을 일으키는 과일과 새, 들뜸의 원숭이, 그리고 혼침의 토끼라는 번뇌를 제거하면서 걸어갑니다. 그러면 수행의 길이 분명하게 보이고 고요[三昧]해집니다. 길에서 길로 점점 상승하게 하는 것은 삼매입니다. 삼매 속에서 지혜와 자비가 계발되고 정신적 성숙이 일어납니다.
○ 오솔길 끝에는 시냇물이 흐릅니다. 시냇물은 탐욕과 분노와

어리석음의 흐름입니다. 색깔은 탁하고 들끓고 냄새나고 검게 오염되어 있습니다.

○ 아담한 한옥 앞으로 가로질러 흐르는 시냇물을 건너는 여섯 개의 징검다리가 있습니다. 여섯 개의 징검다리는 세간世間(시간과 공간)에서 출세간出世間(시간과 공간을 벗어남)으로 건너가는 육바라밀의 다리입니다. 바라밀은 '건너는 과정'과 '완전 건너간' 두 가지 뜻이 있습니다. 바라밀은 괴로움에서 벗어남을 의미합니다. 보시·지계·인욕·정진·선정·반야라는 여섯 가지 괴로움을 건너는 방법이 있습니다.

○ 여섯 개의 징검다리를 건넙니다. 먼저 보시라는 징검다리를 건너갈 때는 탐욕이 없어져 시냇물의 탁함이 점점 맑아집니다. 지계라는 징검다리를 건널 때는 도덕성이 살아나 시냇물의 더러운 냄새가 향기로 살아납니다. 인욕이라는 징검다리를 건널 때는 분노의 감정이 사라져 세차게 흐르는 시냇물이 조용히 흐릅니다. 정진이라는 징검다리를 건널 때는 시냇물의 검은 색이 투명해 집니다. 이는 보시·지계·인욕을 행하여 마음이 투명해졌기 때문입니다. 선정이라는 징검다리를 건널 때는 번뇌가 일어나지 않아 흐름을 멈춘 것 같이 잠잠해집니다. 지혜라는 징검다리를 건널 때는 무지가 사라져 이 모든 형상이 거울의 반영같이 환영임이 드러납니다. 여섯 개의 징검다리를 건너는 것은 보리심을 내어 보시·지계·인욕·정진 바라밀의 도움을 받아서 사마타[止]와 위빠사나[觀]로 선정과 지혜를 얻는 바라밀을 수행하면 번뇌와 무지가 자비와 삼매와 지

혜로 바뀌어 가는 것을 상징합니다.
○ 징검다리를 건너면 소나무 숲이 있습니다. 여섯 바라밀의 징검다리를 건너 만난 소나무 숲에서 소나무에 기대어 봅니다. 소나무에 기대어 관계성 사유를 합니다. 작은 부분인 소나무와 전체인 우주가 상호 의존하는 연기이며 공성임을 아는 순간 공성의 빈 마당이 펼쳐집니다.

3) 정자의 다실로 들어가는 이미지

○ 공성을 아는 지혜로 소나무숲을 지나 깨달음의 방이 있는 널찍한 빈 마당을 지나갑니다. 걷는 순간 순간 마당 한 곁에는 연못이 나타나고 홍련과 백련도 피어납니다. 빈 마당을 지나가는 것은 공성을 아는 지혜로 그 지혜에 의해 선정의 연못이 열리고 깨달음의 연꽃이 피어납니다.
○ 빈 마당을 가로질러 계단을 올라갑니다. 범부각凡夫覺과 상사각相似覺의 계단을 올라서 수분각隨分覺의 마루에 오르고 구경각究竟覺의 깨달음의 방으로 들어갑니다. 또는 자량도資糧道-가행도加行道-견도見道-수도修道-구경도究竟道의 다섯 계단을 오르고 마루에 올라서고 다실로 들어갑니다.
○ 방문을 열고 들어갑니다. 문은 진리의 문이며 방은 깨달음의 자리입니다.

4) 다실에서 되돌아보는 지혜

○ 다실의 문을 통해 밖을 봅니다. 마당, 연못, 연꽃과 소나무, 시냇물, 오솔길 그리고 저 멀리 정원도 보입니다. 문 밖을 보는 것은 수행의 길을 반조하는 지혜입니다.

5) 다실 안의 이미지

○ 창문에는 햇빛이 비치고 방안은 연꽃향기가 은은합니다. 햇빛은 지혜이며 연꽃향기는 깨달음의 향기입니다.
○ 다포 위에는 다관, 물 식힘 그릇, 명상찻잔, 차 통, 차 숟가락, 차 수건이 있습니다. 오른편에는 물 끓이는 도구(화로 위에 물주전자)가 있습니다. 이들은 자비심을 증장시키는 도구이며 깨침에 도움을 주는 도구입니다.
○ 왼쪽 벽에는 다선일미茶禪一味 족자가 걸려 있습니다. 일미一味는 깨달음의 내용입니다.
○ 명상 찻잔을 들어 차를 음미합니다. 이 때는 색·향·미 감로차 마시기 명상, 연꽃 찻잔 일곱 가지 뜻 새기기 명상, 오색차五色茶 명상, 색·향·미 한 마음 차명상, 자비다선慈悲茶禪 중에 자신이 좋아하는 다선일미茶禪一味 차명상을 합니다. 이제 몸과 마음의 변화를 살펴봅니다. 감로차는 불사의 약으로 몸과 마음의 생멸하는 번뇌를 없애주어 생사가 없는 마음의 본성을 깨닫게 합니다. 차물은 죄업을 없애주는 정화의 의미입니다.

2. 다실꾸미기 뜻 새기기 명상의 효과 살펴보기

① 명상의 목적을 분명하게 해 줍니다. 명상을 통해 삶과 죽음의 문제를 해결하고 삶 속에서 일어나는 갈등을 해소합니다. 즉, 몸과 마음을 관조하여 살아가야 할 방향과 길을 찾음으로써 스트레스 등의 부정적 감정에서 자유로워지도록 하는 것입니다. 또한 자신에 대한 의문에 대한 해답을 자신의 내면에서 찾게 합니다.

② 명상의 과정을 알게 합니다.

③ 의식을 명료하게 합니다.

④ 깨달을 수 있다는 의욕을 일으킵니다.

⑤ 이미지를 시각화하여 보고 사유하므로 두뇌회전이 빨라지고 문제해결력이 생깁니다.

⑥ 다실 꾸미기를 하다보면 각각의 생각에 따라 이미지를 만들고 공간 배치를 함으로써 창의력이 생깁니다. 그리고 그 과정들에서 의식이 지혜로 전환됩니다.

⑦ 마음의 근육이 생깁니다. 즉, 집중력이 생기고 그 어떤 것도 감당할 수 있는 마음의 힘이 커집니다.

⑧ 최근에는 가상현실이나 시뮬레이션이 심리치료에 많이 활용되고 있습니다. 그러나 다실 꾸미기 관상법觀想法은 가상현실이나 시뮬레이션같은 도구를 사용하지 않음에도 불구하고 더 효과적인 명상법입니다. 자신의 힘으로 자신의 문제를 스스로 해결할 수 있도록 해줍니다. 즉, 우울증, 외상 후 스트레스 장

애증후군 등 정신적인 문제에 대한 해결력이 자생적으로 생깁니다. 심리적, 육체적 긴장과 갈등이 고조되는 것을 억제하고 다양한 형태의 고통으로 이어지는 것을 막아주고 고통으로부터 해방시켜줍니다.

⑨ 상상 속의 다실은 '나'만의 공간이므로 몸과 마음이 지쳤을 때 몸과 마음을 휴식할 수 있는 공간이 됩니다. 삶에 대한 불안감 등 부정적인 감정이 발생할 때, 마음의 평안을 주는 나만의 공간을 제공합니다.

⑩ 상상 속의 다실은 마음의 공간이므로 자신의 마음의 상태에 따라 그 크기가 달라집니다. 달관의 마음, 용서와 관용의 마음, 자비의 마음이 증장하면 현실 속에서도 마음 그릇이 커집니다.

3. 다실꾸미기 뜻 새기기 명상의 실제

다실 꾸미기 뜻 새기기 명상은 집 현관을 나와 아름다운 정원을 거닐면서부터 건너편에 있는 다실에 가는 과정과 다실에 들어가서 다실을 꾸미고 차를 마시기까지의 모든 과정들을 상상으로 시각화하면서 하는 명상입니다. 상상 속에서 각자 자신만의 정원과 오솔길과 다실 등을 만듭니다. 자신의 공간감각과 미적 감각(색감, 디자인, 모양)을 충분히 활용하여 꾸미는 이미지의 시각화 활동입니다. 본인이 꾸미는 모든 것은 바로 본인의 심리현상입니다. 여기서 다실 꾸미기 뜻을 새기면서 상상으로 다실을 꾸미는 활동은 전식득지轉識得智하는 것으로 무지의 마음을 지혜로 전환하는 것이며 다실 꾸미기가 그대로 전식득지의 장場이 됩니다.

◎ 시작을 알리는 죽비를 세 번 치고 좌종을 울립니다.

▷ 좌종소리에 따라 허리를 펴고 숨을 들이쉬고 내쉬면서 어깨에 힘을 빼고 척추를 곧추 세웁니다. 눈은 반쯤 감고 시선을 코끝에 잠시 둡니다.(10여초)

▷ 손바닥은 하늘로 향하게 하고 두 손을 가지런히 포개어 엄지손가락이 맞닿게 하고 배꼽 아래에 살포시 놓습니다. 또는 두 손을 포개어 배꼽 아래 편안하게 놓아둡니다.

▷ 미리 준비한 찻잔을 들고 마십니다. 숨을 들이쉬고 내쉬면서 빛깔과 향기, 그리고 맛을 음미합니다. 색·향·미를 기억하기 위해 다시 한 모금 음미하고 찻잔을 내려놓습니다.

▷ 눈을 감고 상상 속에서 집에서 아름다운 정원으로 들어갑니다. 자기가 좋아하는 꽃들과 나무들을 떠올립니다.

▷ 정원에서 앞을 바라보면서 아늑하고 아담한 정자(마루와 온돌 차방, 또는 한옥)를 봅니다.

▷ 정자(또는 한옥)로 가는 길은 오솔길이며 그 옆으로 시냇물이 흐르고 아담한 정자(한옥) 앞으로 가로질러 흐르는 시냇물을 건너는 다리(또는 징검다리)가 있습니다. 다리를 건너면 널찍한 빈 마당이 있고 그 한 곁에는 홍련과 백련이 피어있는 연못이

한 눈에 들어옴을 봅니다.
▷ 이제 시냇물 옆으로 흐르는 오솔길을 따라 발바닥 감각을 알아차리면서 걷습니다.
▷ 시냇물 앞에 도착했습니다. 여섯 개의 징검다리를 하나하나 건널 때마다 탐·진·치로 오염된 시냇물이 맑고 밝게 바뀝니다.
▷ 다리를 건너고 연못을 보면서 빈 마당을 가로질러 계단을 오르고 마루에 올라서고 방문을 열고 들어갑니다.
▷ 문을 향해 앉습니다. 문 밖의 앞마당과 연못, 시냇물과 다리, 정원 등을 봅니다.
▷ 창문에는 햇빛이 비치고 방안은 연꽃향기가 은은합니다.
▷ 다포를 깔고 다관, 물 식힘 그릇, 명상찻잔 차통, 차 숟가락, 차 수건을 갖춥니다.
▷ 오른편에는 화로에 숯을 넣어 찻물을 보글보글 끓입니다.
▷ 왼편의 벽에는 다선일미의 족자를 걸어 두어 일미를 통해 일체 모든 것을 하나로 관통하여 보고 알아 모든 속박에서 벗어나는 깨달음을 생각합니다.

○ 좌종을 한번 칩니다.
▷ 여기까지 재차 다실을 꾸미는 연상을 합니다.

○ 좌종의 울림이 끝나고도 잠시 동안 깨달음의 자리인 다실에 앉아 감로차 마시기를 해봅니다(다른 차마시기 명상도 가능합니다).

▷ 차병茶甁에 자기가 좋아하는 녹차나 오룡차 등을 내어 차관茶罐=茶壺에 넣고 뜨거운 물을 붓고 뚜껑을 닫고 물 식힘 그릇에 알아차림 하면서 차를 우립니다. 차를 명상찻잔에 따릅니다.

▷ 찻잔을 들고 차를 마시고 숨을 들이쉬고 내쉬면서 차향과 차 맛을 음미합니다. 찻물이 목으로 넘어갈 때 부피감과 무게감을 느끼고 온 몸의 세포에 모래에 물이 스며들 듯이 찻물이 스며드는 것을 연상합니다.

▷ 찻잔을 내려놓고 가만히 몸과 마음을 살피면서 눈을 뜹니다.

▷ 눈앞의 찻잔을 들고 마십니다. 목으로 넘어가는 찻물이 몸에 스며듦을 보면서 찻잔을 내려놓습니다.

◎ 죽비를 세 번 치고 합장하고 끝마칩니다.

제4장

연꽃 찻잔 일곱 가지 뜻에 들어가기 명상

1. 들음으로 얻는 지혜와 사유하여 얻는 지혜

마음은 몸(감각기관)을 의지하여 대상의 영향을 받아 일어납니다. 그 대상이 무엇이냐에 따라 마음의 성격이 달라집니다. 마음은 대상을 닮기 때문입니다. 따라서 마음의 대상이 진리라면 마음은 그 영향으로 진리의 모습을 닮아가고 결국 진리를 깨치게 됩니다. 그러므로 여기서 다선일미의 진리를 깨치기 위한 명상도구가 필요합니다. 진리로 인도하는 도구를 빌려서 다선일미의 진리에 이를 수 있기 때문입니다. 다선의 명상찻잔은 무경계, 무조작의 한마음에 이르는 훌륭한 도구입니다.

이 도구에는 깨달음에 이르는 일곱 가지 뜻이 있습니다.

첫째, 찻잔이 조금 큰 것은 머릿속에 찻잔의 표상이 쉽게 잘 나타나도록 하며 연상 작용이 잘 일어나도록 하기 위함입니다.

둘째, 찻잔의 재질이 백자인 것은 차의 맑고 투명하고 미묘한 빛깔이 잘 드러나게 합니다. 잘 드러난 빛깔은 영상이 쉽게 일어나도록 해주며 선명하게 해주기 때문입니다. 차의 맑고 투명함은 마음의 거울같이 맑고 허공같이 투명하게 빈 본성을 이끌어냅니다.

셋째, 찻잔 안쪽 바닥에 연꽃문양이 있는 것은 찻물의 맑고 투명한 품성이 잘 드러나고 연꽃 같은 마음이 생기게 합니다.

넷째, 연꽃의 청정은 진흙탕의 더러움을 받아들이지 않고 청정하듯이 연꽃 같은 마음은 번뇌 속에 있으면서도 번뇌에 물들지 않고 맑고 투명한 불생불멸하는 빈 마음을 상징합니다. 빈 마음은 일미一味이며 일미를 깨닫게 합니다. 그러므로 일상생활에서 갖가지 생각과 감정이 일어나도 일어난 흔적을 남기지 않기 때문에 마음이 물들지 않음을 상징합니다.

다섯째, 찻잔의 꽃잎 모양이 세 개인 것은 세 개이면서 하나이고 하나이면서 세 개이므로 부분이 곧 전체이고 전체가 곧 부분이라는 뜻입니다. 모든 것은 상호의존하며 불이不二이고 무아無我, 무자성無自性, 공空입니다. 그러므로 차를 마시면서 여러 갈래로 일어나는 마음이 흔적을 남기지 않아 실체 없음 하나가 되어 마음의 근원인 공으로 들어가는 것을 상징합니다.

여섯째, 연꽃 찻잔의 연꽃이 피어 있는 모양은 깨달음을 상징합니다. 깨달음의 내용은 부분이 곧 전체이고 전체가 곧 부분이라는 것으로 삼라만상 온 우주계, 모든 것이 상호의존하며 불이不二이고 무아無我, 무자성無自性, 공空입니다.

일곱째, 연꽃 찻잔을 잡으면 하트 모양인 것은 연꽃 찻잔을 잡는 뜻은 그 손 모양이 합장하는 모양이 되는데, 합장은 상대방에 대한 공경을 표하는 것이며 너와 나로 나누어 고통을 일으키는 탐욕과 성냄이 사라지게 하고 어리석음이 지혜로 바뀌게 합니다. 최종적으로 다선일미의 깨달음에 이르게 합니다.

또한 그 모양은 사랑을 의미하는 '하트' 모양이 됩니다. 하트는 최대의 공손과 정성, 사랑을 표현하는 모습이면서 동시에 심장의 모양입니다. 심장은 핵심의 뜻이며 핵심은 바로 일심一心입니다. 일심은 모든 것은 오직 마음뿐이며 다른 경계가 없다는 마음 공이며 일미의 깨달음입니다.

첫째부터 세 번째까지 뜻은 모양과 색깔인 현상적인 영역입니다. 넷째부터 일곱째까지의 뜻은 본성자리인 제일의공第一義空 영역입니다. 즉, 모든 존재, 모든 것의 근원인 일미로 들어가는 것입니다. 일곱 가지 뜻을 가진 연꽃 찻잔의 연꽃은 꽃입니다. 꽃이 피면 열매를 맺습니다. 꽃이 피면서 열매도 함께 영글어가는 연꽃 같은 깨달음이 있는 반면, 꽃이 지고 난 뒤에 열매가 익어가듯이 얻는 깨달음도 있습니다. 이처럼 연꽃 찻잔을 잡고 일심의 깨달음을 생각하고 차를 마십니다.

차 마심을 통하여 모든 존재의 본질을 꿰뚫어 보아 번뇌 망상이 사라지면서 깨닫는 마음은 마치 꽃이 피는 것과 같습니다. 그래서 깨달음의 씨앗을 길러 붓다가 되게 하는 만다라의 뜻이 찻잔의 꽃 모양에 있는 것입니다.

피는 연꽃처럼
일곱 뜻 찻잔 들어

깨달음 상징하니

따라가는 마음이여
구름 사이로 비치는 햇살같이
무의식의 그림자 사라지고
세상의 어둠 도망가네

2. 일곱 가지 뜻을 가진 연꽃 명상찻잔 명상하기

☐ 명상하는 순서는 첫째, 길잡이가 멘트를 하고 명상자는 멘트에 따라 시각화하여 명상합니다. 둘째, 명상자 본인이 스스로 마음속으로 시각화하는 멘트를 하면서 명상합니다. 셋째, 익숙하게 되면 이젠 멘트없이 바로 시각화하여 마음으로 합니다. 넷째, 연꽃모양 명상찻잔을 떠올리자마자 일미—味의 뜻에 즉각 들어가는 명상을 합니다.

◎ 시작을 알리는 죽비를 세 번 치고 좌종을 울립니다.

▷ 좌종소리에 따라 허리를 펴고 숨을 들이쉬고 내쉬면서 어깨에 힘을 빼고 척추를 곧추 세웁니다. 눈은 반쯤 감고 시선을 코끝에 잠시 둡니다.(10여초)

▷ 손바닥은 하늘로 향하게 하고 두 손을 가지런히 포개어 엄지 손가락이 맞닿게 하고 배꼽 아래에 살포시 놓습니다. 또는 두 손을 포개어 배꼽 아래 편안하게 놓아둡니다.

▷ 자신의 몸을 보고, 앞에 놓인 연꽃 찻잔을 주시합니다.

▷ ① 조금 크고 ② 백색이며 ③ 바닥에 연꽃문양을 봅니다.

▷ 찻잔을 들고 연꽃문양에 투과되는 맑고 투명한 찻물을 바라 보면서 마십니다. 숨을 들이쉬고 내쉬면서 향기와 맛을 음미 합니다. 색·향·미를 기억하기 위해 다시 한 모금 음미하고 찻 잔을 내려놓습니다.

○ 좌종을 한번 칩니다.

▷ 눈을 감고 상상 속에서 연꽃찻잔을 눈앞에 떠올립니다.

▷ ① 조금 크고 ② 백색이며 ③ 찻잔 바닥에는 연꽃문양이 있습 니다.

▷ ④ 찻잔 바닥의 연꽃문양을 보면서 연꽃에 오염물질을 부어 도 오염을 받아들이지 않음을 시각화하여 떠올립니다.

그리고 내면의 마음이 진흙탕의 더러움을 받아들이지 않는 연꽃처럼 번뇌 속에 있으면서도 번뇌에 물들지 않는 '청정한 마음'이라고 대화하듯이 이야기합니다.

이어서 이 청정한 마음이 거울같이 맑고 투명하게 텅 비어있 음을 떠올립니다. 맑고 투명한 텅 빔은 생김도 없고 소멸도 없 고(불생불멸) 가고 옴이 없고 높고 낮음도 없고 아름답고 추함 도 없는 텅 빔이라는 하나의 맛인 일미一味임을 이해합니다.

차 맛이 마음이고 차 맛이 일미인 것을 이해하게 되면 차를 마시면서 일어나는 여러 가지 감정과 생각들이 흔적을 남기지 않습니다. 실체 없음의 그 하나가 그대로 마음의 근원인 공으로 들어가는 것임을 이해하기 때문입니다.
○ 죄종을 한번 칩니다.

▷ ⑤ 찻잔의 꽃잎 모양이 세 개로 나뉜 하나인 것을 봅니다.
하나 안의 세 개이므로 모든 존재, 모든 것은 부분이 모여 전체를 이루고 전체 속에서 부분부분이 이루어짐을 이해합니다. 그리고 부분이 곧 전체이고 전체가 곧 부분입니다. 부분과 전체는 상호의존하며 분리되어 있지 않고 동등합니다. 동등함은 모든 것이 독립된 자아가 없고(無我) 독자적인 실체가 없어(無自性) 공空임을 이해합니다.
○ 죄종을 한번 칩니다.

▷ ⑥ 연꽃 찻잔의 연꽃이 피어 있는 모양을 봅니다.
보이고 들리는 외계外界의 온 우주는 상호의존하며 존재하나 독립된 실체가 없어 모두 공한 것입니다. 고정되어 보이고 분리되어 보이고 스스로 존재하는 것 같이 보이는 일체의 것들이 모두 마음이 만든 것으로 그 자체는 자성이 없어 공임을 알고 이해(지혜)합니다.
이제 모든 것이 공 하나로서 맛보고 아는 일미 지혜이며, 일미 지혜 그대로가 온 우주이며, 온 우주가 그대로 깨달음임을 이해합니다.
○ 좌종을 한번 칩니다.

▷ ⑦ 눈앞에 떠 있는 연꽃 찻잔을 잡습니다.(시각화함)
　연꽃 찻잔이 하트 모양인 것은 심장의 모양입니다. 심장은 핵심의 뜻이며 핵심은 바로 일심一心입니다. 일심은 모든 것은 오직 마음뿐이며 다른 경계가 없다는 마음 공인 일미의 깨달음을 의미합니다. 일심은 삼라만상 우주의 모든 것이며 깨달음의 뜻임을 이해하고 그 이해에 머물러 억념憶念하여 잊지 않습니다. 그리하여 깨달음 자체가 되어 봅니다.
○ 좌종을 한번 칩니다.

○ 좌종을 한번 칩니다.
▷명상 참여자들은 명상 길잡이의 멘트 없이 좌종소리를 들으면서 연꽃 찻잔의 일곱 가지 뜻을 관상觀想합니다.
▷ 살며시 눈을 뜨고 앞에 있는 찻잔의 차색을 바라보고 찻잔을 들고 마십니다.
▷ 차향과 맛을 음미하고 찻물이 목을 통해 내려가는 감각을 알아차리면서 몸으로 흡수되는 것을 지켜봅니다.

◎ 죽비를 세 번 치고 마칩니다.

3. 연꽃찻잔 일곱 가지 뜻 명상의 효과 살펴보기

① 찻잔을 눈앞에 떠올리므로 집중력이 생깁니다. 불안감이 사라지고 성격이 부드러워지며 외부의 충격에도 자신을 보호할 수 있습니다. 그리고 삼매가 옵니다. 즉, 마음의 평안이 생깁니다.

② 부분이 곧 전체이고 전체가 곧 부분이라는 이치를 이해하는 것은 지혜입니다. 지혜의 내용은 모든 존재, 모든 것이 부분과 전체의 상호의존이며, 평등, 유와 무의 양극단에서 벗어나게 하는 중도, 시간적으로 변하는 무상이라는 것입니다. 세계의 무한 경쟁체제와 현대사회의 계층화, 정보의 불균형 등 사회 현상과 삶의 양극단화 현상을 중도의 지혜와 상호의존, 평등의 지혜로 해결할 수 있습니다.

③ 지혜를 의지하여 깨달음이 옵니다.

④ 생사문제가 해결되고 대자유를 얻습니다.

제5장

네 가지
명상의
통합명상

'행다 알아차리기 명상'은 세 가지 조합 명상에 모두 기본적으로 들어갑니다.

1. 다실 꾸미기의 뜻 새기기 명상 → 색·향·미 감로차 마시기 명상
2. 연꽃 찻잔 일곱 가지 뜻에 들어가기 명상 → 색·향·미 감로차 마시기 명상
3. 다실 꾸미기의 뜻 새기기 명상 → 연꽃 찻잔 일곱 가지 뜻에 들어가기 명상 → 색·향·미 감로차 마시기 명상

이러한 네 가지 통합명상은 순서에 따라 결과가 달라집니다. 장소와 시간을 고려해서 참석자의 성향에 따라 네 가지 명상의 순서를 적절하게 조합해서 활용하면 됩니다. 이 네 가지 통합명상은 명상 수행자의 선호를 충분히 반영할 수 있는 창의적인 명상입니다.

자비경선
慈悲鏡禪

제5편

자비경선 개요
경선의 네 가지 기본명상

기본 걷기선禪 명상

　자비경선의 목적은 숨 쉬지 않고 땀 흘리지 않는 놈[참마음]을 찾는 데 있습니다. 또한 자비수관에서 자비공관으로 넘어가는 길목에서 자비공관 수행을 도와주는 명상입니다. 그러나 자비경선도 자비공관의 경계에 힘을 얻어 참마음을 체득할 수 있습니다. 참마음은 일심, 불성 등과 같은 내용을 가진 궁극적인 뜻입니다.

　자비경선은 행선의 연장으로 산책, 산행 등 일상생활 속에서 움직일 때 거울로 비춰보듯이 몸과 대상과의 관계를 알아차리는 명상법입니다. 행선은 한정된 공간에서 하는 것에 비해 자비경선은 일상생활에서 공간에 구애받지 않고 언제든지 할 수 있는 장점이 있습니다. 다만 이때도 언제나 수행중이라는 마음가짐을 가지는 것이 중요합니다.

제1장

자비경선은
걷기선이며
거울명상

1. 자비경선 개요

자비경선은 자비선慈悲禪의 하나이고, 거울명상이라 해도 무방합니다. '숨 쉬지 않고 땀 흘리지 않는 마음'은 그 성격이 공성이고, 공성은 지혜와 자비의 근원입니다. 경선 즉 걷기선禪 명상을 하게 되면 공성이 거울같이 되어 자비심이 일어납니다. 그러므로 자비경선이라고 하는 것입니다.

자비수관이나 자비다선을 수행한 수행자에게는 자비심이 배양되어 있으므로 부정적인 심리가 적습니다. 때문에 산행 경선을 할 때 마음거울이 잘 형성되고 그 마음거울을 통해 '숨 쉬지 않고 땀 흘리지 않는 놈'을 쉽게 찾을 수 있습니다. 그러나 자비수관과 자비다선 수행을 하지 않았다 하더라도 자비심이 풍부한 이들은 경선이 잘됩니다. 그래서 '자비경선'이라고 하는 것입니다. 자비경선에는 행경선(行鏡禪)과 좌경선(坐鏡禪)이 있으며 경鏡-환幻-공空-화華 네 단계의 깨달음 경지가 있습니다.

경-환-공-화 네 단계 깨달음의 경지는 거울이 가지고 있는 네 가지 기능에 근거합니다.

① 거울은 모든 사물을 비교 분별하지 않고 비춥니다. - 무분별 거울

② 거울에 비치는 사물은 거울과 사물의 인연에 의해 나타나는 것이므로 가고 오는 주체가 없습니다. - 환영과 같은 거울

③ 오염물질이 거울에 비치어도 거울 자체는 오염되지 않습니다. 거울 자체의 비어있음이 청정이기 때문입니다. - 청정한 거울

④ 거울은 그 자체가 비어 있어 비추는 장소에 따라 대상의 모습 그대로를 나타냅니다. - 화華의 거울.

화의 거울은 유정有情에게 깨달음을 얻어 괴로움에서 벗어나게 하기 위해 보리심을 내게 하는 거울입니다. 꽃은 반드시 열매를 맺기 때문에 보리심의 뜻이며 꽃은 연기실상을 뜻합니다.

이처럼 자비경선은 마음을 네 가지 거울과 같이 하여 명상하는 것입니다. 경-환-공-화의 단계가 분명하지만 경단계의 경지에서도 환과 공과 화단계의 깨달음을 얻을 수 있습니다. 환과 공과 화 단계에서도 마찬가지입니다. 여기서는 무분별 거울[如實空鏡]을 근거로 하는 기본 걷기선禪 명상을 합니다.

2. 경鏡단계의 '무분별 거울' 개요

경선할 때는 무분별의 거울이 생기게 하는 조건을 만들어야 합니다. 즉, 경선을 하기 위하여 먼저 몸을 이완하는 몸 풀기를 합니다. 다음으로 우선 숨을 들이쉬고 내쉬면서 어깨에 힘을 빼고 몸의 긴장을 풀고 척추부분을 곧게 세웁니다. 온몸의 힘을 빼고 긴장을 풀면 몸에 개입되어 있던 마음이 풀어집니다. 이때 온 몸은 모든 사물을 받아들이는 무분별의 거울 같은 상태로 만들어집니다. 때문에 모든 것을 내려놓을 수 있는 조건이 됩니다.

몸에 개입된 마음이 있으면 그 마음 따라 갖가지 심리가 일어나는데, 마음이 거울 같은 상태가 되면 평소에 늘 계획하고 추구하는 온갖 생각들을 쉽게 내려놓을 수 있습니다. 몸은 거울 면이 되고 마음은 사물을 비추는 거울 빛이 된다고 생각하고 그렇게 상상합니다.

거울은 대상을 분별하지 않습니다. 사람이 오면 사람을, 동물이 오면 동물을 비춥니다. 그래서 거울은 무분별입니다. 마음을 거울 같이 쓰면 무분별의 인식이 일어납니다. 사물을 있는 그대로 직접 인식할 때 무분별이 나타납니다. 직접 인식의 훈련을 반복해야 무분별의 거울 같은 마음이 생기며, 그 방법은 의식의 작용으로 대상을 염(念)하는 것입니다. '염'이란 '기억한다', '안다', '정신차림'이라는 뜻이 있습니다. 이 '염'을 알아차림이라고 합니다. 알아차림이란 머리로 생각하고 판단하기 앞서 대상을 즉각 아는 것을 말합니다. 이렇게 반복적으로 사물을 알아차림하면 대상에 집중력이 높아지고 무분별이 생기는 것입니다.

이렇게 무분별은 대상에 집중할 때 일어납니다. 이 무분별을 거울에 비유합니다. 그러나 무분별이 공성은 아닙니다. 그래서 공성의 무분별과 구별해야 합니다. 무분별을 이루는 알아차림이 숙달되도록 연습을 해야 합니다. 알아차림에 의해서 선정과 지혜가 생깁니다. 선정은 공성을 드러내는데 필요한 조건입니다. 선정 속에서 공성을 얻을 수 있기 때문입니다. 그래서 선정을 의지해서 지혜가 생긴다고 하는 것입니다.

알아차림은 즉각 대상을 아는 것이므로 대상에 의미부여하거나 다른 것과 결부시키거나 감정과 생각을 덧붙이거나 또는 대상을 없애겠다는 생각 등의 생각과 감정이 일어나기 전에 즉각 대상을 파악하는 방법입니다. 그리고 정신현상 과정과 물질현상 과정을 즉각 구분하고 현상이 일어나고 사라지는 조건을 알아차리는 것입니다.

이것은 알아차림을 통해서 지혜를 계발하는 것입니다. 그리고 즉각 아는 것은 다른 감정과 생각의 개입을 불허하기 때문에 선정이 생길 수 있도록 하는 것입니다. 그래서 알아차림 훈련은 부정적인 생각을 반복하는 우울증이나 대상과 자기를 동일시하는 정신병적 심리상태를 호전시킬 수 있는 최적의 방법입니다. 또 이 알아차림이 미세한 생각까지 파악하고 제거하며 알아차림 상태를 기억하여 잊어버리지 않고 체험을 유지하는 기능도 가지고 있습니다.

경선鏡禪의 의미는 다음과 같습니다.

① 거울 또는 연못 등에 사물이 비치는 기능을 빌려서 몸에 대입하여 오감의 문을 열고 몸과 마음을 거울이라 생각하고 하는 방법이 있습니다.

② 의식을 확장시킵니다. 이것이 거울을 만듭니다.

③ 무상을 관찰하면 마음의 본성인 거울이 드러납니다.

④ 관계성을 통찰 사유하면 마음거울인 의식의 공간이 넓어지고 공성의 지혜가 드러납니다.

①②는 '거울 만들기'입니다. 의도적입니다. ③④는 의도적으로 거울을 만드는 것이 아니라 무상의 이치와 관계성 통찰 사유를 통하여 마음거울이 드러나도록 하는 방법입니다. 모두 의식의 공간을 넓히고 공성의 지혜를 얻는 방법입니다.

제2장

경선의
네 가지
기본명상

경선은 다음 네 가지 기본명상을 하는 선입니다.

첫째, 걸으면서 발바닥 감각 알아차리기

둘째, 소리 무상 관찰하기

셋째, 몸과 마음 휴식하기

넷째, 소나무에 기대어 관계성 통찰 사유하기

1. 걸으면서 발바닥 감각 알아차리기

1) 경선하기 전 다리풀기 예비운동

다리풀기 운동은 다음 순서로 합니다.

① 먼저 왼발과 오른발을 번갈아가면서 발목 돌리기를 여러 차례 하면서 발목을 유연하게 합니다. 경선할 때 발목이 삐는 것을 방지해 줍니다.

② 뒤꿈치 세우기입니다. 두 다리의 뒤꿈치를 20~30초 세우기 합니다.

③ 왼발과 오른 발을 번갈아가면서 뒤꿈치 세우기를 반복합니다.

④ 한 발을 앞으로 조금 내서 발가락으로 땅을 빠르게 힘껏 쳐서 순간적으로 발등과 발목을 쭉 폅니다. 왼발과 오른 발을 번갈아가면서 반복합니다.

⑤ 그 다음에는 외다리 서기입니다. 외다리 서기를 하면서 허리를 쭉 펴줍니다. 외다리 서기를 하는 이유는 평형감각을 높이고 유지하고, 다리 힘을 기르기 위해서입니다.

경선하기 전에 발바닥 감각 알아차리기를 연습하는데 그 이유는 다음과 같습니다.

첫째, 평형감각을 높이고 유지해야 하는 이유는 산행이나 등산할 때, 평형감각이 필요하기 때문입니다. 산은 바닥이 울퉁불퉁하거나 좌우의 경사면이 있기 때문에 몸의 평형을 잡지 못하면 쉽게 넘어질 수 있습니다. 항상 경선하기 전에 다리풀기를 실시하고 평소에도 연습해 둡니다.

둘째, 외다리 서기를 하면 다리 근육이 단련되어 다리 힘이 길러집니다. 역시 산행할 때에 몸을 지탱해 주기 때문에 필요합니다.

셋째, 발바닥 감각 알아차리기는 외다리로 섰을 때, 쉽게 알아차릴 수 있기 때문에 경선 시작하기 전에 발바닥 감각 알아차리기를 미리 연습해 두는 것입니다. 발바닥 감각 알아차림의 경험이 경선할 때의 감각 알아차리기에 그대로 적용됩니다.

⑥ 외다리 서기가 익숙해지면 다음은 외다리로 선 채로 뒤꿈치 세우기를 왼발 오른발 번갈아 반복합니다 → 뒤꿈치를 세우고 외다리로 서있는 상태로 다른 편 다리를 앞뒤로 흔듭니다. (왼발, 오른발 번갈아 합니다.) → 뒤꿈치를 세우고 외다리로 서있는 상태로 10초 정도 뜀뛰기를 합니다.

⑦ 양손을 허리를 잡고 허리를 좌우로 크게 원을 그리듯이 한두 바퀴 돌려줍니다. 지팡이(등산용 스틱)를 몸 앞에 짚고 허리를 좌우로 크게 돌려주는 방법도 있습니다.

⑧ 그 다음은 발을 땅에 디딜 때 뒤꿈치를 먼저 디디면서 엄지발가락까지 땅에 디뎌야 합니다. 항상 이렇게 딛고 걸으면 발바닥 감각 알아차리기가 쉽습니다.

2) 감각을 있는 그대로 알아차리기

걸으면서 발바닥 감각 알아차리기는 가장 기본적인 명상입니다. 발과 땅의 접촉은 첫째, 상호의존을 뜻하고 둘째, 접촉이 원인이 되어 갖가지 감각이 일어나므로 인과의 뜻이 있습니다. 상호의존은 분리되어 있지 않음을 뜻하며 생명의 활동을 뜻합니다. 독립되어 있는 생명체는 없기 때문입니다.

발과 땅의 접촉으로 물리적 현상만이 아니라 심리적 현상도 나타납니다. 즉, 의도가 그것입니다. 발바닥 감각 알아차리기는 의식이 발바닥에 있기 때문에 의식이 머리에 있을 때보다 번뇌 망상이 줄어들거나 없어집니다. 그렇지만 알아차리기 힘든 미세한 의도는 여전히 일어납니다. 왜냐하면 의도가 일어난 후에 행위(움직임)가 일어나기 때문입니다. 이것은 매우 중요합니다.

의도가 원인이 되어 행위라는 결과가 생깁니다. 이 인(因)과 과(果)의 사이에는 사람이다, 동물이다, 남자다, 여자다, 자아다, 자성이다 등의 차별이 존재하지 않습니다. 오로지 원인과 결과만 있습니다. 그러므로 걷는다는 것은 모든 존재가 관계성 속에서 살아가기 때문에 생명의 활동이고 차별성이 사라졌으므로 평화 평등의 실현입니다. 이러한 이치를 담고 있는 것이 걷기명상입니다.

현대인은 사물을 간접적으로 인식하는 경향이 있습니다. 그러므로 인식의 오류가 생길 수 있습니다. 그러나 발바닥의 감각을 알아차림하는 것은 직접 사물을 인식하는 것입니다. 이와 같이 물리적 현상의 과정과 정신적 현상의 과정을 알아차림으로 즉각 구분해낸다면 지혜가 생기는 것입니다. 땅의 조건에 따라 발바닥의 감각이 달라짐을 알아차리고, 발의 들고 나아가는 조건에 의해 감각이 일어나고 사라짐을 구분해서 알아차릴 때도 지혜가 생기는 것입니다. 일어나고 사라지는 무상과 발과 땅의 상호의존 및 인과 속에서 자아 없는 무아의 지혜가 생기는 것입니다.

발바닥과 땅의 접촉에서 다양한 감각이 나타납니다. 이렇게 감각을 알아차리면 직관력이 생기면서 머리로 헤아리는 분별심의 오류를 줄이고 추론의 정확성을 높일 수 있습니다. 이와 같이 단순히 발바닥 감각 알아차리기만으로도 일상생활에서 통찰력[지혜]을 기를 수 있습니다.

3) 걸으면서 알아차림의 영역을 온몸으로 확대하여 알아차리기

알아차림의 영역을 온몸으로 확대하는 순서는 걸으면서 발바닥에서 → 발등 → 발목 → 정강이와 장딴지 → 무릎, 다시 무릎에서 발바닥까지 거울같이 비춰보면서 감각을 알아차립니다. 다음은 허리에서 발바닥까지, 어깨에서 발바닥까지, 정수리에서 발바닥까지로 그 알아차림의 영역을 넓힙니다. 이것은 거울 같은 마음이 생기게 하고 거울 같은 무분별을 확장시키는 방편입니다.

4) 걸으면서 오감의 문으로 들어오는 감각 알아차리기

걸으면서 알아차림의 영역을 온몸의 오감의 문으로 확대하여 오감의 문으로 들어오는 감각을 알아차립니다. 즉, 발바닥의 촉감, 눈의 시각의 대상들, 귀의 청각의 소리들, 코의 후각의 냄새들, 차 마실 때 혀에서 일어나는 미각의 여러 맛 등의 감각을 알아차립니다.

가만히 서서 눈으로 산의 능선, 나무 가지, 바위 등을 보면서 알아차림하여 의식의 무분별의 영역을 넓힙니다. 걷기명상 중 쉬는 시간에 차 마실 때 혀에서 일어나는 미각의 변화를 알아차리고, 찻물이 뱃속으로 들어갈 때 차 맛을 느낄 수 없음을 알아차리면서 무아의 이치를 알게 됩니다.

5) 효과 생각하기

첫째, 의식이 확장되면 소소한 것에 매여 나쁜 감정과 생각을 일으키던 것이 마음이 커지면서 용서와 관용의 감정이 일어납니다. 성격이 부드러워지고 대인관계가 원만해지며 멀리 보는 안목이 생깁니다.

둘째, 차 맛을 통해 무아의 이치를 아는 지혜가 생깁니다.

셋째, 오감의 문으로 사물을 알아차림으로 인하여 사물을 입체적으로 느끼고 전체로 보는 시각이 일어납니다.

6) 걸으면서 무상 관찰하여 지금 이 순간 깨어있기
- 발바닥 감각의 4단계 알아차리기

① 부드러움, 딱딱함, 통증 등 발바닥의 다양한 감각을 알아차립니다.
② 발바닥에 다양한 감각이 일어남과 사라짐을 관찰합니다.
③ 지나간 감각이 돌아오지 않음을 관찰하고 미래의 감각도 오지 않아 없음을 알아차립니다.
④ 과거와 미래의 감각이 없음을 알아차리고 현재의 감각도 머물지 않음에 마음을 머물게 합니다. 그러면 걸으면서 지금 이 순간에 늘 깨어있게 됩니다.

2. 소리 무상 관찰하기

1) 소나무에 기대어 소리를 따라 청각의식 확장하기

① 소나무에 기댑니다 → 숨을 들이쉬고 내쉬면서 어깨에 힘을 빼고 허리를 펴줍니다 → 눈을 반쯤 감고 시선을 코끝에 둡니다 → ② 눈을 감고 → 새소리 등 여러 소리를 듣되 가까이 들리는 소리를 먼저 듣고 차츰 멀리 들리는 소리를 듣습니다 → 의식이 먼 소리를 듣는 데까지 확장됨을 의식합니다 → 확장된 청각의식 그 상태로 가만히 있습니다 → ③ (알아차림에 의해서) 전체를 보고(듣고) 있는 가운데 부분들도 함께 동시에 보입니다(들립니다) → 집중되고 있는 모습을 봅니다(마음 거울이 생김) → 집중되고 있는 모습에서 발전하면 소리까지 보이기 시작합니다.

  소리의 부분과 전체를 동시에 듣는 것은 청각의식의 확장이 일어나기 때문입니다. 그러나 전체와 부분의 동시 들음이 대상과 하나 되려고 하는 것은 아닙니다. 대상과 하나 됨을 깨달음이라고 하는 견해도 있지만, 그것은 잘못된 견해입니다.
  그 이유는 다음과 같습니다.
  첫째, 대상과 하나 되는 합일은 대상과 동일시하는 것이며, 대상과 동일시하는 것은 대상의 좋고 나쁨을 같이 하는 것이기 때문에 차별심을 낳습니다.
  둘째, 대상과 하나 되기 위해 감정이입하게 됩니다. 알아차림이 동반되지 않으면 대상에 영향을 받아서 자기 마음도 따라 흔들립니다.

셋째, 사물의 이치를 망각하기 때문에 무지하게 됩니다. 무지로 인하여 탐욕과 분노가 일어날 수 있습니다.

2) 현재 이 순간 깨어있기

가까운 곳(내 몸에서 나는 소리까지 포함)과 먼 곳의 소리를 동시에 들으면 의식이 확장되어 지금 이 순간에 멈추게 되고 깨어있게 됩니다. 깨어 있어 분별이 없는 상태를 유지하면 좋은 소리, 나쁜 소리의 구분이 없어집니다.

① 일상생활에서 듣는 것처럼 좋은 소리, 나쁜 소리를 습관적으로 구분하면서 분별합니다 → ② 가까운 소리 먼 소리를 동시에 들음은 좋은 소리, 나쁜 소리 구분이 없어집니다. 이것은 무분별에 의해서 일어납니다 → ③ 소리의 무상을 관찰하면 좋은 소리, 나쁜 소리 모두 변함을 알면서 구분이 없어집니다. 변함을 아는 지혜에 의해 구분이 없어진 것입니다 → ④ 소리의 무상에는 실체가 없음을 알면 좋은 소리, 나쁜 소리 구분이 없어지고, 무상 속에서 모두 실체가 없음을 아는 깊은 지혜가 생깁니다. 즉, 소리의 무상함 속에서 자아 없음과 자성(自性) 없음을 아는 지혜가 생깁니다.

3) 효과 생각하기

망상(과거와 미래로 왔다 갔다 하는 생각, 똑같은 생각이 반복되는 현상)이 현저하게 줄어들고 집중력이 늘어나며 전체를 듣는 힘이 생기고 의식이 명료하게 깨어있게 됩니다. 즉, 좋은 소리, 나쁜 소리의 구분이 없어지면서 무분별 상태가 유지됩니다. 이때, 마음거울이 생기고, 소리를 듣는 단계에서 발전하여 소리를 보는 단계로 나아갑니다.

4) 무상 관찰하여 무주無住에 머물기

(1) 머묾 없음에 머물기

소나무에 의지하여 잘 들리는 소리 하나를 대상으로 하여 관찰합니다 → 소리를 잡을 수 있는지 머물게 할 수 있는지 시험 삼아 시도해봅니다. 30초 내지 60초까지 한 후에 다시 → 과거의 소리는 지나가서 없음을 관찰합니다 → 특히 소리가 되돌아오는지를 살펴봅니다 → 미래의 소리는 오지 않아 없음을 살핍니다 → 과거의 소리도 없고, 미래의 소리도 없음을 알고, 현재 소리에도 머묾 없음에 마음을 머물러 봅니다.

(2) 지혜를 일으키는 원인인 찰나삼매 체험하기

찰나삼매는 한 대상에만 계속 집중하는 것이 아니고, 관찰 대상이 나타날 때마다 알아차림 하는 것입니다. 어떤 대상을 알아차리든 감정과 생각이 일어나지 않으면 이를 찰나삼매라고 하고 심청정이라고 합니다. 소리의 무상을 알아차릴 때에도 찰나삼매를 체험할 수 있습니다.

말하자면 관찰대상이 나타나면 알아차립니다. 그 대상이 사라지면 알아차림도 사라집니다. 또 다른 대상이 나타나면 알아차림도 나타나서 그 대상을 알아차립니다. 이렇게 관찰대상과 알아차림은 같이 일어났다가 같이 사라집니다. 이때 생각이나 감정이 일어나지 않으면 찰나삼매이며 마음 청정입니다. 또한 이러한 사실을 지켜보는 것을 관觀이라고 합니다.

(3) 지금 깨어있는 이 순간 무주無住에 머물기
무상 관찰을 통하여 과거와 미래가 없음을 알고 현재 소리의 머묾 없음에 마음을 머물러 봅니다.

(4) 무주에 머물러 마음의 텅 빔 체험하기
머묾 없음에 마음을 머물 때 소리의 흔적이 없는 '텅 빔'이 일어나는지를 살펴봅니다.

(5) 머묾 없음에 머무는 마음이 불변임을 알아차리고 깨닫기
소리는 소리나는 매 순간순간 무상을 보여주지만 그 흔적은 남기지 않습니다. 흔적 없는 그 텅 빔에 머물러 알아차리는 마음만 있음을 알아차립니다. 그리고 그 알아차림하는 마음만 있는 그 마음이 바뀌지 않음을 알아차리고 바뀌지 않는 그 마음에 계속 머물러 봅니다. 그러면 밖의 모든 경계도 찾을 수 없고 바뀌지 않는 불변의 마음에 자기 모습도 없는 것을 알게 됩니다. 이렇게 한 덩어리가 된 마음이 심불견심心不見心입니다. 이것이 숨 쉬지 않고 땀 흘리지 않는 마음을 알아차리고 깨닫는 수행입니다.

가. 효과 생각하기

무상을 알아차리므로 의식이 깨어납니다. 무상을 아는 지혜와 마음의 본성이 청정함, 텅 빔, 불변不變임을 알아차립니다. 망상이 현저히 줄어들면서 대상에 흔들림이 적어집니다. 소리가 생멸하는 중에도 생멸이 없음을 아는 정견正見(지혜)이 생깁니다.

나. 무분별 거울이 생기는 두 가지 경우

첫째, 소리는 생기면 사라지기 때문에 소리를 알아차리면 소리가 사라집니다. 이것을 관찰하는 마음이 바로 무분별의 거울이 됩니다. 이 단계는 이치에 대한 이해 없이 단순히 알아차림을 통해 소리가 사라짐을 아는 단계이기 때문에 조건이 달라지면(예를 들어 알아차림의 힘이 약해질 때) 유분별로 다시 떨어질 위험이 있습니다.

둘째, 소리가 무생무멸無生無滅이라는 이치를 알아차려 소리에 대한 잘못된 견해가 사라지면(정견-지혜) 무분별의 거울이 됩니다. 이 단계는 바른 이치를 알고 있는 지혜가 동반된 알아차림입니다. 따라서 유분별로 떨어질 위험이 없고 계속 무분별의 거울이 유지됩니다.

소리의 흔적 없음에 머무는 것이지 소리를 없애는 것이 아닙니다. 소리를 없애려고 하면 귀를 막으면 됩니다. 이것은 지혜가 아닙니다. 즉, 수행자가 생각이 수행을 방해한다고 여기고 생각을 없애려고 하는 것은 없다는 견해에 집착하는 것으로 허무주의로 가는 것과 같습니다. 소리를 없애려고 하지 말고, 소리 자체가 머묾이 없고, 머묾이 없는 그 자리는 생김도 없고 사라짐도 없음을 알아차려 아는 것이 지혜입니다. 머묾이 없는 그 자리는 힘으로 또는 의도적으로 소리를 없애는 것이 아니라 처음부터 소리가 없는 것입니다. 즉, 소리가 생멸하면서 연속하는 과정 속에서 소리의 생멸이 없는 이치를 아는 것이 지혜입니다. 소리는 유(有)로서 존재하지 않아서 잡아 소유할 수 없는 것이고 모든 사물도 마찬가지입니다.

3. 몸과 마음 휴식하기

1) 의도를 내려놓는 호흡하기

경선 중에 휴식이 필요할 때는 걸음을 멈추고 마음을 내려놓는 방법으로 숨을 들이쉬고 내쉬면서 어깨에 힘 빼고 허리를 쭉 펴줍니다 → 보려고 하지 않고, 들으려고 하지 않고, 느끼려고 하지 않고, 알아차리려고 하지 않습니다 → 그냥 보이면 보이는 대로 그냥 들리면 들리는 대로 그냥 느껴지면 느껴지는 대로 알아차리는 것입니다. 이 방법은 하려고 하는 마음(의도)을 내려놓고 멈추는 훈련 방법입니다. 음악에도 쉼표가 아름다운 운율을 만들어 내듯이 매 순간 알아차림함으로써 생활속에 긴장이 풀어지고 몸과 마음이 쉬어집니다.

(1) 감정과 생각에 대한 대처방법

하려고 하는 의욕과 의도를 내려놓고 멈추기 명상하는 중에 감정과 생각들이 올라올 때는 어떻게 대처해야 할까요?

첫째, 주객이 상대하여 일어나는 자연현상으로 이해합니다. 즉, 바람 불고 눈 내리고 춥고 따뜻한 날씨같이 일어나는 감정과 생각들을 자연스러운 현상으로 이해합니다.

둘째, 반응하는 것은 형성력인 행行임을 알아차립니다.

셋째, 반응하여 올라오는 감정과 생각들을 알아차리지 못하고 놓치면 그 감정과 생각에 다른 감정과 생각들이 덧붙여지거나 의미 부여하게 되고, 다른 것과 결부되어 또 다른 감정과 생각들이 꼬리를 무는 연쇄반응이 일어남을 이해합니다. 반응이라는 것은 곧 마음의 움직임이고 움직임은 무지에 의해 일어납니다. 이렇게 다른 것과 인연이 되어 덧붙여지고 의미 부여하고 다른 것과 결부시키는 반응을 형성력形成力이라고 합니다.

넷째, 감정과 생각이 일어나면 일어났다고 알아차리고 그대로 그냥 둡니다. 또는 일어나더라도 자연현상으로 생각하고 내버려두고 쉬기만 합니다. 억누르고 제거하려고 하면 불난 집에 기름을 붓듯이 감정 또는 생각이 더욱 맹렬하게 올라옵니다.

(2) 마음을 내려놓는 호흡하기 방법

마음 내려놓는 호흡 방법은 몸의 힘을 빼는 것입니다. 몸에 힘이 들어가는 부분에는 통증이 생길 수 있으며 바람의 요소가 생기면서 망상이 일어날 수도 있습니다. 바람의 요소는 마음과 불이不

二 관계입니다. 그래서 몸에 힘을 빼기 위해서 호흡을 하는 것입니다. 이것이 잘 안될 때는 양동이의 수위가 아래로 차츰차츰 내려가듯이 상상합니다. 즉, 정수리부터 → 목 → 어깨 → 가슴 → 허리 → 무릎 → 발 순서로 합니다.

(3) 체험 현상과 효과 생각하기

몸이 가벼워집니다. 주위가 고요해집니다. 이것은 마음이 고요하기 때문에 주변이 고요해지는 현상을 체험하는 것입니다. 오관(五官)의 문(門)이 모두 열리는 체험, 보이고 들리는 사물과 하나임을 체험, 나아가 상호의존으로 하나임을 체험, 의식이 확장되는 체험이 일어납니다.

2) 감정과 생각을 '지금 있는 그대로 그냥' 두고 차분한 마음 가지기

감정과 생각을 조절하여 마음을 차분하게 가지기 위해서는 그냥 보이면 보이는 대로 그냥 들리면 들리는 대로 그냥 느껴지면 느껴지는 대로 그냥 알아차리는 방법이 효과적입니다. 이것은 ① 의미 부여함을 멈추게 하고 ② 다른 것과 결부시키는 마음을 멈추게 하고 ③ 감정과 생각을 덧붙이는 마음을 멈추게 하고 ④ 없애려고 하는 마음을 멈추게 하는 방법입니다.

'지금 있는 그대로 그냥'이라 함은 흙탕물도 가만히 두면 흙이 가라앉고 물이 저절로 맑아지는 것처럼 감정과 생각도 다른 조작

없이 가만히 두면 깨끗한 맑은 거울과 같이 됨을 뜻합니다. 생각과 감정이 물에 비치는 사물과 같이 되면 일어나는 감정과 생각이 힘을 잃게 되고 결과적으로 감정과 생각이 조절됩니다. 그래서 맑음[定]이 생기면 거기서 밝음[慧]이 생깁니다. 맑은 물에 비치는 현상들이 모두 환과 같음이 드러나기 때문입니다. 이와 같이 맑음[定]은 밝음이라는 지혜[慧]를 일으킵니다.

3) 마음 쉴 때 저절로 드러나는 진실

처음에는 의도적으로 마음을 쉬지만, 마음 쉼이 익어지면 의도도 쉬게 됩니다. 의도 없는 마음 쉼 상태에서는 첫째, 주위가 고요하고 둘째, 보이는 모든 것이 한 눈에 다 들어오며 셋째, 의식이 한 공간을 이루어서 주객이 없고 안과 밖의 경계선이 없습니다. 넷째, 전체가 상호의존의 모습으로 나타나고 다섯째, 들리는 소리들이 무상으로 나타납니다. 이러한 현상이 나타나면 마음 쉼 속에서 지혜가 생겨납니다.

그래서 『선가귀감』에서는 '일체 분별을 다 놓아버리고 오직 자심自心으로 비춘다면 여염집 아낙들의 재잘거림도 다 평상平常의 정법正法을 속삭이는 것이며, 네거리 골목길에 뛰어노는 아이들이 모두 깊은 실상實相을 드러내고, 새들의 지저귐이 모두 천기天機를 누설漏洩하며, 소 울음 닭소리가 모두 정법을 번역飜譯하는 것이다'[106]

---

106 청허당 휴정 지음, 일장 옮김 『禪家龜鑑』上 "諦觀殺盜淫妄 從一心上起 當處便寂

고 설하는 경계로 나타납니다.

4. 소나무에 기대어 의식 확장하기와 관계성 통찰 사유하기

1) 소나무에 기대어 관계성 사유하며 지혜를 얻는 방법

① 소나무에 기대어 → 숨을 들이쉬고 내쉬면서 어깨에 힘을 빼고 허리는 펴줍니다 → 그리고는 눈을 감고 → 아무 것도 하지 않고 가만히 있기만 합니다(10초~20초) →

② 눈을 뜨고 눈앞에 있는 소나무를 대상으로 연기의 상호의존성에 대하여 사유합니다 → 눈앞의 소나무는 시각적으로 고정되어 있어 보이고, 다른 것과 분리 독립되어 보이고 실체를 가지고 스스로 존재하는 것처럼 보입니다 → 그렇지만 소나무는 흙(흙의 요소)이 없으면 살 수 없고(흙은 지구를 구성요소 중 하나임을 이해하고 지구를 시각화하여 떠올립니다) → 물(물의 요소)이 없으면 살 수 없으며(지구에 하늘의 비 내림과 바다와 강을 떠올립니다) → 차고 따뜻한 온도가 없으면 살 수 없고 광합성을 할 수 있는 햇빛이 없으면 살 수 없습니다(불의 요소) → 또한 바람(바람

何須更斷"(불광출판사 2005년 p. 22).

의 요소-기운-大氣)[107]이 없으면 자랄 수 없으며 → 공간(허공의 요소)이 없으면 자랄 수 없습니다(소나무 주위의 공간에서 지구 주위의 공간으로 의식을 확장하여 봅니다. 그리고 태양계에서 우주로 공간을 확장합니다).

③ 빛은 태양에서 오고 태양은 우주에 속해 있습니다(태양계와 우주를 떠올립니다) → 소나무는 우주와 연결되어 있으며 → 소나무가 없으면 우주가 없고 우주가 없으면 소나무가 없습니다 → 왜냐하면 소나무 등의 부분이 모여 우주를 이루고 우주라는 전체는 소나무라는 부분으로 이루어졌기 때문입니다 → 부분과 전체가 의존적이기 때문에 부분이 전체이고 전체가 그대로 부분입니다 →

④ 소나무는 고정, 독립, 분리, 스스로 존재하는 것이 아닙니다. 그렇다면 이제 소나무를 의지하고 있는 나 자신은 어떻습니까? 소나무와 다르지 않습니다 → 그러므로 자아중심에서 벗어나야 합니다 → 나아가 남녀 중심에서 벗어나야 합니다 → 더 나아가 인간중심에서도 벗어나야 합니다 → 또한 생명 중심에서 벗어나 무생물까지 상호의존함을 생각하고 그래서 모든 것은 평등한 하나임을 사유하여 지혜를 얻습니다 →

⑤ 이제 다시 눈을 감고 소나무를 시각화하여 우주까지 상호의존성을 사유 통찰합니다. 그리고 소나무가 아닌 소리나 다른

---

107 대기를 이루고 있는 가장 중요한 두 가지 구성 요소로 산소와 질소가 있다. 그 외에 이산화탄소, 메테인(염화불소탄소), 수증기가 있다. 이것은 식량 생산의 변화, 숲 지역과 동물의 이동을 야기할 수 있고, 극지방의 얼음을 녹여 해수면을 상승시킬 수 있다.

것으로도 상호의존성을 사유 통찰할 수 있습니다.

이제 소나무를 안아주고 쓰다듬어주면서 고맙다고 합니다. 땅에 대해서도 토닥토닥 발로 두드리면서 고마움을 표시합니다. 공기에 대해서도 공간에 대해서도 햇빛에 대해서도 고맙다고 표현합니다.

2) 지혜의 뜻

왜 상호의존의 통찰사유를 해야 하는가? 언어에 의하여 대상이 고정, 독립, 분리, 실체를 갖고 스스로 존재하는 것 같이 보이는 무지가 생기기 때문입니다. 언어는 인식의 수단일 뿐 인식의 대상이 아닌데도 불구하고 우리는 언어를 인식 대상으로 삼기 때문에 이러한 무지가 일어납니다. 무지는 감정이 아니므로 강하게 마음에 자극을 주지 않아서 자각하기 어렵습니다. 탐욕이 생길 때는 그 대상이 사람이든 사물이든 관계없이 고정, 독립되어 있고 다른 어떤 것보다 가치가 있는 것같이 보입니다. 분노가 일어날 때도 분노의 대상은 고정, 독립된 존재로 보입니다. 이와 같이 탐욕과 분노라는 감정은 모두 무지를 의지하여 일어남을 알 수 있습니다.

우리는 대부분 언어를 매개로 사물을 인식하는데 이때 언어는 그 대상을 왜곡시킵니다. 눈으로 사물을 볼 때도 이미 우리의 인식이 언어에 의해 왜곡되어 있기 때문에 눈에 보이는 것이 그대로 사실이라고 인식하면 안됩니다. 그래서 그 대상을 원인과 조건으로 분석 사유해야 합니다. 사유 분석을 통해 고정된 것이 아니라 무상하게 변하고, 분리된 것이 아니라 상호의존하고 있으며, 실체를 갖고 스스로 존재하는 것이 아니라 내재하는 것이 비어있음을 알 때 그 앎을 지혜(언어에 의해 왜곡되지 않은 순수한 인식)라고 합니다.

지혜는 첫째, 모든 것을 꿰뚫어 하나로 보는 것입니다. 둘째, 시간과 공간의 제약을 받지 않습니다. 즉, 세월이 흐르고 환경이 바뀌더라도 이 지혜는 불변입니다. 셋째, 무지가 사라지고, 무지가 사라지니 번뇌가 사라지고, 번뇌가 사라지니 습관이 바뀌고, 습관이 바뀌니, 괴로움이 사라집니다. 몸과 마음을 속박하고 있는 모든 것으로부터 대자유를 얻습니다. 넷째, 삶과 죽음의 굴레에서 벗어납니다. 다섯째, 완전한 깨달음을 얻습니다.

3) 체험 현상과 효과 생각하기

모든 것이 연기법 하나로 통합되면서 일체감을 느낍니다. 지혜로 인해 안목이 생기고 예전에 보이지 않던 것까지 넓고 깊게 볼 수 있습니다[心眼]. 의식이 무한히 확장되면서 매우 자유롭습니다. 이분법적인 사고에서 벗어나는 체험이 일어납니다. 즉, 무분별의 깨어있는 의식상태를 체감합니다.

상호의존의 지혜에 의해 시간적으로 변하는 무상의 지혜, 공간적으로 분리되어 있지 않다는 지혜, 독립된 실체가 없다는 공성의 지혜가 생깁니다. 그리고 자아중심, 남녀중심, 인간중심, 생명중심에서 벗어납니다. 상위수준의 의식상태를 체감합니다.

5. 안과 밖의 경계선이 없는 의식의 한 공간 이루기

산행할 때 아픈 다리를 마음의 손(자비손)으로 쓰다듬어주면 통증이 사라지고 다리가 가벼워집니다. 숨이 가쁘고 가슴이 터질 것 같을 때에도 심장 부위를 마음의 손으로 쓰다듬어 주면 몸 상태가 진정됩니다.

시선을 똑바로 앞을 향해 두고 걸으면서 항상 온몸의 움직임을 눈앞의 사물 보듯이 놓치지 않고 관해야 합니다. 온몸의 움직임이 한눈에 들어오지 않으면 발의 움직임부터 살펴봅니다. 온몸이 한눈에 들어오면 움직임을 보는 상태를 계속 유지하는 것이 중요합니다. 이때 몸에 힘이 들어가 있는 부위가 쉽게 관찰됩니다. 그러면 그 부위의 힘을 뺄 수 있습니다. 그것이 잘 안되면 그 부위에 대해 부드러운 감정을 가지고 주시하여 부드럽게 만들거나 부드러운 마음의 손으로 쓰다듬어 주면 됩니다.

경선 중에 다른 사람과 만나거나 새로운 풍경을 보면 몸의 움직임을 주시하던 마음이 밖으로 끌리게 되는데, 끌리는 마음은 움직이는 마음입니다. 그때는 끌리는 그 마음을 알아차려야 합니다. 또 주시하던 마음에 사물이 들어오면 곧바로 알아차리고 생각이 들어와도 놓치지 않아야 됩니다. 이러한 경지가 되면 몸과 마음의 움직임, 의도, 감각, 관찰자 등이 모두 관찰 대상이 된 것입니다.

수행을 계속하다 보면 어느 순간 앞의 사물을 보는 것과 온몸의 움직임을 보는 것이 하나가 되어 앞을 보면서 동시에 몸의 움직임을 보게 됩니다. 즉, 앞의 사물을 보는 것도 직관直觀이요, 몸의 움직임을 보는 것도 직관입니다. 그래서 안과 밖의 경계가 하나가 되어 경계선이 없어집니다.

여기서 빨리 걷거나 천천히 걸으면서 이 경계가 흐트러지는지 아니면 움직임 속에서도 거울같이 비춰보는 마음이 변함없는지 살펴보는 것이 걷기선禪 수행(경선)의 요체입니다. 이것이 익숙해지면 몸의 움직임 속에 신체의 비어 있음이 보이기 시작합니다. 몸의 움직임 속에 신체의 형상이 텅 빔을 본다면 주시하는 마음이 흐트러지지 않습니다.

몸의 움직임 주시하면
마음 비워지나니
허공 속에 별빛만 가득하듯
마음엔 무상無常만 가득하네

빈 마음 유지하려면
똑같은 형상 없는 그 자리가
빈틈이니
우주를 넣고도 넉넉하다네
빈 마음으로 무상을 다시 보라
어느 곳에도 머물 수 없나니
무주無住에 머물면
오직 마음뿐임을 알게 되리라

자비선을 통해
대자유에
이르기를

제 1권 『명상, 깨달음을 논하다』의 부제는 '흐르는 물위의 발자국'입니다. 뜻은 무상즉공無常卽空입니다. 『명상, 깨달음을 논하다』의 핵심이기도 합니다. 즉, 자비희사를 통하여 무상즉공을 깨닫고 보리심을 발하는 것입니다.

우리의 일생은 흐르는 물과 같습니다. 그럼에도 찍히지 않는 그 흐르는 물 위에 발자국을 남기려고 애를 씁니다. 물 위에 발자국이 남을 리 없음에도 명예, 재산, 인맥, 가문, 학력, 등의 발자국을 찍으려 평생을 애를 쓰며 살아가고 있습니다.

'흐르는 물'은 무상無常이며 물 위의 발자국은 공空의 뜻입니다. 삼라만상 온 우주계는 흐르는 물같이 무상하며 상호의존하여 존재하며 분리되어 있는 것이 없습니다. 독립된 그 어떤 것도 없으며 그것은 그 자체로 공입니다. 우리는 공수행을 통해 이러한 집착에서 벗어나 깨달음을 얻어 삶의 대자유를 구가해야 합니다.

이제 '흐르는 물 위의 발자국'을 찍는 공성의 무소유를 확인한 대자유인은 보리심으로 중생을 위한 무소유의 발자국을 찍어야 합

후기

니다. 보리심행은 탐욕과 분노에서 벗어나 다른 사람들의 어렵고 힘든 삶을 이해하고 사랑과 연민심으로 도와주고자 하는 마음을 내어 실천하는 것입니다. 자비수관의 자비선이 우리를 보리심행으로 이끌어 줍니다.

2권 『명상, 지혜를 논하다』의 부제는 '콧구멍 없는 소를 찾아서' 입니다. 『명상, 지혜를 논하다』의 내용을 표현한 것입니다. 뜻은 불생불멸이며 대자유입니다. 지각있는 존재들을 위해 자유롭게 보리심을 실천하는 것입니다.

콧구멍이 없는 소는 코를 꿸 수 없습니다. 코가 꿰인 소는 자유를 잃고 속박당합니다. 콧구멍 없는 소는 자유롭습니다. 또한 콧구멍은 숨을 쉬게 하여 생명을 존재케 합니다. 이는 생로병사와 윤회를 의미하는 것입니다. 그러나 콧구멍 없는 소는 숨을 쉴 수 없습니다. 숨 쉬지 않는다는 것은 생노병사에서 벗어나고 윤회에서 벗어났다는 것입니다. 그래서 콧구멍 없는 소는 걸림 없이 두루 하게 보는 크나큰 지혜광명[大智慧光明]입니다.

지혜광명은 온 우주계를 두루 다 비춘다[偏照法界]는 뜻과 참되게 안다[眞實識知]는 뜻이 있습니다. 참되게 아는 것은 자성自性이 비어 있으므로 청정한 마음[自性淸淨心]과 청량하여 변하지 않고 자재하다[淸凉不變自在]는 것입니다. 무명으로 두루하지 못하고 자성이 있다거나 불청정한 마음과 청량하지 못한 마음을 지혜광명으로 제거해 줍니다. 그래서 콧구멍 없는 소는 중생을 만나면 지혜광명이 자비로 변하여 그 중생이 깨달음으로 나아가게 해줍니다. 보리심의 실천으로 나타나는 것입니다. 이것이 자비공관의 자비선으로 우리를 보리심행으로 이끌어 줍니다. 이 밖에 자비다선과 자비경선(걷기선 명상)도 있습니다.

제1권 『명상, 깨달음을 논하다』와 제2권 『명상, 지혜를 논하다』는 1, 2권으로 나뉘어져 있지만 그 내용은 분리되어 있지 않고 연결되어 있습니다. 이 두 권의 책 자비선 안에는 여러 가지 수행방법을 제시하고 있습니다. 이것은 수행법의 다양한 시각을 제공합니다.

이러한 다양한 수행법과 시각들이 우리 한국불교의 수행에 조금이나마 도움이 되기를 바라는 마음에 몇 자 적어봅니다.

첫째, 한국불교 수행의 현실은 남방 위빠사나와 북방 간화선 사이에 간극이 매우 큽니다. 물론 둘 사이의 대화가 없었던 것은 아니지만 공통보다는 다름이라는 거리가 있음은 부인할 수 없습니다. 이 둘 사이의 거리는 수행단계의 차이와 수행동기의 차이에서 오는 것이 아닌가 생각합니다. 위빠사나와 관계가 더 밀접한 1권과 간화선과 밀접한 2권의 연결이 두 수행간의 사이에 사다리 역할을 할 수 있을 것이라 생각합니다.

둘째, 남방 위빠사나와 대승수행법이 연결될 수 있는 것은 사무량심의 확장이 보리심이기 때문입니다. 사무량심도 중생을 위한 가르침이고 보리심도 중생을 위한 실천이므로 그 목적이 같습니다.

셋째, 대승의 수행법과 그 단계들, 십우도의 수행단계와 간화선의 경계를 회통하여 수행자들에게 도움이 되도록 하였습니다. 수행 중 반딧불같이 순간 반짝하는 경계를 대단한 경계로 착각하는 것과 올바른 수행의 길을 왜곡하는 것에서 벗어나게 하는 데에 일조하고 싶습니다.

넷째, 수행하시는 분들에게 실제 자비선의 여러 가지 수행기법을 몸으로 체득할 수 있도록 하였습니다.

1권 『명상, 깨달음을 논하다』는 『깨달음으로 가는 길』의 증보판이며 2권 『명상, 지혜를 논하다』는 신간입니다.

만후 이인자님, 신상환님, 일심화님의 정성스런 교정과 그 외 많은 분들의 도움으로 이 두 권의 책이 세상 밖으로 나오게 되었음을 감사드립니다. 이 인연으로 수행의 성취가 이루어져 바른 깨달음에 이를 수 있기를 기원합니다.

이 책을 읽으시는 독자 여러분들께도 수행 성취의 기원과 더불어 고마움의 마음을 전합니다.

찾아보기

ㄱ

견우見牛 123, 151, 156
견적見跡 123, 140
경안輕安 111, 125, 203, 227, 253, 288
관습의 힘 116, 123, 220, 223
구주심 114, 127, 150, 168, 181, 214, 249
근주近住 160, 165, 172, 183
근주심近住心 117, 164, 173, 203
기우기가騎牛歸家 123
깨달음 61, 112, 129, 180, 252, 265, 310, 346

ㄴ

내주內住 129, 131, 134
내주심內住心 116, 135, 228

ㄷ

달라이라마 강설 119
도달 방법 123, 149
득우得牛 123, 175
등주等住 140, 143, 147
등주심等住心 116, 119

ㄷ(계속)

등지等持하는 마음 129, 201, 221, 235
등지심等持心 221, 223

ㄹ

람림1 148, 159, 173, 197, 213, 224
람림2 150, 159, 198, 219, 225

ㅁ

망우존인忘牛存人 123, 263
멸주심滅住心 137, 212, 214, 219
목우牧牛 123, 199, 205
무분별지 125, 153, 203, 248, 268
문혜聞慧 115

ㅂ

반본환원返本還源 123, 283
법계 131, 168, 183, 203, 262, 280
복주심伏住心 119, 184, 198

ㅅ

사마타의 성취 35, 210, 227, 235, 236
사유의 힘 117, 125, 141, 153, 179
사작의四作意 116, 122, 150, 215, 219,

사혜思慧 115
섭주심攝住心 120, 148, 150
성주심性住心 129, 213, 219, 220, 225
속주심續住心 119, 148
식주심息住心 120, 185, 198, 214
심우尋牛 123, 129, 134

ㅇ

안주심安住心 116, 120, 137, 150, 159, 174, 178
안주安住 138, 154, 157, 233, 241, 258,
억념憶念 125, 145, 156, 165, 175, 191
원효 119, 146, 156, 181, 206, 275
인우구망人牛俱忘 123, 273
입전수수入垂手 123, 290

ㅈ

적정심寂靜心 116, 117, 119, 197, 203
전수심轉住心 120, 157, 174, 186
전주일경심專注一境心 119, 219
전주일취專住一趣 116, 203, 216, 217, 218
정념 110, 127, 155, 216, 246, 279
정념의 힘 116, 123, 140, 151, 157, 168, 174
정지正知의 힘 125, 199, 214, 220
정진의 힘 125, 199, 214, 220
조복심調伏心 185
조순심調順心 119, 176, 203
조순調順 175, 181, 183, 196
지관쌍수 203, 241, 247, 256, 260, 276
지주심持住心 120, 223, 225
지혜의 몸 61, 78, 168, 285

ㅊ

청문의 힘 116, 123, 129, 131, 141
초선근본정 123, 232, 236, 241, 243, 248
최극적정심最極寂靜心 116, 119, 200, 204, 213, 246

ㅋ

큰 연민의 실천 123, 289

ㅌ

티장 린포체 119, 138, 159, 186, 198, 215, 225

ㅍ

평등 50, 63, 65, 203, 219, 265
평등주심平等住心 119, 224

ㅎ

해동소 119, 135, 172, 181, 196, 209, 275
해주심解住心 120, 157, 159, 174, 214

명상, 지혜를 논하다

콧구멍 없는 소를 찾아서

1판 1쇄 인쇄 2017년 11월 15일
1판 1쇄 발행 2017년 11월 25일

지은이 | 지운智雲

펴낸이 | 이명옥
펴낸곳 | 사유수출판사
편집 | 이미현 박숙경 유진희

출판등록 | 2007-3-4
주소 | 서울시 마포구 서교동 379-4 이가빌딩 104호
대표전화 | 02-336-8910

ISBN 979-11-85920-09-2 03220

- 이 책의 무단 전재나 복제 행위는 저작권법 제98조에 따라 처벌받게 됩니다.
- 잘못된 책은 바꿔 드립니다.
- 저자와의 협의에 의하여 인지를 생략합니다.